Zivilprozeßordnung für das Deutsche Reich (Fassung der Bekanntmachung von 8. 11. 33), Textausgabe mit Inhaltsverzeichnis und Sachregister 318 Seiten. Preis geb. 2,50 RM.

Strafrecht.

Fuhse, Wilhelm. **Militärstrafgesetzbuch.** Zweite Auflage. XV und 338 Seiten. Preis in Ganzleinen geb. 7,20 RM.

Hellwig, Albert. **Jugendgerichtsgesetz.** 368 Seiten. Preis geh. 5,40 RM.

Hoche, Werner, und Schönner, Kurt. **Gesetz gegen Waffenmißbrauch.** 55 Seiten. Preis kart. 1,45 RM.

Wagemann, Gustav, und Kranold. **Das Feld- und Forstpolizeigesetz** i. d. F. vom 21. 1. 26, **Das Forstdiebstahlsgesetz.** VIII und 273 Seiten. Preis in Ganzleinen geb. 9,— RM.

Staatsrecht und allgemeine Staatslehre.

Anschütz, Gerhard. **Die Verfassung des Deutschen Reiches** vom 11. 8. 19. Vierte Bearbeitung. 14. Auflage. XXXXVIII und 800 Seiten. Preis in Ganzleinen geb. 10,— RM.

Schätzel, Walter. **Das Deutsche Staatsangehörigkeitsrecht.** 191 Seiten. Preis in Ganzleinen geb. 4,50 RM.

Schätzel, Walter. **Die Regelung der Staatsangehörigkeit nach dem Weltkrieg.** 391 Seiten. Preis in Ganzleinen geb. 7,20 RM.

Schlottmann, Rudolf. **Die Verfassungen Englands, Nordamerikas, Frankreichs, der Schweiz und Deutschlands** in objektiver Darstellung, deutschen Verfassungstexten und ausländischer Kritik. XV und 314 Seiten. Preis in Ganzleinen geb. 9,— RM.

Waldecker, Ludwig. **Die Verfassung des Freistaates Preußen** vom 30. 11. 20. Zweite Auflage. 295 Seiten. Preis in Ganzleinen geb. 7,20 RM.

Verwaltungsrecht.

Arendts, Carl. **Das Reichsversorgungsgesetz, Altrentnergesetz und Kriegspersonenschädengesetz.** 593 Seiten. Preis in Ganzleinen geb. 13,50 RM.

Arendts, Carl. **Die Versorgung der ehemaligen aktiven Offiziere (einschließlich ihrer Hinterbliebenen) der alten Wehrmacht (Heer und Marine).** Mit Nachtrag. XII, 500 und 114 Seiten. Preis in Ganzleinen geb. 14,30 RM.

Stilkes Rechtsbibliothek Nr. 131
Die Gesetze des Deutschen Reichs und der deutschen Länder
mit systematischen Erläuterungen

Schulordnung

für die öffentlichen höheren und mittleren Schulen in Preußen.

Erläutert
von

Dr. jur. Georg Hubrich
Ministerialrat
im Preußischen Ministerium für Wissenschaft,
Kunst und Volksbildung

1932
Verlag von Georg Stilke in Berlin

Druck: Martin & Jonske, Berlin SW 68

Vorwort.

Der Mangel näherer gesetzlicher Regelungen auf dem Gebiete des Schulwesens und das hierdurch begründete Fehlen verwaltungsgerichtlicher Kontrolle haben das Schulrecht zwar nicht gerade zu einer „absolutistischen Insel“ gemacht, aber doch in vielen Beziehungen Unklarheiten über die rechtlichen Grundlagen und damit häufig unfruchtbaren Streit zur Folge gehabt. Das gilt insbesondere für das wichtige Gebiet des Verhältnisses zwischen Schule einerseits und Schülern und Erziehungsberechtigten andererseits, über das bisher einheitliche Normen nicht vorlagen, sondern das sich neben einer Fülle von z. T. nicht veröffentlichten Ministerialerlassen auf Sonderregelungen für einzelne Schulen oder Provinzen gründete, die vielfach von vornherein anfechtbar oder mindestens durch die Zeitverhältnisse überholt waren. Für diese allmählich unübersichtlich gewordene Mannigfaltigkeit hat das unter dem 15. April 1932 erlassene „Muster einer Schulordnung für die öffentlichen höheren und mittleren Schulen“ eine, wenigstens grundsätzliche, einheitliche Regelung gebracht. Damit ist aber Gelegenheit gegeben, die Beziehungen der höheren und mittleren Schule zu ihren Schülern und den Erziehungsberechtigten an der Hand dieser Bestimmungen eingehend auf Rechtsgrundlagen und inneren Gehalt zu untersuchen und durch Verarbeitung des umfangreichen Einzelmaterials ein möglichst anschauliches und vollständiges Bild der für jeden Erziehungsberechtigten wie Lehrer wichtigen Fragen zu geben. Dabei konnte nicht darauf verzichtet werden, über die eigentlich schulrechtlichen Bestimmungen hinaus zu den allgemeinen Lehren des Staats- und Verwaltungsrechts vorzustoßen, um wenigstens in gewissem Umfange für Probleme des Schulrechts den Versuch zu machen, eine lang entbehrte Verbindung zu dem öffentlichen Recht wieder herzustellen.

Berlin, im Juni 1932.

Georg Hubrich.

Inhaltsübersicht.

Schrifttum.

Anschütz, Die Verfassungsurkunde für den Preußischen Staat. Berlin 1922.

Anschütz, Die Verfassung des Deutschen Reiches. Berlin 1930.

Beier, Die höheren Schulen in Preußen und ihre Lehrer. Halle 1909.

Beyer, Die Bedeutung der Zustimmung eines Beteiligten zu Verwaltungsakten. Im Verwaltungsarchiv Bd. 32 S. 263 ff.

Block, Die rechtlichen Grundlagen der Wirksamkeit der höheren Schulen. Im Deutschen Philologenblatt 1929 S. 664 ff.

Bühler, Die subjektiven öffentlichen Rechte. Berlin-Leipzig 1914.

Corny, Das Recht der öffentlichen Anstalt. Greifswalder Dissertation 1924.

Dolch, Das Elternrecht. In Mann's Pädagog. Magazin, Heft 1154. Langensalza 1928.

Engelmann, Das Reichsgesetz über die religiöse Kindererziehung. München-Berlin-Leipzig 1922.

Fleiner, Institutionen des Deutschen Verwaltungsrechts. Tübingen 1928.

Frank, Die Schulpflicht. Weidmannsche Taschenausgaben, Heft 57. Berlin 1928.

Friebe, Die Verwaltungsordnung für die städtischen höheren Lehranstalten. Weidmannsche Taschenausgaben, Heft 31. Berlin 1925.

Friebe, Die Verwaltungsordnung für die öffentlichen mittleren Schulen. Weidmannsche Taschenausgaben, Heft 31a. Berlin 1931.

Friebe, Schulgeld. Weidmannsche Taschenausgaben, Heft 46. Berlin 1927.

Friebe, Schulgeldgesetz. Weidmannsche Taschenausgaben, Heft 46a. Berlin 1932.

Friebe, Die zivil- und strafrechtliche Stellung des Lehrers. Weidmannsche Taschenausgaben, Heft 66. Berlin 1930.

Gaede, Die Schulordnung für die öffentlichen höheren und mittleren Schulen. Weidmannsche Taschenausgaben, Heft 74. Berlin 1932.

Günther-Günther, Schüler und Schülerinnen der höheren Schule. Weidmannsche Taschenausgabe, Heft 33. Berlin 1926.

Hatschek, Lehrbuch des deutschen und preußischen Verwaltungsrechts. Leipzig 1931.
Hellwig, Artikel 118. In Nipperdey Bd. 2 S. 1 ff.
Hennig, Das Schulzuchtrecht. Greifswalder Dissertation 1918.
Holstein, Elternrecht, Reichsverfassung und Schulverwaltungssystem. Im A.f.ö.R. N.F. Bd. 12 S. 187 ff.
Holstein, Theorie der Verordnung im französischen und belgischen Verwaltungsrecht. In der Festschrift für Zitelmann zum 50jährigen Doktorjubiläum. München-Leipzig 1923. S. 309 ff.
Hüfner, Artikel 162. In Nipperdey Bd. 2 S. 176 ff.
Jaeckel-Schneider, Die Besoldungsgesetze für Volksschul- und Mittelschullehrer. Berlin 1928.
Jeiler, Schulverwaltung und Rechtskontrolle. Im Volksschularchiv 1925 S. 193 ff.
Jellinek, Verwaltungsrecht. Berlin 1931.
Jellinek, Zweiseitiger Verwaltungsakt und Verwaltungsakt auf Unterwerfung. In der Festgabe zur Feier des 50jährigen Bestehens des Preußischen Oberverwaltungsgerichts (zitiert „Festschrift“). Berlin 1925 S. 84 ff.
Klumker, Artikel 120. In Nipperdey Bd. 2 S. 95 ff.
Kormann, System der rechtsgeschäftlichen Staatsakte. Berlin 1910.
Kormann, Öffentliche Anstalt. In Stengel-Fleischmann's Wörterbuch des Staats- und Verwaltungsrechts, Bd. 3 S. 1 ff. Tübingen 1914.
Köttgen, Artikel 114 und 115. In Nipperdey Bd. 1 S. 348 ff.
Kretzschmar, Handbuch des Preußischen Schulrechts. Leipzig 1899.
Kühn, Schulrecht in Preußen. Berlin 1926.
Lahmeyer-Schneider, Das Reichsgrundschulgesetz. Berlin 1927.
Landé, Die Schule in der Reichsverfassung. Berlin 1929 (zitiert: Schule).
Landé, Aktenstücke zum Reichsvolksschulgesetz. Leipzig 1928.
Lothar, Der Schulvertrag. Frankfurter Dissertation 1924.
Maury, Elterliche Erziehungsgewalt und öffentliche Schulgewalt nach deutschem Recht. Breslau 1931.
Mayer, Deutsches Verwaltungsrecht. München-Leipzig. 1. Auflage 1895; 3. Auflage 1924.
Mohs, Schulgewalt und Elternrecht in Preußen. In Mann's Pädagog. Magazin. Langensalza 1930.
Naß, Das Recht der Ferien. Im Volksschularchiv 1930 S. 197 ff.
Naß, Das Nachsitzen als Rechtsproblem. Im Volksschularchiv 1930 S. 97 ff.

Prinzhorn, Die Dienstanweisung für die Direktoren (Direktorinnen) und Lehrer (Lehrerinnen) an den höheren Lehranstalten für die männliche und weibliche Jugend. Weidmannsche Taschenausgaben, Heft 65. Berlin 1930.
Riesenbürger, Die rechtlichen Grundlagen des mittleren und höheren Schulwesens in Preußen seit 1918. Düsseldorf 1926.
v. Rönne, Das Unterrichtswesen des Preußischen Staates. Berlin 1855.
Schaar, Elternhaus und Schule. In Mann's Pädagog. Magazin. Langensalza 1930.
Schoen, Der Widerruf der Verfügungen nach der Rechtsprechung des Oberverwaltungsgerichts. In der „Festschrift" S. 118 ff.
Schulze-Simons, Die Rechtsprechung des Reichsdisziplinarhofes. Berlin 1926.
Stolze, Die Mittelschule. Weidmannsche Taschenausgaben, Heft 26. Berlin 1931.
Thiele, Süverns Unterrichtsgesetzentwurf vom Jahre 1819. Leipzig 1913.
Thoma, Die juristische Bedeutung der grundrechtlichen Sätze der deutschen Reichsverfassung im allgemeinen. In Nipperdey Bd. 1 S. 1 ff.
Thoma, Grundrechte und Polizeigewalt. In der „Festschrift" S. 183 ff.
Varrentrapp, Elternbeirat und Elternbeiratswahlen. Weidmannsche Taschenausgaben, Heft 1, Berlin 1932.
Wende, Gegenwartsprobleme des Schulrechts. In „Recht und Staat im neuen Deutschland" Bd. 1 S. 319 ff. Berlin 1929.
Wiese, Verordnungen und Gesetze für die höheren Schulen in Preußen. Berlin 1875.
Woll, Verwaltungsakt auf Unterwerfung. Heidelberger Dissertation 1928.

Abkürzungen:

A.f.ö.R.	= Archiv für öffentliches Recht.
ALR.	= Allgemeines Landrecht für die Preußischen Staaten von 1794.
AusfAnw.	= Ausführungsanweisung.
BGB.	= Bürgerliches Gesetzbuch vom 18. 8. 1896.
DJZ.	= Deutsche Juristenzeitung.
EinfE.	= Einführungserlaß.

EKG. = Entscheidungen des Kammergerichts.
GS. = Gesetzessammlung.
JW. = Juristische Wochenschrift.
KO. = Kabinettsorder.
LVG. = Gesetz über die allgemeine Landesverwaltung vom 30. 7. 1883.
ME. = Erlaß des Ministers für Wissenschaft, Kunst und Volksbildung.
Nipperdey = Die Grundrechte und Grundpflichten der Reichsverfassung, herausgegeben von Nipperdey, 3 Bde. Berlin 1929.
OLG. = Oberlandesgericht.
OVG. = Oberverwaltungsgericht.
PrV. = Verfassung für den Preußischen Staat vom 31. 1. 1850.
PrVBl. = Preußisches Verwaltungsblatt.
PSK. = Provinzialschulkollegium.
RGBl. = Reichsgesetzblatt.
RMBl. = Reichsministerialblatt.
RMG. = Entscheidungen des Reichsmilitärgerichts.
RGStr. = Entscheidungen des Reichsgerichts in Strafsachen.
RGZ. = Entscheidungen des Reichsgerichts in Zivilsachen.
RV. = Verfassung des Deutschen Reiches v. 11. 8. 1919.
SchGG. = Schulgeldgesetz vom 18. 7. 1930.
SchO. = Schulordnung für die öffentlichen höheren und mittleren Schulen vom 15. 4. 1932.
StrGB. = Reichsstrafgesetzbuch vom 15. 5. 1871.
V. = Verordnung.
VA. = Verwaltungsarchiv.
ZBlUV. = Zentralblatt für die gesamte Unterrichtsverwaltung in Preußen. Weidmannsche Buchhandlung. Berlin.
ZG. = Gesetz über die Zuständigkeit der Verwaltungs- und Verwaltungsgerichtsbehörden v. 30. 7. 1883.

Einführungserlaß.

Die Provinzialschulkollegien und Regierungen erhalten das anliegende Muster einer Schulordnung für öffentliche höhere und mittlere Schulen mit dem Auftrage, die ihnen unterstellten öffentlichen höheren und mittleren Schulen zu veranlassen, eine Schulordnung für die einzelne Schule einzuführen. Sofern die Schule die Einführung einer Schulordnung nach dem anliegenden Muster ohne Abänderungen beschließt, gilt die schulaufsichtliche Genehmigung hierdurch als erteilt. Die Einführung des Musters mit einzelnen Abänderungen bedarf, sofern es sich um grundsätzliche Abweichungen handelt, meiner Genehmigung, im übrigen der Genehmigung des Provinzialschulkollegiums (der Regierung). Wegen der Beteiligung der städtischen Schulausschüsse verweise ich auf § 6 Abs. 1 lit. d und § 13 Abs. 2 des Musters einer Verwaltungsordnung für die höheren Lehranstalten vom 1. Oktober 1918 (Zentrbl. S. 634). Die bestehenden Schulordnungen werden mit Beginn des Schuljahres 1932 aufgehoben.

Je ein Stück der von der Schule eingeführten Schulordnung hat der Leiter der Schule dem Erziehungsberechtigten bei Aufnahme — für die zur Zeit die Schule bereits besuchenden Schüler alsbald nach Einführung — gegen Empfangsbescheinigung auszuhändigen. Druckstücke der Schulordnung können von der Weidmannschen Buchhandlung, Berlin SW 68, Zimmerstraße 94, unmittelbar bezogen werden.

In der Schulordnung sind lediglich die allgemeinen Bedingungen zusammengefaßt, unter denen die öffentlichen höheren und mittleren Schulen Erziehung und Unterricht der ihnen anvertrauten Schüler übernehmen. Die Bestimmungen der Schulordnung normieren also das Rechtsverhältnis zwischen Schule und Erziehungsberechtigten; die für die Schule im Verhältnis zu den Schulaufsichtsbehörden erlassenen und künftig zu erlassenden Bestimmungen werden durch die Schulordnung nicht berührt. Soweit die Schulordnung — im besonderen in den §§ 10, 11

Abs. 5, 12 Abs. 2 — Abweichungen von den bestehenden Bestimmungen enthält, gelten diese Bestimmungen hiermit als danach abgeändert.

Dieser Erlaß wird nur im Zentralblatt für die gesamte Unterrichtsverwaltung in Preußen abgedruckt.

Berlin, 15. April 1932.

Der Minister für Wissenschaft, Kunst und Volksbildung
Grimme.

An die Provinzialschulkollegien und Regierungen.
U II 500 U III D. 1.

(Zentrbl. 1932 S. 134.)

Muster einer Schulordnung (Sch. O.) für die öffentlichen höheren und mittleren Schulen.

Die Schulordnung enthält die allgemeinen Bedingungen, unter denen die öffentlichen höheren und mittleren Schulen Erziehung und Unterricht der ihnen anvertrauten Schüler*) übernehmen. Durch Anmeldung und Aufnahme des Schülers werden diese Bedingungen für den Erziehungsberechtigten verbindlich. Ein Abdruck der Schulordnung wird ihm ausgehändigt.

A. Aufnahme.

§ 1.

Anmeldung.

(1) Der Schüler wird durch den Erziehungsberechtigten oder seinen Vertreter mündlich oder schriftlich angemeldet.

(2) Bei der Anmeldung sind Geburtsschein oder -urkunde, Impf- bezw. Wiederimpfungsschein und das Abgangszeugnis der etwa vorher besuchten Schule vorzulegen.

§ 2.

Aufnahmeprüfung.

(1) Schüler, die vor der Anmeldung keine öffentliche oder gleichberechtigte private Schule besucht haben, müssen in der Regel eine Aufnahmeprüfung ablegen.

(2) Über die Aufnahmeprüfung wird ein Zeugnis nicht ausgestellt; auf dem Abgangszeugnis der zuletzt besuchten Schule wird der Tag der Prüfung vermerkt.

(3) Die Aufnahme in die unterste Klasse der grundständigen höheren und der mittleren Schule erfolgt unter der Bedingung der Bewährung. Beschließt die Klassenkonferenz zu Beginn des Winterhalbjahres mit Dreiviertel-

*) Die Bezeichnungen Schulleiter, Klassenleiter, Lehrer, Schüler usw. umfaßt überall auch die Schulleiterinnen, Klassenleiterinnen, Lehrerinnen, Schülerinnen usw.

mehrheit, daß der Schüler für die Ausbildung auf der höheren oder mittleren Schule sich als nicht geeignet erwiesen hat, so muß er die Schule verlassen.

§ 3.

Mindest- und Höchstalter.

(1) In die unterste Klasse einer grundständigen höheren oder mittleren Schule wird in der Regel erst nach Ablauf der vierjährigen Grundschulpflichtzeit aufgenommen. Im Einzelfalle können besonders leistungsfähige Schüler schon nach dreijähriger Grundschulpflichtzeit aufgenommen werden, nachdem der Grundschullehrer gehört ist und die Aufsichtsbehörde der Grundschule die Genehmigung erteilt hat.

(2) Nur in besonders gearteten Ausnahmefällen werden Schüler nach vollendetem zwölften Lebensjahr in die unterste Klasse, nach vollendetem fünfzehnten Lebensjahr in die drittunterste Klasse aufgenommen.

(3) In die unterste Klasse der Aufbauschulen werden Schüler grundsätzlich erst nach Besuch der siebenten Volksschulklasse zugelassen.

§ 4.

Schulwechsel.

(1) Bei Schulwechsel wird der Schüler nur auf Grund eines Abgangszeugnisses der vorher besuchten Schule aufgenommen.

(2) Kommt ein Schüler unmittelbar oder nach höchstens sechswöchiger Unterbrechung des Schulbesuchs von einer gleichartigen deutschen öffentlichen oder gleichberechtigten privaten Schule, so wird er ohne Aufnahmeprüfung in die Klasse aufgenommen, der er bisher angehört hat oder in die er versetzt worden ist.

(3) Ein Schüler wird für eine höhere Klasse als die zuletzt besuchte vor dem Zeitpunkt, an dem er in der früheren Schule voraussichtlich versetzt worden wäre, nur ausnahmsweise aus besonderen Gründen geprüft.

(4) Schüler, die die Schule verlassen haben, ohne versetzt zu sein, dürfen in die nächsthöhere Klasse vor Ablauf eines Schulhalbjahres nicht aufgenommen werden. Bei der dann erforderlichen Aufnahmeprüfung ist die zur Zeit der Prüfung erledigte Lehraufgabe mit zu berücksichtigen.

(5) Schüler, die aus Gesundheitsrücksichten beurlaubt waren, werden ohne Prüfung versuchsweise zunächst wieder in die alte Klasse aufgenommen, die sie verlassen haben, oder in die sie bei regelmäßigem Schulbesuch versetzt worden wären.

§ 5.

Grenzen der Aufnahme.

(1) Über die Aufnahme neuer Schüler wird innerhalb der Grenzen entschieden, die sich aus den allgemein angeordneten Höchstbesuchszahlen und den Raumverhältnissen der vorhandenen Klassen ergeben.

(2) Im Einzelfalle darf die Aufnahme auch sonst nur bei zwingenden Gründen verweigert werden.

(3) Die Schulaufsichtsbehörde sorgt, soweit möglich, für Durchführung des einmal aufgenommenen Schülers durch den vollständigen Lehrgang der einzelnen Schule; ein Rechtsanspruch hierauf wird indes durch die Aufnahme des Schülers nicht begründet.

§ 6.

Aufnahmegebühr.

Bei der Aufnahme kann eine Aufnahmegebühr erhoben werden.

§ 7.

Gastschüler.

Gastschüler werden nur ausnahmsweise aus besonderen Gründen zugelassen, in der Regel jedoch nicht zur Teilnahme an einzelnen Unterrichtsfächern.

B. **Abgang.**

§ 8.

(1) Dem Abgange eines Schülers muß eine rechtzeitige mündliche oder schriftliche Abmeldung durch den Erziehungsberechtigten oder seinen Vertreter vorhergehen (vgl. § 21 Abs. 2).

(2) Schüler, die zweimal in derselben Klasse oder je einmal in unmittelbar aufeinanderfolgenden Klassen nicht haben versetzt werden können, müssen die Schule verlassen, wenn nach dem Urteil der Klassenkonferenz ein längeres Verweilen auf ihr voraussichtlich erfolglos bleiben

würde. Ein solcher Beschluß der Klassenkonferenz kann mit Dreiviertelmehrheit für Schüler der untersten Klassen der Unter-, Mittel- und Oberstufe der höheren und der Klassen VI und III der mittleren Schulen schon nach einjährigem Besuch dieser Klassen gefaßt werden. Doch ist es für derartige — nicht als Strafe anzusehende — Maßnahmen erforderlich, daß den Eltern oder ihren Vertretern mindestens ein Vierteljahr vorher von dieser Möglichkeit Mitteilung gemacht worden ist.

C. Teilnahme an Schulveranstaltungen.

§ 9.

Allgemeines.

Die Schüler sind zum regelmäßigen und pünktlichen Besuch des Unterrichts und der sonstigen Veranstaltungen der Schule verpflichtet.

§ 10.

Feiertage.

(1) Die anerkannten und herkömmlichen Feiertage der Religionsgesellschaften sind für deren Angehörige schulfrei, ohne daß es eines besonderen Antrages des Erziehungsberechtigten bedarf. Das Fehlen an diesen Tagen wird in den Schulzeugnissen nicht als Schulversäumnis vermerkt.

(2) Das gleiche gilt für weltanschauliche Feiertage, die durch besondere Bestimmungen anerkannt sind, auf Wunsch des Erziehungsberechtigten.

(3) Weitergehenden religiös begründeten Wünschen der Erziehungsberechtigten wird auf Antrag Rechnung getragen.

§ 11.

Krankheit.

(1) Für Versäumnis von Schulveranstaltungen kann im allgemeinen nur Krankheit als genügender Entschuldigungsgrund angesehen werden.

(2) Wenn ein Schüler durch Krankheit oder sonstigen Notfall verhindert wird, den Unterricht oder eine Schulveranstaltung zu besuchen, so ist darüber spätestens am

zweiten Tage der Schulversäumnis und beim Wiedereintritt dem Klassenleiter Mitteilung zu machen.

(3) Die Schule ist berechtigt, in besonderen Fällen die Vorlage eines ärztlichen Zeugnisses zu verlangen.

(4) Schüler, die an übertragbaren Krankheiten leiden, sind nach den bestehenden Bestimmungen vom Schulbesuch ausgeschlossen; ebenso gesunde Schüler aus häuslichem Umkreis, in dem solche Erkrankungen vorfallen. Pflicht der Erziehungsberechtigten ist es, in solchen Fällen der Schule sofort Anzeige zu erstatten.

(5) Die Schüler unterstehen — ganz besonders liegende, begründete Einzelfälle ausgenommen — der schulärztlichen Fürsorge (Beratung, nicht auch Behandlung), wo diese eingeführt ist; der Besuch allgemeiner ärztlicher Vorträge ist freiwillig.

§ 12.

Urlaub.

(1) Zu jeder Schulversäumnis aus einem anderen Grunde als Krankheit oder sonstigem Notfall bedarf es der vorherigen Bewilligung von Urlaub durch die Schule, der rechtzeitig beantragt werden muß.

(2) Die Erlaubnis, schon vor Beginn der Ferien abzureisen oder erst nach Wiederbeginn des Unterrichts zurückzukehren, wird nur ausnahmsweise in dringenden Fällen erteilt. Wenn Krankheit oder andere unvorhergesehene Fälle einen Schüler an der pünktlichen Rückkehr hindern, ist der Schule sogleich Anzeige zu machen.

§ 13.

Befreiung von einzelnen Fächern.

(1) Von der Teilnahme am Unterricht in einzelnen Fächern darf nur in dringenden Fällen befreit werden.

(2) Die Befreiung setzt voraus einen Antrag des Erziehungsberechtigten und die Beibringung eines eingehenden ärztlichen Zeugnisses. Von beiden kann abgesehen werden, wenn die zeitweise Behinderung ohne weiteres erkennbar ist, z. B. bei äußeren Verletzungen.

(3) Befreit wird in der Regel nur auf Zeit, und zwar grundsätzlich jeweils nicht für länger als ein halbes Jahr; in den künstlerischen Fächern und bei den Leibesübungen erstreckt sich die Befreiung nur auf die Teilnahme an den

praktischen Übungen. Eine Befreiung für längere Zeit kann ausgesprochen werden, falls der Schul- oder Amtsarzt die Notwendigkeit auf Grund eines bestimmten Gebrechens oder Leidens mit Sicherheit voraussagen kann.

(4) Vom Unterricht in den Leibesübungen wird der Schüler regelmäßig nur für einzelne Übungen befreit, die vorübergehend für ihn nicht geeignet sind. Völlige Befreiung von den Leibesübungen überhaupt ist nur auf Grund eines amts- oder schulärztlichen Zeugnisses statthaft. Geimpfte werden auf vierzehn Tage vom Unterricht in den Leibesübungen befreit.

(5) Für die Befreiung vom Zeichen- und Nadelarbeitsunterricht bedarf es, soweit es sich nicht um Rückgratsverkrümmungen, Bleichsucht usw. handelt, eines augenärztlichen Zeugnisses.

§ 14.

Religionsunterricht.

(1) Für den Religionsunterricht und die religiösen Veranstaltungen gelten die besonderen Bestimmungen des Artikels 149 der Reichsverfassung, des Reichsgesetzes über die religiöse Kindererziehung und die dazu erlassenen Ausführungsvorschriften.

§ 15.

Wahlfreie Fächer.

(1) Die Meldung zur Teilnahme an einem wahlfreien Fach oder an einer Arbeitsgemeinschaft verpflichtet für das laufende Schulhalbjahr.

(2) Schüler, die dem Unterricht in einem wahlfreien Fache, für das sie sich gemeldet haben, wegen Überlastung oder aus einem sonstigen Grunde nicht zu folgen vermögen, können vom ferneren Besuche dieses Unterrichts befreit oder ausgeschlossen werden. Die Erziehungsberechtigten werden benachrichtigt.

D. Lernmittel.

§ 16.

(1) Lernmittel wie Lehrbücher, Hefte, Schreib-, Zeichen- und Nadelarbeitsgerät, Turnkleidung usw. sind nach Vorschrift der Schule zu beschaffen und zu halten.

(2) Die Schule hat das Recht, Schülerarbeiten einzubehalten.

E. Schulzucht.

§ 17.

Allgemeines.

(1) Von den Schülern wird erwartet, daß sie innerhalb und außerhalb der Schule und ihrer Veranstaltungen sich als Angehörige der Schule und ihrer Gemeinschaft fühlen und sich demgemäß verhalten. Es ist Pflicht des Schülers, den Anordnungen der Schule und der Lehrer, unter Vorbehalt nachfolgender Beschwerde, zu folgen.

(2) Die Schüler haben sich innerhalb der Schule und ihrer Veranstaltungen aller politischen Streitigkeiten und jeder herausfordernden Betonung eines Parteistandpunktes zu enthalten. Es ist ihnen jede parteipolitische Betätigung in der Schule und bei deren Veranstaltungen verboten.

§ 18.

Verhalten innerhalb der Schule.

(1) Die Ordnung innerhalb der Schule kann durch eine Hausordnung geregelt werden.

(2) Geldsammlungen dürfen in der Schule grundsätzlich nicht veranstaltet werden. Eine Befreiung vom Schulbesuch zur Beteiligung an öffentlichen Sammlungen ist nicht statthaft.

(3) Abzeichen, Bänder und andere Sinnbilder jeder Art dürfen in der Schule und bei ihren Veranstaltungen nicht getragen werden. An Schulfeiertagen dürfen die verfassungsmäßigen Reichs- und Landesfarben getragen werden.

(4) Schul- oder Klassenmützen zu beschaffen, die von der Schule zugelassen sind, steht den Eltern frei.

(5) Schüler dürfen in der Schule oder bei ihren Veranstaltungen Waffen und gefährliche Werkzeuge nicht bei sich führen. Zuwiderhandlungen werden mindestens mit Androhung der Verweisung, im Wiederholungsfalle mit Verweisung aus der Schule bestraft.

§ 19.

Verhalten außerhalb der Schule.

(1) Die Verantwortung für das Verhalten der Schüler außerhalb der Schule und ihrer Veranstaltungen steht — unbeschadet des § 17 Abs. 1 — den Erziehungsberechtigten

zu. Die Schule behält sich vor, ihrerseits einzugreifen, soweit ihre Zwecke es notwendig machen.

(2) Für den Besuch von Gasthäusern, Theater- und Lichtspielvorführungen, Konzerten, Gerichtsverhandlungen, öffentlichen Vorführungen, Vorträgen, Versammlungen und dergleichen durch Schüler tragen die Erziehungsberechtigten die Verantwortung; die Schule behält sich vor, in besonderen Fällen einschränkende Bestimmungen zu treffen.

(3) Für die Zugehörigkeit der Schüler zu außerschulischen Vereinen und für den Besuch ihrer Veranstaltungen tragen die Erziehungsberechtigten die Verantwortung. Es ist den Schülern indes untersagt, solchen Vereinigungen anzugehören und an ihren Veranstaltungen teilzunehmen, die sich nach ihren Satzungen oder nach ihrer Betätigung gegen den Staat und die geltende Staatsform richten, seine Einrichtungen bekämpfen oder Mitglieder der Regierung des Reiches oder eines Landes verächtlich machen, die verfassungsmäßigen Grundrechte der Deutschen mißachten, Glieder der deutschen Volksgemeinschaft ihrer Abkunft, ihres Glaubens oder ihres Bekenntnisses wegen bekämpfen oder die sonst in ihren Bestrebungen und Zielen die Erziehung zum Bürger der Deutschen Republik im Sinne des Artikels 148 der Reichsverfassung gefährden.

(4) Schülervereine im engeren Sinne, d. h. Vereine, die ausschließlich aus Schülern *einer* Schule bestehen, dürfen nur mit Zustimmung der Schule gegründet werden. Diese genehmigt auch die Satzungen, die für die Ablehnung der Aufnahme eines Schülers die Zustimmung der Schule vorsehen müssen. Der Verein kann vorübergehend oder dauernd aufgehoben werden, falls er sich anders als im Sinne seiner Satzungen betätigt oder gegen Ordnung und gute Sitten verstößt.

(5) Die Schüler bedürfen für öffentliche Bekanntmachungen oder öffentliche Kundgebungen sowie für Veröffentlichungen in Druck und Schrift über Vorkommnisse in der Schule der Zustimmung des Schulleiters.

F. Zusammenarbeit mit dem Elternhaus.

§ 20.

(1) Die Erziehungsberechtigten, die ihre Kinder einer Schule anvertrauen, können einen Erfolg der Schularbeit nur erwarten, wenn sie es sich auch ihrerseits angelegen sein lassen, die Beziehungen zwischen Elternhaus und Schule über den Bezirk des nur Pflichtmäßigen hinaus zu pflegen. In allgemeinen Angelegenheiten werden die Interessen der Elternschaft durch den Elternbeirat wahrgenommen.

(2) Die Erziehungsberechtigten werden sich insbesondere über Leistungen und Gesamtverhalten der Schüler ständig zu unterrichten suchen. Es wird von den Erziehungsberechtigten erwartet, daß sie Beobachtungen und Erscheinungen, die Rückschlüsse auf die körperliche und geistige Haltung der Schüler gestatten oder die für die Arbeit an den Schülern dienlich sind, auch ohne besondere Aufforderung zum Anlaß einer Rücksprache mit den Lehrern oder dem Leiter der Schule zu nehmen und daß sie einer Bitte um eine persönliche Unterredung baldigst folgen.

(3) Leiter und Lehrer der Schule, besonders der Klassenleiter, stehen während der bekanntgegebenen Sprechstunden den Erziehungsberechtigten zur Verfügung. In den Pausen kann Auskunft nur in Notfällen erteilt werden.

(4) Wünschen Erziehungsberechtigte einem Schüler nichtlehrplanmäßigen Unterricht geben oder ihm in einem lehrplanmäßigen Fache Nachhilfeunterricht erteilen zu lassen, so tun sie gut, sich vorher mit der Schule ins Benehmen zu setzen.

(5) Die Wahl einer Pension für auswärtige Schüler erfolgt zweckmäßigerweise im Benehmen mit dem Schulleiter. Durch Beschluß der Gesamtkonferenz kann auf Grund ungünstiger Tatsachen eine Pension als ungeeignet bezeichnet und das Verbleiben in ihr verboten werden.

(6) Mitteilungen der Erziehungsberechtigten geschehen zweckmäßig in geschlossenem Umschlage. Schriftliche Mitteilungen der Schule an die Erziehungsberechtigten ergehen als gebührenpflichtige Dienstsache.

(7) Der Erziehungsberechtigte oder sein Stellvertreter hat die Kenntnisnahme der von der Schule ausgestellten Zeugnisse durch Namensunterschrift zu bescheinigen.

(8) Wenn Erziehungsberechtigte mit Vorgängen in der Schule oder mit deren Anordnungen nicht einverstanden sind, empfiehlt es sich, zunächst den Klassenleiter aufzusuchen. Vermag dieser nicht abzuhelfen oder richtet sich die Beschwerde gegen ihn selbst, so wäre der Schulleiter anzurufen. Es ist zweckmäßig, erst wenn diese Stellen entschieden haben, die Schulaufsichtsbehörden und erst in letzter Linie den Minister für Wissenschaft, Kunst und Volksbildung anzugehen.

G. Schulgeld.

§ 21.

(1) Die Erziehungsberechtigten sind zur Entrichtung des bestimmungsmäßigen Schulgeldes verpflichtet. Das gleiche gilt für besondere Auflagen im Rahmen des § 5 Abs. 1 des Schulgeldgesetzes.

(2) An staatlichen höheren Schulen ist das Schulgeld monatlich im voraus an die Schulkasse zu zahlen. Abmeldung befreit von der Schulgeldzahlung nur, wenn sie bis zum letzten Schultage des Vormonats dem Anstaltsleiter zugegangen ist. Nach vorausgegangener Mahnung kann das Schulgeld im Verwaltungszwangsverfahren beigetrieben und der Schüler vom Unterricht einstweilen ausgeschlossen werden. Geht der Schüler innerhalb eines Kalendermonats auf eine andere öffentliche Schule über, so ist das Schulgeld für diesen Monat nur einmal zu entrichten. An den nichtstaatlichen öffentlichen höheren und an den mittleren Schulen gelten für die Schulgeldzahlung die Bestimmungen des Unterhaltsträgers.

(3) Begabte und würdige minderbemittelte Schüler können von der Entrichtung des Schulgeldes ganz oder teilweise befreit werden. Die Befreiung kann ganz oder teilweise zurückgenommen werden, wenn in den Verhältnissen, die für die Bewilligung maßgebend waren, eine wesentliche Veränderung eingetreten ist.

(4) An den höheren Schulen werden auf Antrag des Erziehungsberechtigten Geschwisterermäßigungen gewährt, sofern die wirtschaftlichen Verhältnisse des Erziehungsberechtigten dies rechtfertigen und nicht mangelnde Begabung des Kindes eine Ausbildung auf anderen als höheren Schulen angezeigt erscheinen läßt; dabei werden

nur solche Kinder gezählt, die eine öffentliche oder private mittlere, höhere, Fach- oder Hochschule besuchen. Wird Geschwisterermäßigung bewilligt, so beträgt das Schulgeld für das zweite Kind höchstens drei Viertel, für ein drittes Kind die Hälfte des regelmäßigen Schulgeldsatzes; für weitere Kinder wird ein Schuldgeld nicht erhoben. An den öffentlichen mittleren Schulen gelten für die Gewährung von Geschwisterermäßigungen die vom Unterhaltsträger mit Genehmigung der Schulaufsichtsbehörde erlassenen Bestimmungen.

H. Haftung.

§ 22.

(1) Der Erziehungsberechtigte haftet für pflegliche Behandlung und pünktliche Rückgabe von Schuleigentum, das dem Schüler von der Schule zeitweise anvertraut wird, sowie bei Beschädigung von Schuleigentum durch den Schüler, es sei denn, daß Verschulden nicht vorliegt.

(2) Die Schule kann für das dem Erziehungsberechtigten oder dem Schüler gehörende Eigentum eine Gewähr nicht übernehmen.

J. Zwangsmittel.

§ 23.

(1) Die Einhaltung der Schulordnung und aller daneben geltenden oder auf ihrer Grundlage erlassenen Vorschriften muß nötigenfalls durch Verhängen von Schulstrafen erzwungen werden, die besonders geregelt sind.

(2) Ist das bestimmungswidrige Verhalten des Schülers auf den Willen des Erziehungsberechtigten zurückzuführen, so behält sich die Schule das Recht vor, wenn der Erziehungsberechtigte zur Einhaltung der Vorschriften auf andere Weise nicht veranlaßt werden kann, den Schüler im Verwaltungswege von der Schule zu entfernen.

Erläuterungen:

Vorbemerkungen.

1. Bisherige Rechtsentwicklung.

Vor Einrichtung einheitlicher Schulverwaltungsbehörden waren die höheren Schulen weitgehend selbständig nicht nur in der Gestaltung ihrer Unterrichtsverfassung, sondern auch in der Regelung ihrer äußeren Verhältnisse und ihrer Beziehungen zu ihren Benutzern, — Schulrecht war damals Anstaltsrecht der einzelnen Schule. Die sogenannten Schulordnungen, oft auch Schulgesetze, Disziplinarordnungen oder ähnlich genannt (Beispiele solcher Ordnungen der verschiedensten Schulen sind abgedruckt bei Wiese Bd. 1 S. 360) wurden aber auch in der Folgezeit als eigene Angelegenheit der einzelnen Schulen betrachtet, es schob sich aber gelegentlich die Schulaufsichtsbehörde wenigstens insoweit ein, als sie das Recht der Bestätigung der Schulordnungen für sich in Anspruch nahm (vgl. z. B. die Verfügung des PSK. in Magdeburg vom 11. 2. 1875 bei Wiese Bd. 1 S. 153). Grundlage hierfür war augenscheinlich § 7 Ziffer 3 der Dienstinstruktion für die Konsistorien — jetzt PSKen. — vom 23. 10. 1817 (GS. S. 237), wonach zum Aufgabenkreise dieser Behörde gehörte „die Prüfung neuer, die Revision und Berichtigung schon vorhandener spezieller Schulordnungen und Reglements, imgleichen der Disziplinargesetze"; dabei muß es allerdings als zweifelhaft erscheinen, ob damals dem Wort „Schulordnung" der gleiche Begriff zugrunde lag, wie er nunmehr festgelegt ist (vgl. unten S. 36). Bei dieser Regelung ist es bis jetzt in einer Reihe von Provinzen verblieben. Dagegen ist in den Provinzen Brandenburg, Pommern, Westfalen und in der Rheinprovinz die Entwicklung einen Weg gegangen, den ein ME. vom 30. 10. 1865 (Beier S. 393) bereits angedeutet hatte, hier haben die betreffenden PSKen. allgemeine SchOen. für sämtliche öffentlichen höheren Schulen ihres Aufsichtsbereichs erlassen (sie sind abgedruckt bei Beier S. 372 ff.). Nunmehr ist es das erste Mal, daß eine zentrale Regelung, wenigstens grundsätzlich, durch den Unterrichtsminister erfolgt.

Bei den mittleren Schulen ist es, soweit man es bei der geringen literarischen Behandlung dieser noch jungen Schulart übersehen kann, offensichtlich überhaupt das erste Mal, daß eine Regelung des Verhältnisses von Schule und Schülern ausdrücklich stattfindet. Die Geschäftsinstruktion für die Regierungen vom 23. 10. 1817 (GS. S. 248) enthält übrigens auch eine dem § 7 Ziffer 3 der Dienstinstruktion für die Konsistorien entsprechende Bestimmung nicht.

2. Rechtsgrundlage der Schulordnung.

a) Zunächst ist es erforderlich, die verwaltungsrechtliche Stellung der öffentlichen Schulen festzustellen. (Über den Begriff der „öffentlichen" Schule vgl. unten S. 37.) Wenn das ALR. in II 12 § 1 die Schulen als „Veranstaltungen des Staates" bezeichnet, so ist damit für ihre verwaltungsrechtliche Eingliederung nur das eine gewonnen, daß „Schulehalten" eine Staatsaufgabe, im weitesten Sinne also ein Teil der öffentlichen Verwaltung ist. Für bestimmt umgrenzte Stücke der öffentlichen Verwaltungstätigkeit hat sich ein besonderer Begriff herausgebildet, der der öffentlichen Anstalten. Hierunter versteht man einen Bestand an persönlichen und sächlichen Mitteln, die einem bestimmten öffentlichen Zweck dauernd dienen und sich in der Hand eines Subjektes der öffentlichen Verwaltung befinden (Fleiner S. 322, Jellinek S. 513, Hatschek S. 496, Kormann im WB. Bd. 3 S. 1). Diese Merkmale treffen auch auf die öffentlichen Schulen zu. Diese weisen auf einen Bestand an persönlichen Mitteln (Lehrkräfte und sonstiges Anstaltspersonal) und an sächlichen Mitteln (Gebäude, Inneneinrichtung, Lehrmittel usw.), dienen dauernd einem öffentlichen Zweck, wie sich aus ALR. II 12 § 1 und neuerdings auch aus Art. 143 Abs. 1 RV. ergibt, und befinden sich in der Hand eines Subjekts der öffentlichen Verwaltung (Staat, Gemeinde, Gemeindeverband oder öffentliche Stiftung). Öffentliche Schulen sind also verwaltungsrechtlich öffentliche Anstalten. Für diese verwaltungsrechtliche Stellung ist es ohne Belang, ob die Anstalt eigene Rechtspersönlichkeit hat oder nicht, also eine sogenannte selbständige oder unselbständige Anstalt ist (Fleiner S. 322).

Eine nähere gesetzliche Regelung des Rechtes der öffentlichen Anstalt fehlt, lediglich das Schrifttum hat einige allgemeine Grundsätze herausgearbeitet. Aus ihnen ist für unseren Zweck als wesentlich zunächst nur hervorzuheben, daß mit dem Begriff der öffentlichen Anstalt wesensnotwendig verbunden ist eine besondere Anstaltsgewalt, die sich gegenüber den Anstaltsbenutzern äußert (Jellinek S. 515, Hatschek S. 501, Fleiner S. 66, 337).

b) Im modernen Verfassungsstaat gilt nach durchaus herrschender Meinung das Prinzip der „gesetzmäßigen Verwaltung", wobei es hier dahingestellt bleiben kann, wie es rechtlich zu begründen ist, ob gewohnheitsrechtlich entstanden, ob dem Wesen des Verfassungsstaates immanent oder ob in Art. 114 RV. ausdrücklich ausgesprochen (Fleiner S. 131, Jellinek S. 88, Köttgen S. 353, Thoma in Nipperdey S. 16). Dieses Prinzip besagt, daß im Rechtsstaat die Verwaltung nicht völlig frei ist in der Regelung ihrer öffentlich-rechtlichen Beziehungen zu dem Staatsbürger, auch wenn ihm hier der Staat als obrigkeitliche Gewalt gegenübertritt, daß vielmehr die Verwaltung in dem Sinne an das Gesetz gebunden ist, daß sie nur tun darf, was das Gesetz ihr erlaubt. Insbesondere ist jeder Eingriff der öffentlichen Verwaltung in Freiheit und Eigentum des Staatsbürgers nur möglich auf Grund eines Gesetzes oder einer vom Gesetz ermächtigten Verordnung. Jedes Gebot oder Verbot, das den Staatsbürger in seiner Freiheit beschränkt oder ihn zu positiven Leistungen oder auch nur zu einem Dulden verpflichtet, gehört zum „Vorbehalt des Gesetzes“, darf also nur auf gesetzlicher Grundlage ergehen (Fleiner S. 131, Jellinek S. 88).

Nun ist kein Zweifel, daß solche Eingriffe in die Freiheit des Staatsbürgers insbesondere dann vorkommen, wenn er in ein bestimmtes Abhängigkeitsverhältnis zu der öffentlichen Verwaltung gelangt ist, wie es sich vor allem nach dem Eintritt in den öffentlichen Dienst oder in eine öffentliche Anstalt in der Form von Dienstbefehlen, Verhaltungsvorschriften und dergleichen zeigt. Begrifflich wäre also nach dem Prinzip der gesetzmäßigen Verwaltung auch zu solchen Eingriffen eine gesetzliche Ermächtigung erforderlich. Die herrschende Lehre hält aber hier den Vorbehalt des Gesetzes nicht für gegeben (Fleischer S. 165, Jellinek S. 122, Hatschek S. 502).

Die Gründe dafür, warum der in der Form der öffentlichen Anstalt auftretenden Verwaltung eine andere Rechtsstellung einzuräumen ist wie der sonstigen öffentlichen Verwaltung, sind allerdings weder einheitlich noch immer einwandfrei. Daß die Anstalt dem Einzelnen meistens Vorteile bringe, für Vorteilsgewährungen aber der Grundsatz der Gesetzmäßigkeit der Verwaltung keine Anwendung finde (Jellinek S. 514, Hatschek S. 501), ist Behauptung und nicht Beweis. Daß weiter die Tatsache der freiwilligen Begründung eines besonderen Abhängigkeitsverhältnisses (von dem zwangsweisen Eintritt in eine Anstalt, wie z. B. Zuchthaus, Fürsorgeanstalt u. dergl. kann hier abgesehen werden) für sich allein nicht ausreicht, ergibt sich daraus, daß — abgesehen von der schwierigen Lehre des Verzichts auf öffentliche Rechte — Anstaltsgewalt doch im Grunde genommen nichts anderes ist als ein bestimmt abgegrenztes Stück der öffentlichen Gewalt selbst und daß durch den freiwilligen Eintritt in ein besonderes Gewaltverhältnis die zwischen Staat und Staatsbürger aufgerichtete Rechtsschranke der gesetzmäßigen Verwaltung nicht begriffsnotwendig beseitigt zu sein braucht. Auch der weitere Versuch von Jellinek (S. 122), den Äußerungen der Anstaltsgewalt Rechtswirkungen beizulegen auf Grund eines ungeschriebenen Rechtssatzes, der sich von selbst verstehe, ist wohl mehr als eine Umschreibung dieses Problems als als seine Lösung zu werten. Zu der richtigen Begründung leiten die eingehenden Untersuchungen von Thoma über die Grundrechte (Festschrift S. 190 ff.) hin. Thoma weist hier nach, daß die Grundrechtsverbürgungen in ihrer Bedeutung als Sicherung des Staatsbürgers gegen Eingriffe der Staatsgewalt unter sich die größten juristischen Unterschiede aufweisen. Einmal läßt sich eine Stufenreihe der Grundrechte nach ihrem Stärkegrad aufstellen, nämlich ob reichsverfassungskräftig ersten Grades, zweiten Grades, ob reichsgesetzeskräftig oder leerlaufend, also lediglich rechtsstaatbetonend. Neben dieser Reihe läßt sich aber noch eine zweite Unterscheidungsreihe bilden, die sich mit der ersten kreuzt und die daraus entsteht, daß nicht alle Grundrechtsverbürgungen den gleichen Umfang haben. Bei dieser Kategorie handelt es sich nicht darum, in welcher Form eines Gesetzes das Grundrecht nur außer Kraft gesetzt werden kann, sondern darum, gegenüber welcher Erscheinungsform der öffentlichen Gewalt (z. B. Polizei-, Dienst-, Anstalts-, Finanzgewalt und dergl.) das fragliche Grundrecht dem Staatsbürger Schutz gewähren soll. Die Staatsgewalt tritt nämlich dem Staatsbürger gewissermaßen auf zwei Ebenen entgegen: einmal innerhalb des „allgemeinen Gewaltverhältnisses", in das der Staatsbürger lediglich auf Grund seiner Existenz gelangt, in das er sozusagen „hineingeboren" wird, und dann innerhalb eines „besonderen Gewaltverhältnisses" oder „speziellen Subjektionsverhältnisses", in das sich der Bürger in der Regel freiwillig begibt, von Zwangsdienstpflicht und öffentlicher Anstalt mit Anschlußzwang hier abgesehen. Es ist also zu prüfen, ob die Freiheitsverbürgungen nur für das allgemeine Gewaltverhältnis Schutz angedeihen lassen, „allgemeine Grundrechte" oder ob sie so ausgestaltet sind, daß sie ihre Wirksamkeit auch in die besonderen Gewaltverhältnisse hinein erstrecken, „gesteigerte Grundrechte", die sich wiederum in zwei Gruppen scheiden können, je nachdem ob sie „jedermann in jedem Gewaltverhältnis" schützen, „allgemein gesteigerte Grundrechte", oder ob sie nur gegen bestimmte Gewaltverhältnisse gemünzt sind, „speziell gesteigerte Grundrechte". Nach Thoma (in Nipperdey Bd. 1 S. 24) sind nun die Freiheitsverbürgungen der RV. im Zweifel einschränkend auszulegen in dem Sinne, daß sie nur die Freiheit des unabhängigen, lediglich im allgemeinen Gewaltverhältnis stehenden Bürgers schützen. Diese Vermutung kann natürlich widerlegt werden, wenn sich aus Wortlaut und Sinn der RV. ergibt, daß ein gesteigertes Grundrecht vorliegt. Was das hier in Frage stehende allgemeine Freiheitsrecht des Staatsbürgers gegenüber der Verwaltung anlangt, so ist weder aus der RV. selbst — die es nach überwiegender Meinung nicht regelt — noch aus Entstehung und innerem Gehalt dieses Rechtes zu entnehmen, daß es sich um ein gesteigertes Grundrecht handelt. „Der generelle Vorbehalt zu Gunsten des Gesetzes hat eben nicht Eingriffe in Freiheit und Eigentum schlechthin zum Gegenstande, sondern lediglich die im Rahmen des allgemeinen Gewaltverhältnisses erfolgenden" (Köttgen S. 354). Somit ergibt sich: für die Regelung der Beziehungen zwischen öffentlicher Anstalt und Anstaltsbenutzer ist, sofern es sich nicht um eine Zwangsanstalt handelt, kein Gesetz erforderlich. Rechtsgrundlage der Anstaltsordnung ist nicht das Gesetz, braucht es jedenfalls nicht zu sein, sondern ist die mit jeder öffentlichen Anstalt begriffsnotwendig verbundene Anstaltsgewalt gegenüber den Personen, die durch Benutzung der Anstalt in ihren Bannkreis treten.

3. Rechtsnatur der Schulordnung.

Nach der von Laband begründeten Theorie unterscheidet man zwei Begriffe des Gesetzes als höchster Willensäußerung des Staates, nämlich Gesetz im formellen Sinne und Gesetz im materiellen Sinne. Gesetz im materiellen Sinne bedeutet hierbei Rechtssätze schlechthin, also ohne Rücksicht auf die Art und Form, in der sie zustande gekommen sind, d. h. der Inhalt entscheidet. Gesetz im formellen Sinne dagegen sind diejenigen Staatswillenserklärungen, die in einer in den Verfassungen näher festgestellten Form zustande kommen und übermittelt werden; sie brauchen keine Rechtssätze zu enthalten, wie z. B. der Staatshaushaltsplan, die Anleihegesetze u. dergl., d. h. die Form entscheidet. Entsprechend scheidet man auch die Verordnungen, d. s. generelle Willensäußerungen der vollziehenden Gewalt, in zwei Arten: Rechtsverordnungen und Verwaltungsverordnungen. Rechtsverordnungen wenden sich an den Staatsbürger und greifen in Freiheit und Eigentum ein, während Verwaltungsverordnungen etwas regeln in der Verwaltung, ohne in Freiheit und Eigentum einzugreifen, also allgemeine Dienstbefehle an Beamte, Behörden, Anstaltsbenutzer u. dergl. Die praktische Bedeutung dieses Unterschiedes liegt darin, daß die Verwaltung zum Erlaß von Rechtsverordnungen einer besonderen gesetzlichen Ermächtigung bedarf und daß diese Ermächtigung an andere Stellen, als sie gesetzlich bestimmt sind, nicht delegiert werden kann, während die Befugnis zum Erlaß von Verwaltungsverordnungen zwangsläufig aus Stellung und Aufgabenkreis der Verwaltungsbehörden folgt und auch an nachgeordnete Stellen übertragen werden darf.

Die herrschende Lehre betrachtet nun die Anstaltsverordnungen als Verwaltungsverordnungen. Sie geht davon aus, daß ähnlich wie bei dem Beamtenverhältnis nur dem Anstaltsbenutzer ein bestimmtes Verhalten vorgeschrieben wird, das eine Pflicht lediglich gegenüber dem Anstaltsherrn begründet. Die Anstaltsordnung sei eine res interna der Verwaltung, die keine Bindungen gegenüber Personen außerhalb der Anstalt schaffe, es fehle also die zweiseitig verbindende Kraft der Rechtsnorm. Der Anstaltsbenutzer sei lediglich ein Rad im Anstaltsbetriebe und führe insofern der Anstalt gegenüber keine selbständige Existenz. Deswegen seien auch die Verhaltungsbefehle, die in den Anstaltsordnungen aufgestellt werden, keine Rechtssätze, sondern bloße Verwaltungsvorschriften (so vor allem Fleiner S. 66 und 337).

Es ist nicht zu verkennen, daß die herrschende Lehre sich im Grunde genommen aufbaut auf einer Verengung des Begriffs der Rechtsnorm und damit des materiellen Gesetzesbegriffes (Köttgen S. 354 Anm. 21). Wie Holstein (Festschrift S. 309 ff.) richtig hervorhebt, rückt Laband die distributive Funktion des Rechts zu einseitig in den Vordergrund und übersieht dabei, daß sich darin das Wesen des Rechts nicht erschöpfe; es sei auch „konstruktive Gewalt“, „neben seiner trennenden und teilenden Funktion steht mit nicht geringerer Bedeutung die andere, die Willenssphären zusammenordnen, zu einheitlicher Willensschaft emporbilden und Stellung und Funktion der Glieder der so gewordenen Ganzheit normativ durchformen will“. Holstein kommt damit folgerichtig zu dem Ergebnis: „Mithin sind auch die Verwaltungsverordnungen Rechtsnormen und setzen objektives Recht, auch wenn sie sich lediglich auf das Gebiet des besonderen Verwaltungsorganismus und den Kreis der Beamten beschränken, oder wie bei allgemeiner Schulpflicht in fortdauerndem Wechsel altersmäßig bestimmte Gruppen der Volksgemeinschaft in ein gesteigertes staatliches Abhängigkeitsverhältnis bringen.“ Holstein stellt demgemäß den Verwaltungsverordnungen in seinem Sinne, die sich also immer nur auf einen bestimmten zahlenmäßig begrenzten Personenkreis beschränken, die „Gemeinverordnungen“ gegenüber, die sich an eine abstrakte Vielheit wenden. Folgt man der Auffassung Holsteins und betrachtet man die Anstaltsordnungen als Rechtsverordnungen, so muß allerdings eine besondere gesetzliche Ermächtigung für eine solche Verordnungsgewalt vorhanden sein, da dann die Tatsache der Anstaltsgewalt allein als rechtliche Grundlage nicht genügt. Eine solche gesetzliche Ermächtigung wäre zu erblicken in der „V. über die veränderte Verfassung aller obersten Staatsbehörden in der Preußischen Monarchie“ vom 27. 10. 1810 (GS. 1811 S. 3), die die Zuständigkeit des Unterrichtsministers dahin regelt, daß er alles, „was als .... Erziehung und Bildung für Wissenschaft und Kunst ein Gegenstand der Fürsorge des Staates ist“ zum Wirkungsbezirk hat. Diese den Zuständigkeitsbereich des Unterrichtsministers sehr weit regelnde Bestimmung, die zweifellos auch eine ausreichende Rechtsgrundlage zu Anordnungen über die Beziehungen zwischen den öffentlichen Schulen und ihren Benutzern gibt, ist als Organisationsbestimmung eine Rechtsnorm, die außerdem durch Publikation in der Gesetzessammlung zum formellen Gesetz erhoben worden ist und gemäß

Art. 109 der alten PrV. und Art. 81 der neuen PrV. auch jetzt noch fortgilt, mithin den Unterrichtsminister weiterhin ermächtigt, Anstaltsordnungen auf dem Gebiete des öffentlichen Schulwesens auch als Rechtsverordnungen zu erlassen. (Über das selbständige Verordnungsrecht der Unterrichtsverwaltung vgl. Anschütz PrV. S. 496). Rechtsverordnungen bedürfen ähnlich wie Gesetze zur Gültigkeit der gehörigen Publikation. In Preußen sind die Bestimmungen über Veröffentlichung und Inkrafttreten von Rechtsverordnungen durch das Gesetz vom 9. 8. 1924 (GS. S. 597) getroffen worden. Hiernach erfolgt die Verkündigung von Rechtsverordnungen in der Gesetzessammlung, in dem Preußischen Staatsanzeiger oder in einem Ministerialblatt. Dem letzteren Erfordernis wäre in dem vorliegenden Falle durch die Bekanntgabe im ZBlUV. Rechnung getragen.

4. Rechtsschranken der Schulordnung.

a) Die erste Rechtsschranke für jede Anstaltsordnung ist das Gesetz. Bestimmt ein Gesetz erschöpfend, was auf Grund der Anstaltsgewalt von den Anstaltsbenutzern gefordert werden kann, so ist natürlich jede weitere Regelung durch Anordnungen des Anstaltsherrn ausgeschlossen. Auf dem Gebiet der Schule — wie meistens bei den öffentlichen Anstalten — fehlen solche eingehenden Regelungen. Es sind daher die Grenzen der Anstaltsgewalt aus Natur und Zweckbestimmung der Anstalt selbst herzuleiten. Zu dem Aufgabenkreise der öffentlichen Schulen gehören Unterricht und Erziehung (im einzelnen vgl. unten S. 42 ff). Damit ist allerdings der Rahmen der Anstaltsgewalt der öffentlichen Schulen sehr weit gesteckt, so daß sich eine scharfe Grenzlinie nicht ziehen läßt, und zwar um so weniger, als der Inhalt der Anstaltsaufgabe hier der Natur der Sache nach nicht ein für allemal feststehend ist, sondern denselben Wandlungen unterliegt wie die jeweiligen Anschauungen, nach denen sie sich bestimmen (so OVG. Bd. 77 S. 520 für den Inhalt der Dienstgewalt gegenüber den Beamten). Zur Verdeutlichung des Anschauungswandels auf dem Gebiete des Verhältnisses zwischen Schule und Schüler bezw. Elternhaus ist als Anhang (unten S. 169) die frühere SchO. für die höheren Lehranstalten der Provinz Brandenburg wiedergegeben. Praktisch kann nur im Einzelfalle festgestellt werden, wo die Grenzen für die Anstaltsgewalt liegen (Fleiner S. 165, Jellinek S. 516, Maury S. 45, Kretzschmar S. 216, Kühn S. 25).

b) Der Anstaltszweck braucht aber nicht die einzige Schranke der Anstaltsgewalt zu sein, sie kann auch weiter eingeengt sein durch besondere Rechtspositionen, in der Hauptsache durch die verfassungsmäßigen Grundrechte des Anstaltsbenutzers. Daß das allgemeine Freiheitsrecht des Staatsbürgers die Anstaltsgewalt nicht im Verhältnis zu den ihr Unterworfenen zu beschränken vermag, ist oben S. 27 bereits dargetan. Was die weiteren Freiheitsverbürgungen, wie z. B. Art. 114 (Freiheit der Person), Art. 118 (Freiheit der Meinungsäußerung), Art. 123 und 124 (Versammlungs- und Vereinsfreiheit), Art. 126 (Beschwerdefreiheit) anlangt, so ist ebenfalls bereits festgestellt, daß hier nur eine Einzelbetrachtung der verschiedenen Grundrechte eine Klärung herbeiführen kann, die zweckmäßig bei den in Frage kommenden Bestimmungen der SchO. weiter unten erfolgt.

Auf ein nur hier sich erhebendes Problem ist wenigstens hinzuweisen. Die Schüler mittlerer Schulen sind immer, die Schüler höherer Schulen mit seltenen Ausnahmen nicht volljährig. Während im bürgerlichen Recht je nach der Altersstufe verschiedene Grade von Geschäftsfähigkeit festgesetzt sind, auch im Strafrecht die Strafmündigkeit altersmäßig abgestuft ist, fehlt es bei den öffentlichrechtlichen Beziehungen des Staatsbürgers an einer allgemeinen Regelung der öffentlichrechtlichen Geschäftsfähigkeit. Aus der Tatsache allein, daß der Staatsbürger in das allgemeine Gewaltverhältnis hineingeboren wird, zu folgern, daß ihm bereits vom Tage seiner Geburt an die Freiheitsverbürgungen der RV. zuständen, dürfte wohl nicht ohne weiteres angehen, wie z. B. ein Blick auf Art. 114 (Freiheitsschutz bei Strafunmündigen?) und Art. 115 (Wohnungsschutz für Minderjährige?) zeigt. In dem Schrifttum ist allerdings die Frage des Einflusses des Alters auf die — wie man wohl am besten sagen kann — „passive Verwaltungsfähigkeit" des Staatsbürgers bisher nicht behandelt worden (Ansätze bei Jellinek S. 167, auch Fleiner S. 192 Anm. 38); in der Mehrzahl der Fälle wird ohne nähere Untersuchung die Erheblichkeit der geistigen Reife gegenüber den Freiheitsverbürgerungen verneint (so zu Art. 118 Hellwig S. 14, zu Art. 123 und 124 Delius S. 141 (Vereins- und Versammlungsfreiheit für Säuglinge!), andererseits zu Art. 126 Hüfner S. 180: „Ein Minderjähriger ist nach allgemeinen Rechtsgrundsätzen nicht beschwerdefähig.").

c) Über eine weitere Schranke der Anstaltsordnung, die sich nur bei der SchO. ergeben kann, weil hier die Anstaltsgewalt nicht dem Anstaltsbenutzer allein gegenübersteht, sondern zugleich dem mit diesem durch ein besonders ausgestaltetes Rechtsverhältnis verbundenen Erziehungsberechtigten, vgl. unten S. 42.

5. Rechtsschutz des Anstaltsbenutzers.

Der Idee des Rechtsstaates am besten entspricht es, wenn der Staatsbürger vor Übergriffen der Verwaltung durch besondere Verwaltungsgerichte geschützt wird. Auch in unzweifelhaft verwaltungsrechtlichen Angelegenheiten versteht sich aber die Zuständigkeit der Verwaltungsgerichte keineswegs von selbst, sondern es kommt darauf an, wie der Gesetzgeber sie umschrieben hat, ob in der Form der Generalklausel, d. h. der Möglichkeit, den Schutz der Verwaltungsgerichte gegen jeden beliebigen Akt der Verwaltungsbehörden anzurufen, oder ob nach der Enumerationsmethode, d. h. in der Form der Einzelaufzählung der Fälle, in denen die Anrufung der Verwaltungsgerichte allein zulässig ist. Das preußische Recht kennt die Generalklausel — abgesehen von der Anfechtung polizeilicher Verfügungen — nicht (§§ 7 Abs. 2, 50 Abs. 1 LVG.). Der verwaltungsgerichtliche Schutz reicht hier nur soweit, als ihn ein Gesetz ausdrücklich begründet. Für das hier interessierende Gebiet des Verhältnisses zwischen Schule und Anstaltsbenutzer bezw. Erziehungsberechtigten fehlt es an einem solchen Gesetz (vgl. hierzu Kretzschmar S. 23, auch OVG. vom 21. 12. 1897 — ZBlUV. 1898 S. 293 — und vom 10. 7. 1925 — ZBlUV. 1926 S. 104 —). Über den Versuch einer reichsrechtlichen Einführung einer Generalklausel auf dem Gebiet der Schule vgl. Landé, Aktenstücke, S. 76 und 148 ff.

Es bleibt daher als einziges Rechtsmittel die frist- und formlose Dienstaufsichtsbeschwerde, wie sie in § 17 Abs. 1 der SchO. selbst erwähnt wird. Sie ergibt sich zwangsläufig auch ohne besondere Hervorhebung aus der Befugnis der staatlichen Aufsichtsbehörden, innerhalb ihrer gesetzlichen Zuständigkeit Verfügungen und Anordnungen der nachgeordneten Behörden außer Kraft zu setzen oder diese Behörden mit Anweisungen zu versehen (§ 50 Abs. 3 LVG.). Das Beschwerderecht ist außerdem durch Art. 126 RV. mit besonderem verfassungsrechtlichen Schutz versehen (über das Beschwerderecht des Anstaltsbenutzers gegenüber Art.126 RV. vgl. unten S.117). Führt die Beschwerde nicht zum Ziel, so kommt noch in Frage das durch den vorgenannten Artikel gleichfalls gewährleistete Recht der Anrufung der Volksvertretung, das die Verwaltungsbehörden zwingt, vor dem Landtag ihr Verhalten zu begründen und zu verantworten.

Der Elternbeirat ist kein Organ, das eine Rechtskontrolle über die Anordnungen der Schule auszuüben vermag; über seine Stellung und Befugnisse s. unten S. 133.

Als letzte Möglichkeit bleibt begrifflich noch der Ungehorsam gegenüber Anordnungen der Schule übrig. Die Rechtsfrage, inwieweit ein „Schulstreik“ möglich und zulässig ist (KG. vom 10. 8. 1921 — ZBlUV. 1922 S. 343 —, Maury S. 87, Mohs S. 163), kann hier unerörtert bleiben, da auf dem Gebiete der Wahlschule diese Frage im Gegensatz zur Zwangsschule nicht praktisch werden kann, denn hier besteht immer die Möglichkeit, den Schüler einfach von der ferneren Benutzung der Schule auszuschließen, und zwar entweder als Schulstrafe oder gemäß § 23 Abs. 2 SchO., wogegen wiederum kein anderes Rechtsmittel als die Dienstaufsichtsbeschwerde gegeben ist.

Die Haftung der Anstalt für Personen- und Sachschaden und die strafrechtliche Verantwortung der Anstaltsorgane gehören nicht zum Verwaltungsrechtsschutz; hierüber weiter unten S. 159 ff.

Muster[1][2][3][4][5][6][7] einer Schulordnung[8][9][10] (Sch.O.) für die öffentlichen[11][12] höheren[13][14][15] und mittleren[16][17][18] Schulen.[19][20]

Anmerkungen.

1. Durch die Bezeichnung „Muster“ in Verbindung mit dem EinfE. ist klargestellt, daß die SchO. für die in Betracht kommenden Schulen nicht mit der Veröffentlichung im ZBlUV. ipso iure gilt, sondern daß es einer besonderen Einführung durch die einzelne Schule bedarf, um sie in Wirksamkeit zu setzen.

Ein Zwang auf die Schulen zu ihrer Einführung ist nicht ausdrücklich ausgesprochen. Mittelbar liegt ein solcher allerdings darin, daß durch den EinfE. die bestehenden SchOen. von Beginn des Schuljahres 1932 ab ausnahmslos aufgehoben sind.

2. Zuständig für Beschlußfassungen, die das Leben der einzelnen Schule betreffen, sind sowohl bei den höheren wie bei den mittleren Schulen der Anstaltsleiter und die Lehrerkonferenzen, die sich in Gesamt-, Klassen- und Fachkonferenzen gliedern. Nach III A Ziffer 4 der Konferenzordnung für die höheren Lehranstalten vom 3. 7. 1922 — U II 274 U II W 1 — (ZBlUV. S. 335) beschließt die Gesamtkonferenz über „Aufstellung und Abänderung von Vorschriften über die Hausordnung und Schulzucht“. Die SchO. ist hier zwar ausdrücklich nicht genannt, doch wird man, da der EinfE. die Beschlußfassung der Schule ohne nähere Angabe überweist, unbedenklich die Zuständigkeit der Gesamtkonferenz bejahen dürfen. Bei den anerkannten Mittelschulen bestehen solche Zweifel nicht, da hier die Dienstanweisung vom 1. 5. 1926 (ZBlUV. S. 210) in I B Ziffer 3 den Gesamtkonferenzen ausdrücklich die Beschlußfassung über „Haus- und Schulordnung, Schulzucht“ zuweist. Bei den nicht unter den Begriff der Mittelschule fallenden sonstigen mittleren Schulen (hierüber s. unten S. 41) werden diese Bestimmungen sinngemäß anzuwenden sein.

3. Nur wenn man mit der herrschenden Lehre Anstaltsordnungen als Verwaltungsverordnungen betrachtet (oben S. 28), ist die hier ausgesprochene Delegation der Beschlußfassung an die Schulen rechtlich haltbar.

4. Der EinfE. stellt klar, daß die Einführung einer Schulordnung an sich der schulaufsichtlichen Genehmigung bedarf. Schulaufsichtsbehörde erster Instanz sind für die höheren Schulen die Provinzialschulkollegien gemäß der Dienstinstruktion für die Provinzialkonsistorien vom 23. 10. 1817 (GS. S. 237), die in einzelnen Punkten durch die KO. vom 31. 12. 1825 (GS. 1826 S. 5) abgeändert ist; diese ursprünglich nur für Altpreußen begründete Zuständigkeit ist auf die neu erworbenen Landesteile erstreckt worden durch die V. vom 22. 11. 1867 (GS. S. 1570). Für die mittleren Schulen ist Schulaufsichtsbehörde die Regierung nach der Instruktion zur Geschäftsführung der Regierungen vom 23. 10. 1817 (GS. S. 248), die gleichfalls durch verschiedene Einzelanordnungen in den neu erworbenen Landesteilen eingeführt worden ist; doch können in Einzelfällen mittlere Schulen auch dem PSK. unterstellt werden. Oberste Schulaufsichtsbehörde für beide Schularten ist der Minister für Wissenschaft, Kunst und Volksbildung auf Grund der V. über die veränderte Verfassung aller obersten Staatsbehörden in der Preußischen Monarchie vom 27. 10. 1810 (GS. 1811 S. 3); diese Zuständigkeit besteht auch für die neu erworbenen Landesteile, vgl. hierüber insbesondere die V. vom 13. 5. 1867 (GS. S. 667).

Die schulaufsichtliche Genehmigung zur Einführung der SchO. gilt nach dem EinfE. als erteilt, wenn das Muster ohne Abänderungen von der Schule beschlossen wird. Abänderungen bedürfen in jedem Falle der Genehmigung, und zwar geringere der des PSK. oder der Regierung, grundsätzliche der des Ministers. Was eine grundsätzliche Abänderung ist, läßt sich nicht allgemein sagen und bleibt zunächst dem pflichtmäßigen Ermessen der Schulaufsichtsbehörde erster Instanz überlassen.

5. Mit der etwaigen schulaufsichtlichen Genehmigung ist die Beteiligung von Stellen außerhalb der Schule an dem Zustandekommen einer SchO. noch nicht erschöpft. Durch den ME. vom 1. 10. 1918 — U II 294 — (ZBlUV. S. 634) ist den Städten das Muster einer Verwaltungsordnung für die von ihnen unterhaltenen höheren Schulen zur Einführung empfohlen worden. Diese Verwaltungsordnung sieht die Bildung eines Schulausschusses vor, dessen Stellung in § 4 wie folgt umrissen wird: „Der Schulausschuß ist als städtische Verwaltungsdeputation zur Verwaltung der laufenden städtischen Angelegenheiten der höheren Schulen berufen. In An-

gelegenheiten der staatlichen Zuständigkeit handelt er kraft Auftrags der staatlichen Schulbehörde." Hinsichtlich der hier interessierenden Frage ist in § 6 Abs. 1 lit. d bestimmt, daß zu seinem Aufgabenkreise gehört „die Genehmigung und Abänderung von Bestimmungen der Schulordnung, die sich nicht auf die Angelegenheiten der staatlichen Schulverwaltung beziehen (vgl. § 10 Abs. 2)" und in dem hier in Bezug genommenen § 10 Abs. 2: „Vor Erlaß einer Schulordnung und vor Abänderung ist, insoweit es sich um Angelegenheiten der staatlichen Schulverwaltung handelt, der Schulausschuß gutachtlich zu hören." Hiernach ist also das Mitwirkungsrecht des Schulausschusses ein verschiedenes, je nachdem es sich um Angelegenheiten der staatlichen Schulverwaltung handelt oder nicht oder — wie man herkömmlicher Weise sagt — ob es sich um „innere" oder „äußere" Schulangelegenheiten handelt. Hierbei versteht man unter „inneren" Angelegenheiten alles, was sich auf das innere Leben der Schule, auf Unterricht, Lehrplan, Methode, Schulbesuch und Schulzucht bezieht, unter den „äußeren" diejenigen, welche die Errichtung, Unterhaltung, Ausstattung und das Vermögen der Schule betreffen (Anschütz PrV. S. 411, OVG. Bd. 58 S. 191; Bd. 66 S. 264; Bd. 72 S. 239; RGZ. Bd. 80 S. 344; Bd. 84 S. 32; Bd. 128 S. 224). Trotz dieser Begriffsbestimmung sind die Grenzen zwischen diesen beiden Angelegenheiten flüssig, man kann wohl sagen, daß jede Schulangelegenheit sowohl eine innere wie eine äußere Seite hat. Trotzdem hat sich diese Unterscheidung als trennendes Prinzip für die Zuständigkeit von Staat und Gemeinden auf dem Gebiet des öffentlichen Schulwesens bis jetzt erhalten; dieses Prinzip geht dahin: die inneren Schulangelegenheiten dem Staat, die äußeren der Gemeinde. Ohne hier auf die Frage nach der Notwendigkeit einer solchen begrifflichen Scheidung der Schulangelegenheiten weiter einzugehen, ist für den vorliegenden Zweck festzustellen, daß die SchO. auch Bestimmungen enthält, z. B. über Schuldgelderhebung u. dergl., die zu den äußeren Schulangelegenheiten rechnen. Es müßte also bei Beteiligung des Schulausschusses jede einzelne Bestimmung der SchO. auf diese Unterscheidung hin näher untersucht und das Mitwirkungsrecht des Schulausschusses demgemäß einzeln festgestellt werden, was in der Praxis leicht zu Unzuträglichkeiten führen kann. In Städten, die die Verwaltungsordnung nicht eingeführt haben, bewendet es bei den bestehenden Bestimmungen, d. h. hier besteht weiterhin die alte Kuratorialverfassung, die ein Mitwirkungsrecht der Kuratorien an dem Erlaß einer SchO. nicht kennt (vgl. das Musterstatut bei Baier S. 37). Für die öffentlichen mittleren Schulen ist durch die Erlasse vom 30. 1. 1928 — U III D 20158/27 —

und vom 2. 4. 1930 — U III D 6239 U II — gleichfalls eine Verwaltungsordnung geschaffen worden. Im Gegensatz zu der für die höheren Schulen fehlen aber hier Bestimmungen über die Mitwirkung des Schulausschusses bei Schaffung einer SchO., so daß eine Verpflichtung zu seiner Beteiligung nicht bestehen dürfte. Anderseits ergibt sich aber aus § 3 Abs. 2 dieser Verwaltungsordnung: „Der Schulausschuß ist berechtigt, ... sich dem Gemeindevorstand und der Schulaufsichtsbehörde gegenüber gutachtlich zu äußern“, daß, da dieses Äußerungsrecht auf bestimmte Gegenstände nicht beschränkt ist, es auch gegenüber der SchO. wohl nicht verneint werden kann. Es ist noch zu beachten, daß der oben genannte ME. vom 2. 4. 1930 unter II und III es den Gemeinden freistellt, für ihre höheren und mittleren Schulen einen gemeinsamen Schulausschuß nach den Bestimmungen der Verwaltungsordnung für die höheren Schulen zu bilden oder auch für die mittleren Schulen allein die Verwaltungsordnung für die höheren Schulen einzuführen.

6. Der Elternbeirat ist zu einer Mitwirkung bei der Schaffung der SchO. nicht berufen (über seine Funktionen vgl. unten S. 133); doch kann eine Fühlungnahme zwischen Elternbeirat und Schule vor endgültiger Beschlußfassung in gegebenen Fällen zweckmäßig sein.

7. Nach Art. 40 Abs. 1 PrVU. ist vor Erlaß allgemeiner organisatorischer Anordnungen des Staatsministeriums der Staatsrat oder dessen zuständiger Ausschuß zu hören. Eine SchO. würde unzweifelhaft zu solchen organisatorischen Anordnungen gehören. Wie aber in Anm. 1 bereits festgestellt ist, ist eine ohne weiteres geltende SchO. nicht erlassen, sondern nur ein Muster, also lediglich ein Rahmen für die selbständigen Entschlüsse der Schulen geschaffen, dessen Bekanntgabe an die Schulen nicht unter den oben genannten Artikel der PrVU. fällt.

8. Über Rechtsgrundlagen, Rechtsnatur, Rechtsschranken der SchO. und Rechtsschutz vgl. oben Vorbemerkungen S. 24ff.

9. Mit der Publikation des „Musters“ ist der Begriff der SchO. nach seinem Inhalt nunmehr verwaltungsrechtlich festgelegt. SchO. bedeutet demnach mehr und anderes als bloße Regeln über die Ordnung innerhalb der Schule, die Hausordnung, von der § 18 Abs. 1 des Musters handelt, aber auch weniger, als was die Dienstanweisungen für die Direktoren und Lehrer an den höheren Lehranstalten für die männliche und weibliche Jugend in Preußen vom 12. 12. 1910 — U II 2470 — (ZBlUV. S. 887) und vom 10. 3. 1912 — U II 18521/11 — (ZBlUV. S. 366) unter Abschnitt A

noch dazu rechnen. Einen völlig anders gearteten Begriff der SchO. zeigt z. B. auch die Bekanntmachung des bayerischen Staatsministeriums für Kultus und Unterricht vom 22. 3. 1928 über Schulordnung und Schülersatzung (Amtsblatt des bayer. StM.f.K.u.U. S. 185).

10. Die Schulordnung als Anstaltsordnung regelt, wie bereits hervorgehoben, das Verhältnis zum Anstaltsbenutzer. Sie hat keine unmittelbaren Wirkungen gegenüber den Anstaltsorganen, für deren Stellung und Verhalten auch weiterhin die Dienstgewalt des Anstaltsherrn und seine Anordnungen bestimmend bleiben. Der EinfE. hebt also im Grunde genommen etwas Selbstverständliches hervor, wenn er ausdrücklich erklärt, daß die für die Schule im Verhältnis zu den Schulaufsichtsbehörden erlassenen und künftig zu erlassenden Bestimmungen durch die SchO. nicht berührt werden. Soweit die SchO. allerdings selbst Abweichungen von solchen Bestimmungen bringt, geht ihre Regelung als jüngere natürlich der früheren vor, die SchO. enthält insoweit entgegen ihrer Zweckbestimmung auch Anordnungen des Verwaltungschefs gegenüber den Schulen.

11. Wann eine Schule als „öffentliche" anzusehen ist, ist mit allgemeiner Gültigkeit bisher noch nicht normiert. Im Schrifttum werden verschiedene Meinungen vertreten. Die eine Ansicht (Kühn S. 427) will die Rechtsstellung der Lehrer dafür entscheidend sein lassen; sie verwechselt jedoch Ursache und Wirkung (so richtig OVG. in ZBlUV. 1911 S. 632). Eine andere Auffassung (Jaeckel-Schneider S. 151) geht aus von dem Willen des Unterhaltsträgers; widmet dieser eine Schule dem allgemeinen Gebrauch, so soll sie eine öffentliche sein. Hier wird verkannt, daß allgemeine Zugänglichkeit wohl ein Merkmal der Öffentlichkeit ist, daß aber eine Privatperson nicht in der Lage sein kann, durch einfache „Widmung" ohne Zutun des Staates eine Einrichtung oder Anstalt zur Rechtsstellung einer öffentlichen emporzuheben. Mit am häufigsten vertreten wird die Auffassung, daß öffentlich die Schulen seien, die von öffentlichen Körperschaften unterhalten werden (so z. B. RG. vom 19. 5. 1881 in Gruchots Beiträgen Bd. 27 S. 299, OVG. Bd. 37 S. 118). Wenn praktisch auch öffentliche Körperschaften in der Hauptsache Unterhaltsträger öffentlicher Schulen sein werden, so wird man doch lediglich sagen können, daß bei den von öffentlichen Körperschaften unterhaltenen Schulen die Vermutung für die Öffentlichkeit spricht (so richtig OVG. in PrVBl. Bd. 25 S. 871). Die Vermutung ist aber widerlegbar, denn auch private Schulen können eine öffentliche Körperschaft als Unterhaltsträger haben (Landé, Schule S. 70 Anm. 176; Jaeckel-Schneider S. 150;

Friedrichs im Schulverband 1931 S. 42; für die juristische Person ohne ausdrückliche Beschränkung auf das Privatrecht auch die Änderung der Vereinbarung der Unterrichtsverwaltungen der Länder über die Durchführung des Art. 147 Abs. 1 RV. vom 6. 8. 1930 — RMBl. S. 500 — in § 3). Die Rechtsnatur des Unterhaltsträgers kann also nicht entscheidendes Kriterium sein. Erwägt man, daß der Staat es ist. der die verschiedenen Auswirkungen des Begriffs der öffentlichen Schule, wie z. B. Rechtsstellung der Lehrer, Berechtigungen der Zeugnisse, Gebühren u. dergl. normiert, so ergibt sich, daß der Staat es wieder nur sein kann, der diese Rechtsstellung überhaupt erst schafft oder gibt. Hiernach sind öffentliche Schulen die Schulen, die der Staat als solche anerkannt hat. Diese Begriffsbestimmung hat zwar in der Rechtsprechung noch keinen Eingang gefunden (vgl. z. B. noch aus neuester Zeit das in dieser Hinsicht völlig verfehlte Urteil in RGZ. Bd. 134 S. 359), ist aber in einer Reihe von schulrechtlichen Bestimmungen bereits ausdrücklich festgelegt worden, so z. B. in § 1 der Ergänzung der Vereinbarung der Länder über die gegenseitige Anerkennung der Reifezeugnisse der höheren Schulen vom 24. 1. 1928 (RMBl. S. 55), § 2 Abs. 2 der Vereinbarung der Länder über die Durchführung von Art 147 Abs. 1 RV. vom gleichen Tage (RMBl. S. 53), § 4 Abs. 1 des Studienratsgleichstellungsgesetzes vom 20. 5. 1929 (GS. S. 51), ME. vom 8. 4. 1926 — U II 1502 II und III U III D —. Wenn einige dieser Bestimmungen aus gesetzestechnischen Gründen auch hinzufügen, daß diese Definition nur im Sinne dieser Bestimmungen gelten solle, so bedarf es wohl keiner besonderen Begründung, daß der Begriff der Öffentlichkeit einer Schule nur allgemein und nicht in einzelnen Beziehungen festgelegt werden kann.

Verwaltungsrechtlich dürfte diese Anerkennung als öffentliche Schule wohl als „Verleihung“ anzusprechen sein.

12. Den Gegensatz zu den öffentlichen Schulen bilden die privaten, die man lediglich negativ dahin definieren kann, daß hierunter alle Schulen fallen, die als öffentliche nicht anerkannt sind. Für die privaten Schulen gilt die SchO. nicht, kann auch nicht gelten, da hier der Begriff der öffentlichen Anstalt naturgemäß nicht anwendbar ist, das Verhältnis zwischen Schule und Schülern bzw. Erziehungsberechtigten sich im allgemeinen vielmehr nach Privatrecht regelt; bezüglich der Möglichkeit schulaufsichtlicher Einwirkung vgl. jedoch KG. vom 13. 2. 1907 in ZBlUV. S. 792.

13. Wenn das ALR. in II 12 § 54 als höhere Schulen bezeichnet „gelehrte Schulen und Gymnasien, in welchen die Jugend zu höheren Wissenschaften, oder auch zu Künsten

und bürgerlichen Gewerben, durch Beibringung der dabei nötigen oder nützlichen Wissenschaften und Kenntnisse vorbereitet werden soll", so wurde damit der Begriff der höheren Schule nicht bestimmt. Man beschränkte sich in der Folgezeit demgemäß auch zunächst darauf, die einzelnen Arten der als höhere geltenden Schulen in den verschiedenen Bestimmungen besonders aufzuführen; das tat auch der Staatshaushaltsplan noch bis zu dem Jahre 1883, in dem zum ersten Male der Oberbegriff „höhere Lehranstalt" eingeführt wird. Eine allgemeinere Fassung des Begriffs versuchte dann der ME. vom 21. 2. 1865 (ZBlUV. S. 168), wenn er feststellt, daß die Grenzscheide zwischen höheren und Elementarschulen die Berechtigung zu gültigen Abgangsprüfungen bilde. Dieses Merkmal kann nicht zutreffen, da z. B. öffentliche höhere Schulen naturgemäß solche Abgangsprüfungen so lange nicht haben können, als sie noch im Aufbau begriffen sind, ohne daß es jemals zweifelhaft gewesen wäre, daß solche höhere Schulen „in Entwicklung" tatsächlich höhere Schulen sind, also auf ihre Lehrer die Besoldungsbestimmungen, Amtsbezeichnungen usw. für die Lehrer der höheren Schulen, auf das Schulgeld das Schulgeldgesetz und anderes mehr Anwendung finden. Der zutreffenden Auffassung nähert sich erstmalig das Gesetz betreffend das Diensteinkommen der Leiter und Lehrer an den nichtstaatlichen öffentlichen höheren Lehranstalten vom 25. 7. 1892 (GS. S. 219), wenn es in § 7 ausspricht: „Höhere Schulen im Sinne dieses Gesetzes sind die vom Unterrichtsminister als solche anerkannten und anzuerkennenden Unterrichtsanstalten, ..." Allerdings werden hier noch die Schulen, die z. Zt. als höhere Schulen anzusehen waren, namentlich aufgeführt und in der Begründung zu dem Gesetz wird erläuternd darauf hingewiesen, daß der Begriff der höheren Unterrichtsanstalt bisher noch nicht in voller Schärfe festgestellt worden sei. Richtig ist schließlich dann die Feststellung des Begriffs der höheren Schule erfolgt durch das, das vorgenannte Gesetz aufhebende, Gesetz betreffend das Diensteinkommen der Leiter und Lehrer an nichtstaatlichen öffentlichen höheren Lehranstalten vom 7. 5. 1920 (GS. S. 275), das in § 4 bestimmt: „Höhere Lehranstalten im Sinne dieses Gesetzes sind die vom Ministerium für Wissenschaft, Kunst und Volksbildung als solche anerkannten Unterrichtsanstalten". Das Studienratsgleichstellungsgesetz vom 20. 5. 1929 (GS. S. 51), das das vorgenannte Gesetz wiederum aufhebt, hält in § 4 Abs. 1 an dieser Begriffsbestimmung fest lediglich mit dem Unterschied, daß anstatt des Ministeriums allgemein die Schulaufsichtsbehörde als die Stelle bezeichnet wird, die die Anerkennung auszusprechen hat. Wenn hier wieder die Begriffsbestimmung lediglich auf das Gebiet dieses Gesetzes beschränkt wird, so ist, wie bei dem Begriff der Öffentlichkeit, auch hier zu sagen, daß eine Schule jedenfalls verwaltungsrechtlich immer einer bestimmten Schulart zugehören muß und daß die Anerkennung einer Schule als höhere diesen Begriff nach allen Seiten hin festlegt.

14. Die Gliederung der öffentlichen höheren Schulen nach ihrem Aufbau in grundständige (Voll- und Nichtvollanstalten) und Aufbauschulen oder nach dem Lehrplan oder nach dem Geschlecht ist für das Verwaltungsrecht im allgemeinen ohne Belang. Wichtig dagegen, insbesondere unter dem bereits erwähnten Gesichtspunkt der Kompetenzabgrenzung zwischen Staat und Gemeinde, ist die Unterscheidung der öffentlichen höheren Schulen nach folgenden zwei Gesichtspunkten, einmal danach, wer der Unterhaltsträger der Schule ist, und dann danach, wem die Verwaltung der Schule zusteht. Unterhaltsträger ist nur, wer nach außen hin die Unterhaltung einer höheren Schule übernommen hat. Liegt lediglich eine Beteiligung eines Dritten an der Unterhaltung einer höheren Schule vor, so ist dieser Dritte selbst dann nicht Unterhaltsträger, wenn diese Beteiligung dauernd vertraglich festgelegt ist und sein Anteil über den Betrag weit hinausgeht, den der formelle Träger selbst zum Unterhalt leistet. In diesem Sinne sind die öffentlichen höheren Schulen in vom Staat unterhaltene und nicht vom Staat unterhaltene zu scheiden; als Mittelglied zwischen beiden stehen vier Anstalten (Kaiser-Karls-Gymnasium in Aachen, Gymnasium und Realgymnasium in Bielefeld, Oberrealschule in Gleiwitz und Reform-Realgymnasium in Staßfurt), die vom Staat und von anderen gemeinschaftlich unterhalten werden. Da Unterhaltung und Verwaltung (der äußeren Angelegenheiten) einer Schule begrifflich nicht zusammenzufallen brauchen, unterscheidet man weiter zwischen staatlich verwalteten und nicht vom Staate verwalteten Schulen, wobei die ersteren wieder in solche zerfallen, die in Unterhaltung und Verwaltung rein staatlich sind, und in solche, die nach dem Unterhaltsträger hin gesehen zwar nicht staatlich sind, aber doch vom Staate verwaltet werden, wie z. B. die Landesschule in Pforta, das Joachimsthalsche Gymnasium u. a.

15. Nach ALR. II 12 § 54 haben die öffentlichen höheren Schulen „die äußeren Rechte der Korporationen", sind also juristische Personen. Die Geltung dieser Bestimmung für das ganze Staatsgebiet ist allerdings bestritten; vgl. z. B. RGZ. Bd. 71 S. 229 und RG. in JW. 1906 S. 427.

16. Die Feststellung des § 1 des Gesetzes betreffend das Ruhegehalt der Lehrer und Lehrerinnen an den öffentlichen

nichtstaatlichen mittleren Schulen und die Fürsorge für ihre Hinterbliebenen vom 11. 6. 1894 (GS. S. 109): „Mittlere Schulen im Sinne dieses Gesetzes sind diejenigen Unterrichtsanstalten welche allgemeinen Bildungszwecken dienen und welche weder zu den höheren noch zu den Volksschulen, noch zu den Fach- und Fortbildungsschulen gehören" ist als Begriffsbestimmung für diese Schulart naturgemäß nicht verwendbar. Auch hier legt, ähnlich wie bei den höheren Schulen, das Mittelschullehrerbesoldungsgesetz vom 30. 4. 1928 (GS. S. 149) in § 1 Abs. 5 den Begriff der mittleren Schule dahin fest, daß die Schulaufsichtsbehörde endgültig bestimmt, welche Schulen als öffentliche mittlere Schulen anzusehen sind, und zwar ohne hier die übliche Beschränkung einzufügen, daß diese Feststellung nur im Sinne dieses Gesetzes gelte. Die Ausführungsanweisung zu diesem Gesetze vom 6. 6. 1928 (ZBlUV. Beilage zu Heft 14) führt dann noch erläuternd aus, welche Schulen zu den mittleren Schulen rechnen, nämlich die anerkannten, nach den Bestimmungen über die Neuordnung des Mittelschulwesens vom 1. 6. 1925 (ZBlUV. Sonderbeilage zu Heft 12) eingerichteten Mittelschulen, alle öffentlichen Rektorats- oder Lateinschulen und alle öffentlichen gehobenen Knaben- und Mädchenschulen, welchen Namen und welche Bezeichnung sie auch führen mögen, z. B. Bürgerschulen. Ein bestimmter Lehrplan ist nicht Voraussetzung für die Anerkennung einer Schule als mittlerer Schule.

Festzuhalten ist, daß eine mittlere Schule nicht dasselbe ist wie eine Mittelschule. Eine Mittelschule gehört zwar verwaltungsrechtlich zu den mittleren Schulen, nicht aber ist jede mittlere Schule auf den Lehrplan hin gesehen auch eine Mittelschule. Gehobene Klassen an Volksschulen sind rechtlich Teil der Volksschulen und keine mittleren Schulen.

17. Mit der einzigen Ausnahme der der Waisen- und Schulanstalt in Bunzlau angegliederten mittleren Schule gibt es vom Staat unterhaltene oder auch nur vom Staat verwaltete mittlere Schulen überhaupt nicht, so daß hier eine ähnliche verwaltungsrechtliche Gliederung wie bei den höheren Schulen nicht in Frage kommt.

18. Öffentliche mittlere Schulen haben nicht juristische Persönlichkeit im Gegensatz zu den öffentlichen höheren Schulen.

19. Unter diese Regelung fallen nur die allgemeinbildenden Schulen, die dem Minister für Wissenschaft pp. unterstehen.

20. Die SchO. ist zugeschnitten nur für die Schulen selbst, nicht eigentlich für die mit ihnen möglicherweise ver-

bundenen Alumnate oder Schülerheime. Für diese ist, ohne daß der EinfE. das ausdrücklich ausgesprochen hat, eine Sonderregelung möglich, wie sie bisher auch schon die Schlußbestimmungen der Dienstanweisungen für die Leiter und Lehrer der höheren Schulen vorsahen, wenn diese Regelung auch mehr den Charakter einer Hausordnung haben dürfte.

Die Schulordnung enthält die allgemeinen[1]) Bedingungen, unter denen die öffentlichen höheren und mittleren Schulen[2]) Erziehung[3])[4]) und Unterricht[5]) der ihnen anvertrauten Schüler*) übernehmen. Durch Anmeldung und Aufnahme des Schülers werden diese Bedingungen für den Erziehungsberechtigten verbindlich.[6])[7]) Ein Abdruck der Schulordnung wird ihm ausgehändigt.[8])[9])

Anmerkungen.

1. Es sind also darüber hinaus noch besondere Zulassungsbedingungen möglich. Zu diesen gehört z. Zt. die zwangsweise Versicherung der Schüler der staatlichen höheren Schulen gegen Schulunfälle, die durch den ME. vom 22. 2. 1926 — U II 358 — (ZBlUV. S. 81) eingeführt worden ist. Die rechtliche Zulässigkeit einer solchen Maßnahme dürfte bedenkenfrei sein (zustimmend, wenn auch auf Experimentierübungen beschränkt, Hatschek S. 502). Das OLG. Dresden hat sie in einem Urteil vom 25. 4. 1929 — Aktenzeichen 4 O 364/28 — aus dem Gesichtspunkt heraus bejaht, daß aus dem obersten Schulaufsichtsrecht des sächsischen Unterrichtsministers auch die Fürsorge für die Wohlfahrt der Schüler herzuleiten und damit die Ermächtigung zur zwangsweisen Versicherung der Schüler gegen Schulunfälle gegeben sei. Dieser Auffassung ist das RG. beigetreten (JW. 1930, 2217).

2. Über die Begriffsbestimmungen „öffentliche", „höhere" und „mittlere" Schulen, vgl. oben S. 37 ff.

3. Das nach § 1631 BGB. von der Sorge um die Person des Kindes mitumfaßte elterliche Erziehungsrecht ist hier lediglich privatrechtlich ausgestaltet, besteht also nicht als öffentlichrechtliches dem Staate gegenüber und läßt damit, wie bereits die Motive betonten, das Schulrecht der Länder unberührt. Erst nachdem die RV. in Art. 120 bestimmt hat: „Die Erziehung des Nachwuchses zur leiblichen, seelischen und gesellschaftlichen Tüchtigkeit ist oberste

*) Diese Bezeichnung Schulleiter, Klassenleiter, Lehrer, Schüler usw. umfaßt überall auch die Schulleiterinnen, Klassenleiterinnen, Lehrerinnen, Schülerinnen usw.

Pflicht und natürliches Recht der Eltern, über deren Betätigung die staatliche Gemeinschaft wacht", ist die an sich alte Frage nach dem Verhältnis von Staatsgewalt und Elternrecht eigentlich akut geworden. Es ist das Verdienst von Holstein in seiner grundlegenden Abhandlung „Elternrecht, Reichsverfassung und Schulverwaltungssystem" (im A.f.ö.R.), auf die im einzelnen hier verwiesen werden muß, wohl abschließend klargestellt zu haben, daß unsere Rechtsordnung ein absolutes Elternrecht nicht gekannt hat und nicht kennt, sondern daß neben dem Rechte der Eltern das Recht des Staates, insbesondere sein Schulrecht, steht und daß das Verhältnis dieser beiden Rechtspositionen zueinander nicht dahin geht „Elternrecht bricht Schulrecht", sondern „Staatsgewalt überhöht Elternrecht". Der Staat kann also Inhalt und Schranken des Elternrechts durch seine Gesetze bestimmen (so auch Anschütz RV. S. 495, Landé, Schule S. 52, Maury S. 40). Aber eben nur durch Gesetze. Durch Art. 120 RV. ist das elterliche Erziehungsrecht zum Range eines Grundrechts erhoben worden, so daß Beschränkungen des Elternrechts nunmehr zum Vorbehalt des Gesetzes gehören, ohne daß man dabei zu der Konstruktion des Elternrechts als eines „wurzeleigenen", d. h. dem Staate gegenüber selbständigen Rechtes zu greifen braucht (so richtig Maury S. 46). „Elternrecht steht also nicht zur restlos freien Disposition der Verwaltungsorgane". Soweit die Unterrichtsverwaltung durch Anstaltsordnungen gleichzeitig in dieses Recht eingreift, bedarf sie dazu der gesetzlichen Grundlage.

Es genügt jedoch ein einfaches Gesetz, auch ein Landesgesetz, da die Schulhoheit bei den Ländern verblieben ist. Ein verfassungsänderndes Gesetz wäre nur erforderlich, wenn das „Verfassungsinstitut" des elterlichen Erziehungsrechts vollständig aufgehoben oder materiell so ausgehöhlt würde, daß es nur äußerlich weiterbestände. Schließlich ist nicht erforderlich, daß gerade ein formelles Gesetz des modernen Verfassungsstaates vorliegt, es genügt auch eine Rechtsnorm, die „in dem eingebrachten Gut des vorkonstitutionellen Staates liegt, das in ihn durch die Transformation des Art. 109 der preuß. Verfassungsurkunde aus der Epoche des Absolutismus hinübergenommen wurde" (Holstein a.a.O. S. 239).

Ein eigenes Erziehungsrecht an der Schuljugend ist von der preußischen Unterrichtsverwaltung — wie auch den übrigen — bisher immer in Anspruch genommen und ihr stets von der Rechtsprechung, wenn zum Teil auch mit nicht immer sehr überzeugenden Begründungen, zugebilligt worden (vgl. z. B. Entsch. des Kompetenzkonfliktsgerichtshofs vom 14. 5. 1870 in ZBlUB. S. 440, RGStr. Bd. 42 S. 142, Bd. 46 S. 344 und im „Recht" 1910 S. 912,

OVG. Bd. 15 S. 454, Bd. 19 S. 446, in ZBlUV. 1911 S. 402 und im „Recht“ 1911 S. 849, RGZ. Bd. 135 S. 12). Dieses Erziehungsrecht der Schule ist neuerdings von Kühn (Schulrecht S. 22, auch DJZ. 1928 S. 446) bestritten worden. Daß seine Rechtsauffassung nicht aus dem Wortlaut von ALR. II 12 §§ 1 und 54 haltbar begründet werden kann, ist nach der zutreffenden Entscheidung des RG. vom 20. 2. 1913 (ZBlUV. S. 477) nicht zweifelhaft, die richtig ausführt: „Mehr als andere Gesetzesbücher erfordert daher das LR. eine Gesetzesauslegung, die, ohne am Wortlaut der Vorschriften zu haften, auf ihren Sinn und Zusammenhang das Hauptgewicht legt“. Es braucht aber auf diese Streitfrage nicht näher eingegangen zu werden (gegen Kühn ausführlich Maury S. 59 ff.), da durch Art. 148 Abs. 2 RV. klar ausgesprochen ist, daß die Schule nicht nur zu unterrichten, sondern auch zu erziehen hat (so auch Landé, Schule S. 169, Maury S. 70). Damit ist aber das eigene Erziehungsrecht der Schule gesetzlich fundiert und die erforderliche Rechtsgrundlage für schulmäßige Eingriffe und Beschränkungen des elterlichen Erziehungsrechts gegeben.

Aus diesem gesetzlichen Aufgabenkreise der Schule folgt nun, daß die Schulverwaltung zu allen Maßnahmen ermächtigt ist, die der Erziehung der Schüler dienen und zu dienen geeignet sind, aber auch nur zu solchen Maßnahmen, da die gesetzliche Ermächtigung nicht unbeschränkt, sondern nur im Rahmen des Anstaltszweckes gilt. Welche Maßnahmen das sind, kann allgemeingültig nicht gesagt werden, sondern wird jeweils von der pädagogischen Haltung und Einstellung der Unterrichtsverwaltung abhängen, wie das eine Gegenüberstellung dieser SchO. mit den Bestimmungen der im Anhang abgedruckten früheren Schulordnung für Brandenburg besonders deutlich macht. Die Grenzlinie zwischen Schule und Elternhaus zu ziehen, wird, da es sich um Ermessensfragen handelt, immer nur im Einzelfalle möglich sein und dann auch niemals Aufgabe des Richters, sondern nur des Pädagogen sein können.

4. Daß die Erziehung als Anstaltszweck hier vor dem Unterricht aufgeführt ist, erklärt sich wohl mehr zufällig aus früheren Formulierungen von SchOen. und bedeutet jedenfalls nicht eine betonte Heraushebung dieser Aufgabe, die mit dem Inhalt von § 19 der SchO. auch nicht recht in Einklang zu bringen wäre.

5. Im Gegensatz zur Erziehung ist das Unterrichten dem Wesen der Schule immanent. Ist eine Schule schon rein begrifflich immer eine Unterrichtsanstalt, so ist es nicht ohne weiteres erforderlich, daß diese selbstverständliche Zweckbestim-

mung noch besonders durch ein Gesetz festgelegt wird, wie denn überhaupt keine zwingende Vorschrift besteht, daß Anstaltszwecke immer gesetzlich begründet sein müssen. Eine solche gesetzliche Fundierung wird nur dann geboten sein, wenn es sich um eine Anstalt mit Anschlußzwang handelt oder wenn die Anstaltsgewalt notwendig über den Bereich der Anstaltsbenutzer hinausgreifen muß. Mittlere und höhere Schulen sind keine Zwangsschulen, andererseits greifen sie durch bloßen Unterricht nicht in das elterliche Erziehungsrecht ein oder sind, soweit Unterricht zugleich Erziehung ist, durch das oben festgestellte Erziehungsrecht der Schule gedeckt. Es ist daher nicht erforderlich, daß der Aufgabenkreis der Schule, soweit er sich auf den Unterricht beschränkt, gesetzlich vorgeschrieben sein muß. Das Ziel des Unterrichts bestimmt die Unterrichtsverwaltung nach freiem Ermessen auf Grund ihrer organisationsrechtlichen Zuständigkeit. Bestimmt sie aber das Ziel, so muß sie in gleicher Weise notwendig auch regeln, wie dieses Ziel zu erreichen ist, d. h. sie bestimmt auch die Unterrichtsfächer. Daß Unterricht nur in der Übermittlung von Kenntnissen und Wissenschaft bestehen darf, daß aber Fertigkeiten und insbesondere die Leibesübungen nicht dazu gehören (so Kühn a. a. O.), ist aus dem Begriff des Unterrichts nicht zu folgern und kann aus dem Wortlaut des ALR. nicht gefolgert werden, weil dieses, abgesehen von der oben angegebenen Auslegungsregel des ALR., eine Zweckbestimmung der Schule und des Unterrichts nicht gibt. Die Auffassung des OVG. (in Bd. 1 S. 173) „Durch diese Begriffsbestimmung ist die Grenze gezogen, über welche bei der Einführung von Unterrichtsgegenständen nicht hinausgegangen werden darf" dürfte daher nicht haltbar sein, wird praktisch übrigens in dieser Entscheidung von ihm selbst aufgegeben, indem es den Worten des ALR. eine ausdehnende Auslegung gibt, in die schließlich doch alles wieder hineinpaßt. Bei dieser Sachlage erübrigt sich auch der Versuch von Maury (S. 55), „mangels einer einschlägigen Vorschrift des gesetzten Rechts" die Ausdehnung des Zweckes der öffentlichen Schulen in Richtung auf die Pflege der körperlichen Tüchtigkeit der Schuljugend gewohnheitsrechtlich zu begründen.

6. Es fragt sich, wie die hier ausgesprochene Verbindlichkeit der SchO. als Anstaltsordnung gegenüber den Erziehungsberechtigten rechtlich zu begründen ist. Unrichtig ist die Auffassung (so Mohs S. 82 und der von ihm zitierte ME. vom 30. 10. 1865 — ZBlUV. S. 658 —), daß die Erziehungsberechtigten der Anstaltsgewalt und damit, jedenfalls bei Schulen ohne Schulzwang, der Anstaltsordnung unmittelbar unterworfen seien. Benutzer der Schule, tatsächlich und im

Rechtssinne, ist trotz Minderjährigkeit der Schüler, wie sich allein aus der Tatsache des einen Anstaltszwecks, nämlich des Unterrichts, ergibt. Der Erziehungsberechtigte ist von der Schule her gesehen „kein zu bearbeitendes Glied des staatlichen Verwaltungsapparates", wie Fleiner (S. 166) den Anstaltsbenutzer treffend kennzeichnet. Gewiß geht der Tatbestand der Anstaltsbenutzung auf einen Antrag des Erziehungsberechtigten zurück, der wiederum zu dem Anstaltsbenutzer in eben dem besonderen Verhältnis des Erziehungsberechtigten steht. Allein dies reicht nicht aus, um den Erziehungsberechtigten der Anstaltsgewalt zu unterwerfen. Richtig stellt daher Holstein (a. a. O. S. 239) fest: „Die Stellung der Eltern ist nicht aus der Rechtsfigur der öffentlichen Anstalt und der Eingliederung und Unterwerfung unter diese zu konstruieren, die ihre Rechtsstellung vorbehaltlos und allein dem herrschaftlich sich betätigenden Anstaltswillen des schulverwaltenden Staates unterwerfen würde." Auch aus dem Begriff der Vorteilsgewährung als Mittel zur Durchbrechung des Grundsatzes der Gesetzmäßigkeit der Verwaltung läßt sich eine Erstreckung der Anstaltsgewalt auf die Erziehungsberechtigten nicht herleiten. Selbst wenn man als zweifelsfrei unterstellen wollte, daß die Benutzung einer öffentlichen Schule, insbesondere einer Wahlschule, sich als Vorteilsgewährung durch die Staatsgewalt darstellte, und daß, weil zwischen Anstaltsbenutzer und Eltern ein nahes verwandtschaftliches Verhältnis besteht, auch für den Erziehungsberechtigten eine, wenn auch nur mittelbare, Vorteilsgewährung gegeben sei, so ist doch oben (S. 26) bereits dargetan, daß aus der Tatsache einer Vorteilsgewährung nicht einmal eine Begründung für die Anstaltsgewalt schon gegenüber den Anstaltsbenutzern hergeleitet werden kann. Diese Rechtsfigur kann daher erst recht nicht genügen, um eine Ausdehnung der Anstaltsgewalt auf Personen zu rechtfertigen, die in den Bannkreis der Anstalt nicht getreten sind (im Ergebnis ebenso Schaar S. 27). Zu prüfen bleibt noch, ob die Erziehungsberechtigten mit der auf ihren Antrag erfolgenden Aufnahme eines Kindes in eine Schule nicht auf ihr Erziehungsrecht oder mindestens auf eine teilweise Ausübung desselben verzichten (so augenscheinlich ME. vom 29. 11. 1876 — U II 5804 — in Beier S. 390 und RGStr. Bd. 46 S. 344) oder — anders ausgedrückt — sich freiwillig der Anstaltsgewalt und damit der Anstaltsordnung unterworfen. Auf die noch reichlich ungeklärte Lehre des Verzichts auf öffentliche Rechte braucht hier nicht näher eingegangen zu werden, da im Schrifttum jedenfalls darüber Einigkeit besteht, daß ein Verzicht da unzulässig ist, wo eine Pflicht zur Ausübung des öffentlichen Rechts besteht (Fleiner S. 179, Jellinek S. 206). Eine solche Pflicht ist für die

Erziehungsberechtigten aber in Art. 120 RV. ausdrücklich statuiert. Damit entfällt aber die Möglichkeit, auf das Erziehungsrecht ganz oder teilweise zu verzichten oder, positiv ausgedrückt, es anderen Stellen zu überlassen oder zu übertragen.

Bei näherer Betrachtung ergibt sich, daß eine besondere Rechtskonstruktion für die Verbindlichkeit der SchO. gegenüber den Erziehungsberechtigten überhaupt nicht erforderlich ist, denn nicht die SchO. als Anstaltsordnung ist es, die gegenüber den Erziehungsberechtigten „verbindlich" wird. Vielmehr bringt der gesetzliche Aufgabenkreis der öffentlichen Schulen, wie oben bereits dargetan, zwangsläufig rechtswirksame Beschränkungen des Elternrechts mit sich. Diese Beschränkungen werden automatisch ausgelöst durch den Akt der Aufnahme eines Schülers. Daß diese Beschränkungen herkömmlicherweise in SchO. ausdrücklich ausgesprochen werden, macht darum diese nicht zu ihrer Rechtsgrundlage. Die Festlegung einer SchO. ist für das Verhältnis des Erziehungsberechtigten zur Schule, im Gegensatz zu der in Abs. 3 des EinfE. vertretenen Auffassung, ohne rechtliche Bedeutung, hat vielmehr nur den praktischen Wert, den Erziehungsberechtigten ihre Stellung zur Schule einmal zusammenfassend vor Augen zu führen (so auch Schaar S. 34), d. h. die SchO. wirkt nicht konstitutiv sondern nur deklaratorisch.

7. Bezüglich der Anstaltsbenutzer der höheren Schulen bestimmt die Dienstanweisung, daß der Anstaltsleiter die neu aufgenommenen Schüler „auf die Ordnungen der Schule" zu verpflichten habe.

8. Wenn schon die SchO. selbst für das Verhältnis zwischen Schule und Elternhaus nicht konstitutiv ist, so ist es ihre Aushändigung, die übrigens meistens erst nach vollzogener Aufnahme des Schülers erfolgt, erst recht nicht. Empfangsbestätigung oder unterschriftliche Vollziehung ist daher nicht erforderlich, ersteres jedoch durch den EinfE. vorgeschrieben. Im übrigen gehört diese Bestimmung, die einen Befehl an die Schule darstellt, eigentlich nicht in die SchO.

9. Eine Gebühr für die Abgabe der SchO. an die Erziehungsberechtigten ist nicht vorgesehen; die Kosten für die Herstellung der Druckstücke sind von dem Unterhaltsträger der Schule bereitzustellen.

A. Aufnahme[1][2][3][4][5][6].

§ 1.

Anmeldung.[7])

(1) Der Schüler wird durch den Erziehungsberechtigten[8]) oder seinen Vertreter[9]) mündlich oder schriftlich angemeldet.[10])

(2) Bei der Anmeldung sind Geburtsschein oder -urkunde[11]), Impf- bezw. Wiederimpfungsschein[12]) und das Abgangszeugnis[13]) der etwa vorherbesuchten Schule vorzulegen.[14])

Anmerkungen.

1. Was die Rechtsnatur der Aufnahme anlangt, so kann die von dem OLG. Rostock in seinem Urteil vom 26. 2. 1910 (Volksschularchiv S. 124) vertretene Auffassung, daß es sich um einen privatrechtlichen Vertrag handele, wohl als endgültig abgelehnt angesehen werden, nachdem das RG. in zwei Entscheidungen (JW. 1910 S. 63 und 1911 S. 958) zunächst für die öffentlichen Schlachthäuser, dann für das Gebiet der öffentlichen Schulen zuerst das OLG. Breslau in dem Urteil vom 5. 6. 1924 (ZBlUV. S. 298) mit durchaus zutreffenden Gründen und nunmehr auch das RG. (in RGZ. Bd. 135 S. 12) das Vorliegen jeglichen vertraglichen Verhältnisses verneint haben. Die von Lothar (a. a. O.) bisher allein vertretene Meinung, daß es sich bei der Aufnahme eines Schülers in eine öffentliche Schule um einen öffentlich-rechtlichen Vertrag zu Gunsten Dritter handele, scheitert daran, daß ein Vertrag, auch auf dem Gebiete des öffentlichen Rechts, Gleichordnung der Parteien voraussetzt, daß also für die Herbeiführung eines bestimmten Rechtserfolges von Gesetzes wegen der Wille eines jeden der beiden Parteien von gleichem juristischen Wert sein muß und daß das eben im Verhältnis von Staat und Staatsbürger nach durchaus herrschender Meinung nicht zutrifft (Fleiner S. 193). Somit bleibt nur die Feststellung übrig, daß es sich bei der Aufnahme in eine öffentliche Schule um einen Verwaltungsakt handelt. Dieser Verwaltungsakt ist bei den Wahlschulen insofern besonderer Art, als er einen Antrag des Staatsbürgers voraussetzt; seine Mitwirkung ist also condicio iuris der Rechtsgültigkeit des Verwaltungsaktes. Für solche „mitwirkungsbedingten“ Verwaltungsakte (wie z. B. auch Beamteneinstellung und -entlassung-, Einbürgerung und Entlassung aus dem Staatsverband usw.) ist von der Rechtslehre im Anschluß an Otto Mayer der Begriff der „Verwaltungsakte auf Unterwerfung“ geprägt worden. Ihnen hat Jellinek (Festschrift S. 84 und Verwaltungsr. S. 247) einen weiteren Begriff der „zweiseitigen Verwaltungsakte“ an die Seite gestellt. Ausgehend von der Erwägung, daß die Verwaltungsakte auf Unterwerfung nur hinsichtlich der Gesetzmäßigkeit, nicht aber hinsichtlich ihrer Wirksamkeit antrags- oder zustimmungsbedingt sind, die fehlende Mitwirkung des Staatsbürgers den Verwaltungsakt also nicht unwirksam, sondern nur vernichtbar mache, daß andererseits aber die Rechtswirklichkeit Akte kenne,

die die Fehlerhaftigkeit nichtig machen, kommt Jellinek zu dieser neuen Form der Verwaltungsakte und stellt dann weiter fest, daß im Zweifel die Vermutung für den zweiseitigen Verwaltungsakt spreche, und zwar nicht nur bei den belastenden, sondern auch bei den begünstigenden Verwaltungsakten, wie Erlaubniserteilungen, Befreiungen, Machtverleihungen und dergl. In diesem Sinne wird auch die Aufnahme eines Schülers in eine Wahlschule als zweiseitiger Verwaltungsakt bezeichnet (so Mohs S. 63, Schaar S. 17 und RGZ. Bd. 135 S. 12). Die Theorie von Jellinek baut sich bei näherer Betrachtung nicht so sehr auf einem praktischen Bedürfnis als auf der Lehre von der Ungültigkeit der Verwaltungsakte nach ihrem bisherigen Stande auf. Sein Ergebnis kann, wie Fleiner (S. 194) richtig hervorhebt, auch erreicht werden durch einen sinngemäßen Ausbau dieser Lehre, eine neue Form der Verwaltungsakte ist dazu nicht nötig. Sicher ist weiter, daß der Ausdruck von Otto Mayer den Tatbestand im allgemeinen besser und bildsamer wiedergibt.

Inhaltlich wird man die Aufnahme als „öffentlich-rechtliche Gebrauchserlaubnis" anzusprechen haben.

2. Die Bestimmung in Art. 146 Abs. 1 RV. „... für die Aufnahme eines Kindes in eine bestimmte Schule sind seine Anlage und Neigung, nicht die wirtschaftliche und gesellschaftliche Stellung oder das Religionsbekenntnis seiner Eltern maßgebend" bringt in seinen negativen Auslesemomenten entweder selbstverständliche schulpolitische Forderungen ohne praktischen Wert oder altes Recht, da bereits das ALR. in II 12 § 10 bestimmte: „Niemanden soll, wegen Verschiedenheit des Glaubensbekenntnisses, der Zutritt in öffentliche Schulen versagt werden." Soweit positiv Schülerauslese für die gehobenen Schulen gefordert wird, ist dem seit jeher durch die Bestimmungen der Schulverwaltung und auch durch die SchO. (s. unten S. 54) Genüge getan. Die RV. enthält darüber hinaus aber nicht etwa den Befehl an die Schulverwaltungen, Schülerauslese in dem Sinne zu treiben, daß Schüler bei entsprechender Anlage und Neigung auch ohne oder gar gegen den Willen der Erziehungsberechtigten den gehobenen Schulen zugeführt werden können (Landé, Schule S. 162).

3. Die Aufnahme von Schülern in eine höhere Schule gehört zu den sogenannten inneren Schulangelegenheiten (so in einer grundsätzlichen Entscheidung das OVG. in ZBlUV. 1931 S. 36). Bei den nicht vom Staate verwalteten Schulen, auch bei den mittleren, kommt es demnach allein dem Staate zu, Bestimmungen darüber zu treffen, wer aufgenommen werden darf oder kann; im übrigen vergl. unten S. 76.

4. Die von der höheren Schule zu beobachtenden Bestimmungen über die Aufnahme enthalten die Dienstanweisungen

mit den ergänzenden Erlassen. Hier ist auch bestimmt, daß über die Aufnahme neuer Schüler der Anstaltsleiter entscheidet; dabei ist auch vorgeschrieben, in welchen Fällen zu einer Aufnahme die Genehmigung des PSK. erforderlich ist.

5. Nach B I Ziff. 2 der „Bestimmungen über die Mittelschule in Preußen" vom 1. 6. 1925 — U III D 2000 — (ZBlUB. Beilage Heft 12) gelten für die Aufnahme in die untersten Klassen der anerkannten Mittelschulen die jeweils für die höheren Schulen geltenden Bestimmungen.

6. Für die Aufnahme in die Staatlichen Bildungsanstalten (Berlin-Lichterfelde, Potsdam, Naumburg, Köslin, Plön und Wahlstatt bei Liegnitz), die aus den früheren Kadettenanstalten hervorgegangen sind, gelten entsprechend der besonderen Zweckbestimmung dieser Schulen besondere Aufnahmebedingungen, die durch den ME. vom 15. 9. 1923 — U II 20345 — (ZBlUB. S. 339) bekannt gemacht sind.

7. Die Anmeldung ist der Antrag des Erziehungsberechtigten auf Aufnahme seines Kindes; die Zergliederung dieses Aktes, die Schaar (S. 12 ff.) vornimmt, je nachdem ob der Schüler eine Aufnahmeprüfung abzulegen hat oder nicht, erscheint gekünstelt und ohne praktischen Wert.

8. Wer Erziehungsberechtigter in diesem Sinne ist, bestimmt sich nach den familienrechtlichen Vorschriften des BGB. Nach § 1631 ist das Erziehungsrecht von der Sorge um die Person des Kindes mit umfaßt, die Personenfürsorge aber wieder nach § 1627 Teil der elterlichen Gewalt, die auch noch die Sorge für das Vermögen des Kindes in sich schließt. Die Personenfürsorge steht während des Bestehens der Ehe gemäß § 1627 dem Vater zu; nach § 1634 hat aber daneben auch die Mutter das Recht und die Pflicht, für die Person des Kindes zu sorgen. Dem Vater kann die elterliche Gewalt unter den Voraussetzungen des § 1666 BGB. durch das Vormundschaftsgericht entzogen werden, er kann sie aber auch gemäß § 1680 verwirken. Die elterliche Gewalt kann weiter nach §§ 1676, 1677 auch nur ruhen, dann wird sie gemäß § 1685 von der Mutter ausgeübt. Der Mutter steht die elterliche Gewalt allein zu, einmal wenn der Vater gestorben oder für tot erklärt ist und weiter, wenn der Vater die elterliche Gewalt verwirkt hat und die Ehe aufgelöst ist (§ 1684). Ist die Ehe aus einem der in den §§ 1565—1568 bestimmten Gründen geschieden, so regelt sich die Personenfürsorge nach § 1635; für den Fall des § 1569 (Geisteskrankheit) gelten die §§ 1676 und 1685.

9. Für das Erziehungsrecht als höchstpersönliches Recht gibt es an sich keine Stellvertretung; der für einen Minder-

jährigen etwa bestellte Vormund ist nach § 1793 BGB. nicht Vertreter des Erziehungsberechtigten, sondern übt die Personenfürsorge für das Kind aus eigenem Rechte aus. „Vertreter" kann also hier nur die Bedeutung haben, daß der Erziehungsberechtigte nicht genötigt ist, die Anmeldung persönlich vorzunehmen.

10. Die Anmeldung soll nach dem ME. vom 8. 3. 1923 — U II 672 — (ZBlUV. S. 156) zweckmäßigerweise noch vor Schluß des alten Schuljahres erfolgen.

11. Die Einrichtung des Geburtsscheins ist geschaffen durch folgenden Erlaß des Ministers des Innern vom 13. 2. 1918 — I e 120 — (ZBlUV. S. 507):

„Da es unerwünscht ist, die uneheliche Geburt von Personen ohne Not im Verkehr hervortreten zu lassen, auch der Geschäftsverkehr von Privaten und Behörden vielfach beim Ausweis über die Persönlichkeit eines Menschen an der Angabe der Namen seiner Eltern und an seiner Abstammung kein Interesse nimmt, will ich nach Maßgabe der nachfolgenden Vorschriften an Stelle der bisherigen standesamtlichen Geburts*urkunden* auf Antrag die Ausstellung von „Geburts*scheinen*" durch die Standesbeamten zulassen. Diese Geburtsscheine, die im Gebrauche vielfach die bisherigen abgekürzten Geburtsurkunden ersetzen werden, haben unter Hinweis auf den Jahrgang und die Nummer des Geburtsregisters lediglich den Vor- und Zunamen, das Geburtsjahr und den Tag und den Geburtsort der betreffenden Person zu enthalten.

1. ... pp.

2. Die Angaben des Geburtsscheins haben denjenigen Namen zu enthalten, den der Betreffende nach Maßgabe des Geburtsregisters zur Zeit der Ausstellung des Geburtsscheins zu führen berechtigt ist. Für an Kindesstatt Angenommene ist der Geburtsschein auf den Familiennamen des Annehmenden auszustellen, und, wenn eine Frau, die infolge ihrer Verheiratung einen anderen Namen führt, die Annehmende ist, auf den Familiennamen, den die Frau vor der Verheiratung geführt hat. Ist der Betreffende von einem Ehepaar gemeinschaftlich an Kindesstatt angenommen, so hat der Geburtsschein auf den Familiennamen des Mannes zu lauten.

3. Die Ausstellung des „Geburtsscheins" erfolgt nur, wenn ein „Geburtsschein" ausdrücklich verlangt ist, und im Gebrauch mit Behörden, soweit seine Verwendung von der zuständigen Behörde zugelassen oder angeordnet ist.

4. Die Ausstellung des Geburtsscheins darf demjenigen nicht versagt werden, der die Ausstellung einer Geburtsurkunde verlangen kann.

5. An den standesamtlichen Geburtsurkunden ... wird durch die Einführung des Geburtsscheins nichts geändert, soweit der Geburtsschein nicht für den Verkehr mit Behörden gemäß Ziff. 3 künftig an Stelle der abgekürzten oder vollständigen Geburtsurkunde zu treten hat.

6. ... pp.

7. Die Nachforderung einer Geburtsurkunde, einer vollständigen oder abgekürzten, ist durch die Ausstellung eines Geburtsscheins nicht beschränkt; ..."

Die in Ziff 3 dieses Erlasses vorgesehene behördliche Anordnung ist für Schul- und Unterrichtszwecke durch den ME. vom 11. 6. 1918 — U III D 383 U II — (ZBlUV. S. 507) getroffen worden.

12. Die Vorlage dieser Scheine ist deshalb erforderlich, weil die Schulen an der Durchführung des Impfzwanges mitbeteiligt sind, wie sich aus folgenden Vorschriften des Impfgesetzes vom 8. 4. 1874 (RGBl. S. 31, ZBlUV. S. 373) ergibt:

„§ 1. Der Impfung mit Schutzpocken soll unterzogen werden:
1. ... pp.
2. Jeder Zögling einer öffentlichen Lehranstalt oder einer Privatschule, ... innerhalb des Jahres, in welchem der Zögling das zwölfte Lebensjahr zurücklegt, sofern er nicht nach ärztlichem Zeugnis in den letzten fünf Jahren die natürlichen Blattern überstanden hat oder mit Erfolg geimpft worden ist...

§ 2. Ein Impfpflichtiger (§ 1), welcher nach ärztlichem Zeugnis ohne Gefahr für sein Leben oder für seine Gesundheit nicht geimpft werden kann, ist binnen Jahresfrist nach Aufhören des diese Gefahr begründenden Zustandes der Impfung zu unterziehen.

Ob diese Gefahr noch fortbesteht, hat in zweifelhaften Fällen der zuständige Impfarzt endgültig zu entscheiden.

§ 3. Ist eine Impfung nach dem Urteil des Arztes erfolglos geblieben, so muß sie spätestens im nächsten Jahre und, falls sie auch dann erfolglos bleibt, im dritten Jahre wiederholt werden.

Die zuständige Behörde kann anordnen, daß die letzte Wiederholung der Impfung durch den Impfarzt vorgenommen werde.

§ 10. Über jede Impfung wird nach Feststellung ihrer Wirkung (§ 5) von dem Arzte ein Impfschein ausgestellt ....

§ 13. Die Vorsteher derjenigen Schulanstalten, deren Zöglinge dem Impfzwange unterliegen (§ 1 Ziff. 2), haben bei der Aufnahme von Schülern durch Einfordern der vorgeschriebenen Bescheinigungen festzustellen, ob die gesetzliche Impfung erfolgt ist.

Sie haben dafür zu sorgen, daß die Zöglinge, welche während des Besuches der Anstalt nach § 1 Ziff. 2 impfpflichtig werden, dieser Verpflichtung genügen.

Ist eine Impfung ohne gesetzlichen Grund unterblieben, so haben sie auf deren Nachholung zu dringen.

Sie sind verpflichtet, vier Wochen vor Schluß des Jahres der zuständigen Behörde ein Verzeichnis derjenigen Schüler vorzulegen, für welche der Nachweis der Impfung nicht erbracht ist.

§ 15. Ärzte und Schulvorsteher, welche den .... ihnen auferlegten Verpflichtungen nicht nachkommen, werden mit Geldstrafe bis zu einhundert Mark bestraft."

Im übrigen war schon vor Erlaß des Impfgesetzes die Vorlage von Impfzeugnissen Aufnahmebedingung für die Wahlschulen, wie sich aus den ME. vom 31. 10. 1871 (Beier S. 215) und vom 7. 1. 1874 (ZBlUV. S. 201) ergibt. Über die Einwirkung des Impfgesetzes auf diese Erlasse vgl. ME. vom 18. 3. 1885 (Beier S. 213).

13. Über die Abgangszeugnisse bestimmt der ME. vom 30. 6. 1876 — Nr. 3114 U II — (ZBlUV. S. 438) unter I folgendes:

„2. Das von dem Direktor und dem Ordinarius der Klasse, welcher der Schüler zuletzt angehörte, zu unterzeichnende Abgangszeugnis muß ein Nationale des Schülers, sowie die Bezeichnung der Dauer seines Aufenthalts auf dieser Schule und in der Klasse, aus welcher er abgeht, enthalten und außerdem über .... seine Leistungen in den einzelnen Lehrgegenständen im Verhältnis zu der Aufgabe der betreffenden Klasse genaue Auskunft in bestimmten Prädikaten geben. Auf die Bezeichnung der Leistungen im Verhältnis zu den Forderungen der betreffenden Klasse darf der Umstand, ob der Schüler auf eine andere Lehranstalt oder zu einem anderen Berufe übergehen zu wollen erklärt, keinen Einfluß ausüben.

3. Wenn in dem Abgangszeugnisse die Versetzung des Schülers in eine höhere Klasse oder Abteilung bezeugt wird, so ist das Datum des Konferenzbeschlusses, durch den die Versetzung erfolgt ist, anzuführen. Die bloße Erklärung der Reife für eine höhere Klasse, ohne daß eine wirkliche Versetzung konstatiert würde, hat keine Bedeutung."

Genaue Angabe über die Dauer des Aufenthalts auf der Schule in Abgangszeugnissen, insbesondere bei Primanern, ist nochmals eingeschärft durch die ME. vom 23. 12. 1897 — U II 2888 — (ZBlUV. 1898 S. 207) und vom 9. 2. 1901 — U II 2679 — (ZBlUV. 1902 S. 218).

Nachdem die allgemeinen Urteile über Betragen, Fleiß und Aufmerksamkeit in den Zeugnissen fortgefallen sind, bestimmt der ME. vom 22. 12. 1930 — U II 1930 — (ZBlUV. 1931 S. 9) unter Ziff. 5 folgendes:

> „Abgehenden Schülern, die eine andere Schule besuchen wollen, ist außer dem Abgangszeugnis ein Führungszeugnis auszustellen, in dem auch der Grund für den Schulwechsel angegeben wird. Dieses Zeugnis ist dem Direktor der aufnehmenden Schule vorzulegen. Er wird sich gegebenenfalls durch Rückfrage bei der abgebenden Schule über die näheren Umstände und Gründe des Schulwechsels unterrichten."

Durch den ME. vom 12. 12. 1922 — U II 1020 II U II W — (ZBlUV. 1923 S. 8) ist auch für die Abgangszeugnisse, wie bisher schon für die Prüfungszeugnisse, angeordnet, daß in die Personalangaben eine Angabe über das Glaubensbekenntnis und über den Stand des Vaters nur auf Wunsch aufzunehmen ist.

Über die Abgangszeugnisse bei den mittleren Schulen, vgl. den ME. vom 2. 12. 1917 — U III D 21 949 U III A — (bei Stolze, S. 301).

14. Die Aufführung der für die Aufnahme erforderlichen Urkunden ist vollzählig; damit sind die Dienstanweisungen für die höheren Schulen materiell abgeändert, nach denen bisher immer noch die Vorlage eines Taufscheines gefordert werden konnte. Die Frage nach dem Religionsbekenntnis des aufzunehmenden Schülers ist aber nicht unzulässig, da die Voraussetzungen des behördlichen Fragerechts nach Art. 136 Abs. 3 Satz 2 RV. zum mindesten wegen der Teilnahme des Schülers am Religionsunterricht hier gegeben sind.

§ 2.

Aufnahmeprüfung.

(1) Schüler, die vor der Anmeldung keine öffentliche oder gleichberechtigte private Schule[1]) besucht haben, müssen in der Regel eine Aufnahmeprüfung ablegen.[2])[3])[4])

(2) Über die Aufnahmeprüfung wird ein Zeugnis nicht ausgestellt; auf dem Abgangszeugnis der zuletzt besuchten Schule wird der Tag der Prüfung vermerkt.[5])

(3) Die Aufnahme in die unterste Klasse der grundständigen höheren und der mittleren Schule erfolgt unter

der Bedingung der Bewährung.[6])[7]) Beschließt die Klassenkonferenz zu Beginn des Winterhalbjahres[8]) mit Dreiviertelmehrheit[9]), daß der Schüler für die Ausbildung auf der höheren oder mittleren Schule sich als nicht geeignet erwiesen hat, so muß er die Schule verlassen[10])[11])[12]).

Anmerkungen.

1. Über diesen Begriff bestimmt der ME. vom 2. 9. 1930 — U II 1222 U III D — (ZBlUV. S. 291) folgendes:

„Die bisherige Verwaltungsübung hat bei der Behandlung privater höherer Knabenschulen zu einer Reihe von verwaltungstechnischen Schwierigkeiten geführt. Während private höhere Mädchenschulen dann, wenn sie bestimmte Bedingungen erfüllen, insbesondere in ihrer äußeren und inneren Ausgestaltung einer entsprechenden öffentlichen höheren Schule vollkommen gleichwertig sind, als private höhere Schulen eines bestimmten Schultyps (Lyzeum, Oberlyzeum, Studienanstalt, Frauenschule usw.) seit langem anerkannt werden, ist die förmliche Anerkennung privater Knabenschulen auch dann, wenn sie die erwähnten Bedingungen voll erfüllen, als höhere Schulen bestimmten Schultyps bisher nicht üblich gewesen, vielmehr sind nur einzelne dieser Schulen der Aufsicht des Provinzialschulkollegiums unterstellt und in einer Reihe weiterer einzelner Beziehungen den entsprechenden öffentlichen höheren Schulen gleichgestellt worden. Zur Behebung der eingangs erwähnten Schwierigkeiten und mit Rücksicht darauf, daß es einen inneren Grund für die verschiedene Behandlung der privaten höheren Knaben- und Mädchenschulen nicht gibt, sollen künftig die privaten höheren Knabenschulen dann, wenn sie in innerer und äußerer Beziehung den öffentlichen höheren Schulen eines bestimmten Schultyps vollkommen gleichwertig sind, als private höhere Schulen dieses Schultyps (Gymnasium, Realgymnasium usw.) ausdrücklich anerkannt werden.

Die Provinzialschulkollegien ermächtige ich, diejenigen privaten höheren Schulen, die bereits jetzt ihrer Aufsicht unterstellt sind, auf Antrag als höhere Schulen des entsprechenden Schultyps von sich aus anzuerkennen; sofern im einzelnen Bedenken bestehen sollten, ist zuvor an mich zu berichten. Für private Schulen, die der Aufsicht des Provinzialschulkollegiums noch nicht unterstellt sind, ist künftig in jedem einzelnen Falle, wie bisher bei den privaten höheren Mädchenschulen üblich, an mich zu berichten. Die Unterstellung unter die Aufsicht des

Provinzialschulkollegiums wird künftig nicht besonders verfügt werden, sondern wird, wie bei den höheren Mädchenschulen, eine ohne weiteres eintretende Folge der förmlichen Anerkennung sein.

Bei Übergang eines Schülers von einer derart als höhere Schule eines bestimmten Schultyps anerkannten privaten Knabenschule auf eine öffentliche Schule bedarf es künftig — wie das schon im Mädchenschulwesen der Fall ist — keiner Aufnahmeprüfung.

Durch diese Neuregelung unberührt bleiben alle Vorschriften über die Erteilung von Berechtigungen (z. B. mittlere Reife, Obersekundareife, Primareife). Insbesondere schließt die Anerkennung einer privaten Schule als höhere Schule eines bestimmten Schultyps nicht ohne weiteres das Recht ein, die Reifeprüfung an der Schule selbst abzuhalten; die hierüber ergangenen Bestimmungen meines Runderlasses vom 19. Januar 1929 — U II 61 — (Zentrbl. S. 43) bleiben vielmehr unberührt."

Nach diesen Bestimmungen kann durch besonderen Verwaltungsakt, nämlich durch „Anerkennung", die der bei den öffentlichen höheren Schulen entspricht, die einzelne Privatschule aus der Masse der übrigen herausgehoben werden. Die praktische Wirkung dieser Anerkennung besteht darin, daß die betreffende Privatschule der Aufsicht des PSK. unterstellt wird und daß die für die öffentlichen höheren Schulen geltenden innerschulischen Bestimmungen grundsätzlich auf sie Anwendung finden, sofern nicht etwas anderes ausdrücklich bestimmt ist oder sich aus der Natur der Sache ergibt. Weitere Rechte sind mit dieser Anerkennung begrifflich nicht verbunden. Wenn den anerkannten Privatschulen hier noch das Recht zugesprochen wird, daß ihre Schüler ohne Aufnahmeprüfung in die entsprechenden Klassen der öffentlichen Schulen übergehen können, so liegt über den Akt der Anerkennung hinaus noch eine besondere „Verleihung" von Rechten der öffentlichen Schulen vor. Diese Verleihung kann sich bei Privatschulen, im Gegensatz zu den öffentlichen Schulen (s. oben S. 38), auch auf Teile der aus der Rechtsnatur der öffentlichen Schulen fließenden Auswirkungen beschränken.

Der Ausdruck „gleichberechtigt" in dem hier gebrauchten Sinne ist nicht ganz zutreffend, da offensichtlich nur die „anerkannten" höheren Privatschulen gemeint sind, während als gleichberechtigt im eigentlichen Sinne nur die Privatschulen bezeichnet werden können, die darüber hinaus nach dem Schlußabsatz des genannten Erlasses noch das Recht zur Erteilung von Zeugnissen mit Berechtigungen haben.

2. Über die Aufnahme von Schülern in die mittleren und höheren Schulen bestimmt der ME. vom 12. 3. 1924 — U II 259 pp. — (ZBlUV. S. 101) folgendes:

„......

1. Die Aufnahme von Schülern und Schülerinnen der Grundschule in die unterste Klasse der mittleren oder höheren Schule ist abhängig von dem Bestehen einer Aufnahmeprüfung. Wo jedoch zwischen der öffentlichen Grundschule und der mittleren oder höheren Schule eine Zusammenarbeit (Ziffer 4) vorhergegangen ist und Einigkeit über die Aufnahme herrscht, kann von einer Prüfung abgesehen werden. Schüler, die nach Ausweis ihres Schulzeugnisses das Ziel der Grundschule in den für die höhere Schule hauptsächlich in Betracht kommenden Fächern nicht erreicht haben, sind zur Prüfung nicht zuzulassen.

2. Richtunggebend für die Prüfung können nur die Forderungen der Grundschule sein, wie sie aus den Richtlinien zur Aufstellung von Lehrplänen für die Grundschule vom 16. März 1921 — U III A 404 — (Zentrbl. S. 185) ersichtlich und in der Anlage kurz zusammengefaßt sind. Die Prüfung, ob der Schüler für die mittlere oder höhere Schule reif ist, darf daher nur im Rahmen dieser Richtlinien erfolgen.

3. Der Prüfungsausschuß besteht zu gleichen Teilen aus Lehrern der Grundschule und Lehrern der aufnehmenden mittleren oder höheren Schule. Er wird regelmäßig an der einzelnen aufnehmenden Schule zu bilden sein, doch bleibt es freier Vereinbarung der beteiligten Schulen überlassen, für sämtliche oder mehrere Schulen des Ortes einen Gesamtprüfungsausschuß zu bilden, bei dem gegebenenfalls auf angemessene Heranziehung von Lehrerinnen zu achten sein wird. Als Vorsitzender des Ausschusses tritt hinzu ein Leiter einer der höheren Schulen des Ortes. Die Prüfung geschieht in Gruppen; bei jeder Prüfung ist je ein Lehrer der Grundschule und der aufnehmenden Schule beteiligt, etwa abwechselnd als Prüfender und als Schriftführer. Die beteiligten Lehrer der Grundschule werden von dem Kreisschulrat nach Anhörung der Schulleiter, die der aufnehmenden Schule von deren Leitern bestimmt. Die Beschlüsse werden mit Stimmenmehrheit gefaßt, bei Stimmengleichheit gibt der Vorsitzende den Ausschlag. Die Mitwirkung des letzten Klassenlehrers bei der Prüfung eigener Schüler beschränkt sich auf die Erstattung eines eingehenden schriftlichen Gutachtens.

Die Prüfung ist nicht öffentlich.

Bei etwa notwendig werdenden gesonderten Prüfungen einzelner Schüler ist entsprechend zu verfahren.

4. Die inhaltliche Ausgestaltung der Prüfung bleibt dem Prüfungsausschuß überlassen. Die Anwendung experimenteller Prüfungsmethoden soll nicht ausgeschlossen werden, doch ist sie zulässig und empfehlenswert nur da, wo die beteiligten Lehrer diese Methode wirklich beherrschen, sie ist gestattet nur insoweit, als die zu prüfenden Schüler dadurch keiner Überlastung ausgesetzt werden, sie ist zulässig nur als Ergänzung der gesamten Prüfung, nicht als ihr Ersatz. Es wird sich empfehlen, nach Mitteln zu suchen, um die Fehlerquellen, die jeder Prüfung anhaften, nach Möglichkeit auszuschalten. Dahin gehört unter der Voraussetzung gegenseitigen Einvernehmens gelegentlicher Besuch der Grundschule durch die an der Prüfung beteiligten Lehrer der mittleren und höheren Schule und umgekehrt: solch gegenseitiger Besuch ist von den beteiligten Stellen möglichst zu fördern, auch durch Gewährung kurzfristigen Urlaubs. Dahin gehört Berücksichtigung der bisherigen Leistungen und der Eigenart des Kindes, das vielleicht noch während einer Spielstunde zu beobachten ist. Dahin gehört die Vermeidung von Prüfungsmethoden, die einseitig auf Verstand und Kenntnisse gerichtet sind.

5. Durch die Prüfung wird festgestellt, ob der Schüler zur Aufnahme in eine mittlere oder eine höhere Schule geeignet ist. Übersteigt die Zahl der für geeignet Befundenen die Zahl der verfügbaren Plätze, so entscheidet über die Auswahl der aufzunehmenden Schüler der Vorsitzende des Prüfungsausschusses im Einvernehmen mit dem Ausschuß.

6. Das Ergebnis der Prüfung ist auf der Urschrift des letzten Klassenzeugnisses der Grundschule zu vermerken. Wird das Kind für die Aufnahme in die mittlere oder höhere Schule nicht geeignet befunden, so kann es die Prüfung an demselben Orte oder anderswo vor Ablauf eines Jahres nur mit Zustimmung der Schulaufsichtsbehörde ablegen. Wird es geeignet befunden, aber in die einzelne Anstalt nicht aufgenommen, weil die verfügbaren Plätze vergeben sind, so muß es innerhalb der ersten sechs Wochen des Schuljahres an jeder Anstalt, die Raum bietet, ohne weitere Prüfung aufgenommen werden.

7. Für Kinder, die von der privaten Vorschule kommen oder die gemäß § 4 des Grundschulgesetzes vom Grundschulbesuch befreit waren, gelten die vorstehenden

Bestimmungen mit der Maßgabe, daß von einer Aufnahmeprüfung nicht abgesehen werden kann.

8. Die bisherigen Vorschriften über die Aufnahme treten insoweit außer Kraft, als sie mit den vorstehenden Richtlinien in Widerspruch stehen."

Die Regel, daß eine Aufnahmeprüfung stattzufinden hat, wird zur Ausnahme gemacht durch den ME. vom 10. 2. 1931 — U II 77 pp. — (ZBlUV. S. 67), der unter I folgendes bestimmt:

„Die in Ziffer 1 des Erlasses vom 12. März 1924 — U II 256 U III D, U III A — (Zentrbl. S. 101) empfohlene Zusammenarbeit zwischen der öffentlichen Grundschule und der mittleren und höheren Schule hat sich günstig weiterentwickelt, während die pädagogischen Bedenken gegen eine Prüfung zehnjähriger Kinder immer stärker betont werden. Es erscheint daher an der Zeit, von Ostern d. J. ab auf eine besondere Aufnahmeprüfung beim Übergang von der Grundschule in weiterführende Schulen grundsätzlich zu verzichten. Ich bestimme daher folgendes:

1. Über die Eignung für die mittlere oder höhere Schule und die Aufnahme in deren unterste Klasse entscheidet der Ausschuß, der gemäß den Vorschriften in Ziffer 3 des Erlasses vom 5. März 1924 usw. zusammengesetzt ist. Seine Entscheidung gründet sich auf die Zeugnisse, die das Kind während des Grundschulbesuches erhalten hat, auf das von dem letzten Klassenlehrer erstattete eingehende schriftliche Gutachten und auf alle sonstigen Feststellungen, die sich bei der Zusammenarbeit zwischen Grundschule und weiterführender Schule ergeben haben (vgl. Ziffer 4 Satz 4 des genannten Erlasses).

2. Übersteigt die Zahl der aufnahmesuchenden Kinder die Zahl der verfügbaren Plätze, so wird es dem Ausschuß nicht immer möglich sein, die Auslese auf Grund der bezeichneten Unterlagen zu treffen. In solchen Fällen bleibt ihm überlassen, eine Prüfung im Sinne des Erlasses vom 12. März 1924 usw. vorzunehmen. Für das Ergebnis dieser Prüfung gelten die unter Ziffer 5 und 6 dieses Erlasses ergangenen Bestimmungen.

Die hiermit getroffene Anordnung soll nicht einem verstärkten Zudrang zu den weiterführenden Schulen Vorschub leisten, sondern in den Dienst einer sachlich besser begründeten verschärften Auslese gestellt werden. Dieses Ziel kann aber nur erreicht werden, wenn alle weiterführenden Schulen sorgfältig mit der Grundschule zusammenarbeiten."

3. Eine Aufnahmeprüfung ist zwingend vorgeschrieben einmal bei Kindern, die von einer privaten Vorschule kommen oder vom Grundschulbesuch befreit waren nach dem ME. vom 22. 9. 1931 — U II 1230 U III D —, dann bei der Aufnahme in die Staatlichen Bildungsanstalten nach dem ME. vom 15. 9. 1923 — U II 20 345 — (ZBlUV. S. 339) unter IV Abs. 4, ferner bei der Aufnahme in die unterste Klasse der höheren Schulen in Aufbauform nach dem ME. vom 5. 3. 1922 — U III 356 I U II, schließlich auch unter gewissen Voraussetzungen bei der Aufnahme in Frauenschulen nach den ME. vom 31. 12. 1917 — U II W 405 II — (ZBlUV. 1918 S. 276) unter IV a und vom 24. 5. 1921 — U II W 1151 — (ZBlUV. S. 252).

4. Hier ist nur die Aufnahmeprüfung bei dem Übergang von der Grundschule in mittlere und höhere Schulen oder bei der Aufnahme ohne vorherigen Besuch einer mindestens gleichberechtigten privaten Schule geregelt; über die Aufnahmeprüfungen bei Schulwechsel vgl. unten § 4, S. 69.

5. Auf dem Abgangszeugnis ist also nicht das Ergebnis, sondern nur der Tag der Prüfung zu vermerken. Hierfür schreibt der ME. vom 6. 11. 1923 — U II 16 970 U II W — eine bestimmte Formulierung vor.

6. Wie die privatrechtlichen, so können auch die öffentlichen Rechtsgeschäfte, insbesondere die Verwaltungsakte, an sich ihrem Hauptgeschäftsinhalt Nebenbestimmungen anfügen. Diese in der Praxis meistens als Bedingungen bezeichneten Nebenbestimmungen zerfallen bei näherer Betrachtung in vier voneinander verschiedene Arten, nämlich echte Bedingungen, Auflagen, Befristungen und Widerrufsvorbehalte (Kormann S. 135). Der Begriff der echten Bedingung ist im öffentlichen Recht kein anderer als im Privatrecht und bedeutet hier wie dort ein dem Verwaltungsakt beigefügtes weiteres Erfordernis, demzufolge der Verwaltungsakt von der Erfüllung dieses Erfordernisses an erst wirken oder nicht mehr wirken soll, d. h. der Eintritt der Rechtswirkung erfolgt ipso iure. Das ist bei der Entlassung eines Schülers wegen mangelnder Bewährung nicht der Fall, wie sich aus Satz 2 dieses Absatzes ergibt, wonach über die Entlassung erst die Klassenkonferenz zu beschließen hat. Eine Auflage, d. h. eine selbständige, mit dem im Verwaltungsakt verkörperten Rechtsgeschäft nur äußerlich verbundene Anordnung liegt offensichtlich nicht vor, da zum Begriff der Auflage gehört, daß ihre Nichterfüllung der Behörde Anlaß gibt, mit Zwang und Strafe gegen den Pflichtigen vorzugehen, um ihn zur Erfüllung anzuhalten. Daß eine Befristung trotz der Zeitbestimmung in

Satz 2 dieses Absatzes nicht vorliegt, ist ohne weiteres klar. Somit bleibt nur die Kennzeichnung dieses Instituts als Widerrufsvorbehalt übrig; sein Wesen liegt darin, daß die Wirksamkeit des Verwaltungsakts nicht von selbst erlischt, sondern daß es dazu eines besonderen, den Widerruf aussprechenden Verwaltungsaktes, hier also eines Beschlusses der Klassenkonferenz, bedarf.

Die Beifügung von Nebenbestimmungen an Verwaltungsakte ist nicht schlechthin zulässig. Daß hier der Widerruf ausdrücklich vorbehalten ist, entbindet nicht von der Prüfung, ob der Widerruf bei dem Verwaltungsakt der Aufnahme eines Schülers überhaupt zulässig ist, denn der Vorbehalt hat nur deklaratorische Bedeutung und den praktischen Wert, den Betroffenen, hier in der Hauptsache die Erziehungsberechtigten, auf die Möglichkeit des Widerrufs hinzuweisen (Schoen S. 124). Wie oben (S. 49) bereits dargestellt, stellt sich die Aufnahme in eine Wahlschule als öffentlich-rechtliche Gebrauchserlaubnis dar. Solche Erlaubnisse gewähren nach durchaus herrschender Lehre (Schoen S. 129) dem Erlaubnisempfänger nicht wie die Verleihung oder Konzession im technischen Sinne ein subjektives öffentliches Recht, sondern schaffen lediglich die Befugnis, etwas zu tun. Nach der ständigen Rechtsprechung des OVG. (Bd. 28 S. 373, Bd. 29 S. 367, Bd. 32 S. 339), der sich auch das RG. angeschlossen hat (RGZ. Bd. 46 S. 283), sind die Erlaubniserteilungen grundsätzlich frei widerruflich (a. M. allein Kormann S. 347, gegen ihn Schoen S. 130). Abgesehen von dem Fall, daß dieser Grundsatz da nicht Platz greift, wo er gesetzlich ausgeschlossen ist, hält das OVG. (z. B. in Bd. 24 S. 350, Bd. 40 S. 379, Bd. 53 S. 495) den Widerruf auch dann für ausgeschlossen, wenn mit der Ausführung des erlaubten Unternehmens tatsächlich begonnen worden ist. Wenn man auch in gewissem Sinne sagen könnte, daß der Schüler mit Teilnahme am Unterricht, Beschaffung von Büchern und Heften und dergleichen mit „dem Unternehmen begonnen“ habe, so zeigen die erwähnten Urteile doch, daß das OVG. bei seiner Stellungnahme offensichtlich ganz andere Tatbestände im Auge hat. Abgesehen davon folgt aber auch aus der aus der Anstaltsgewalt fließenden Befugnis, die Zulassungsbedingungen für eine öffentliche Anstalt zu normieren, ohne weiteres auch das Recht, die Gründe und Voraussetzungen des Aufhörens der Anstaltsbenutzung zu regeln.

Der Vorbehalt des Widerrufs ist also bei der Aufnahme eines Schülers in eine gehobene Schule zulässig. Da er hier in der SchO. generell ausgesprochen ist, wird man richtiger sagen müssen, daß die Aufnahme eines Schülers in die unterste Klasse einer mittleren oder höheren Schule unter dem „verordnungsmäßigen Vorbehalt des Widerrufs" bei mangelnder Bewährung erfolgt ist (Kormann S. 334).

7. Wegen der Bedingung der Bewährung auf anderen Klassenstufen vgl. unten § 8 Abs. 2 S. 81.

8. Zu späterer Zeit, etwa nach Weihnachten, ist ein solcher Beschluß nicht mehr zulässig. Es liegt hier also einer der im Verwaltungsrecht sonst seltenen Fälle vor, daß der Vorbehalt des Widerrufs zeitlich befristet ist.

9. Nach II Ziffer 5 der Konferenzordnung für die höheren Lehranstalten sind stimmberechtigt in den Klassenkonferenzen außer dem Vorsitzenden alle Lehrer, die zur Zeit in der Klasse unterrichten, auch die Lehrer im Vorbereitungsdienst, falls sie selbständigen Unterricht erteilen. Die nicht zur Teilnahme verpflichteten Lehrer können mit beratender Stimme teilnehmen.

Für die Mittelschulen ist in der Dienstanweisung unter I A Ziffer 5 eine ähnliche Regelung getroffen.

10. Die Bedingung der Bewährung war bereits durch den ME. vom 10. 2. 1931 — U II 77 pp. — unter II eingeführt. Aus ihm ist die Anweisung an die Schule erhalten geblieben, daß gegebenenfalls die Erziehungsberechtigten mindestens ein Vierteljahr vorher auf die Möglichkeit der Entlassung hinzuweisen sind. Nach dem ganzen Inhalt dieser Bestimmung ist es aber zweifellos, daß eine Außerachtlassung dieser Anordnung den Akt der Entlassung nicht unwirksam macht; das ergibt auch ein Vergleich mit der Bestimmung in § 8 Abs. 2 letzter Satz, unten S. 82.

11. Über die Rechtswirkung einer solchen Entlassung bestimmt der ME. vom 5. 11. 1931 — U II 729 II U III D —: „Schüler, die aus der Sexta ... entlassen werden, ... sind zu behandeln wie Schüler, die die Aufnahmeprüfung nicht bestanden haben, d. h. sie können die Prüfung an demselben Ort oder anderswo in dem betreffenden Schuljahr nur mit Zustimmung der Schulaufsichtsbehörde ablegen (Abs. 6 des ME. vom 12. 3. 1924 — U II 259 pp. — (ZBlUV. S. 101)."

Hiernach erstreckt sich die Entlassung also nur auf die betreffende Schule — eine Entscheidung, die recht widerspruchsvoll ist, denn ist der Schüler für eine mittlere oder höhere Schule ungeeignet, und zwar infolge mangelnder Bewährung, so kann er es nur allgemein sein und nicht gerade für die einzelne Schule, in die er zufällig zuerst aufgenommen wurde. Als „verschärfte Schülerauslese" wird man ein solches Verfahren jedenfalls nicht bezeichnen können.

12. Nach dem ME. vom 18. 2. 1916 — U III D 1490 III — (ZBlUV. S. 343) bedarf bei den mittleren Schulen im Gegensatz zu den höheren ein solcher Entlassungsbeschluß der Klassenkonferenz der Bestätigung durch die Schulaufsichtsbehörde.

§ 3.

Mindest- und Höchstalter.

(1) In die unterste Klasse einer grundständigen höheren oder mittleren Schule wird in der Regel erst nach Ablauf der vierjährigen Grundschulpflichtzeit[1]) aufgenommen.[2]) Im Einzelfall können besonders leistungsfähige Schüler schon nach dreijähriger Grundschulpflichtzeit aufgenommen werden, nachdem der Grundschullehrer gehört ist und die Aufsichtsbehörde der Grundschule die Genehmigung erteilt hat.[3])

(2) Nur in besonders gearteten Ausnahmefällen werden Schüler nach vollendetem zwölften Lebensjahr in die unterste Klasse, nach vollendetem fünfzehnten Lebensjahr in die drittunterste Klasse aufgenommen.[4])[5])

(3) In die unterste Klasse der Aufbauschulen werden Schüler grundsätzlich erst nach Besuch der siebenten Volksschulklasse zugelassen.[6])[7])

Anmerkungen.

1. Entscheidend ist also nicht der tatsächliche Schulbesuch, sondern der Ablauf von vier Jahren nach Beginn der Schulpflicht. Über den Beginn der Schulpflicht bestimmt das Gesetz über die Schulpflicht in Preußen vom 15. 12. 1927 (GS. S. 207) in § 2 folgendes:

> „(1) Die Schulpflicht beginnt mit dem 1. April für alle Kinder, die bis zum 30. Juni desselben Jahres das sechste Lebensjahr vollenden. Kinder, die in der Zeit vom 1. Juli bis zum 30. September das sechste Lebensjahr vollenden, können auf Antrag des Erziehungsberechtigten zu Beginn des Schuljahres in die Schule aufgenommen werden, wenn sie die für den Schulbesuch erforderliche körperliche und geistige Reife besitzen.
>
> (2) Vorzeitig in die Schule aufgenommene Kinder werden mit der Aufnahme schulpflichtig.
>
> (3) Schulpflichtige Kinder, die körperlich oder geistig nicht hinreichend entwickelt sind, um mit Erfolg am Schulunterrichte teilzunehmen, können auf Grund eines

amts- oder schulärztlichen Zeugnisses vom Schulbesuche zurückgestellt werden. Besteht bei der Schulaufsichtsbehörde über die Schulunfähigkeit eines Kindes kein Zweifel, so kann von der Beibringung eines amts- oder schulärztlichen Zeugnisses abgesehen werden."

Vgl. hierzu auch Ziff. 3—5 der AusfAnw. vom 1. 3. 1928 — U III D 477 — (ZBlUV. S. 95).

2. Rechtsgrundlage dieser Bestimmung ist einmal Art. 146 Abs. 1 RV.: „... Auf einer für alle gemeinsamen Grundschule baut sich das mittlere und höhere Schulwesen auf ..." und dann § 1 des Gesetzes betreffend die Grundschulen und Aufhebung der Vorschulen vom 28. 4. 1920 (RGBl. S. 851):

„Die Volksschule ist in den vier untersten Jahrgängen als die für alle gemeinsame Grundschule, auf die sich auch das mittlere und höhere Schulwesen aufbaut, einzurichten. Die Vorschriften der Artikel 146 Abs. 2 und 174 der Verfassung des Deutschen Reiches gelten auch für die Grundschule.

Die Grundschulklassen (-stufen) sollen unter voller Wahrung ihrer wesentlichen Aufgabe als Teile der Volksschule zugleich die ausreichende Vorbildung für den unmittelbaren Eintritt in eine mittlere oder höhere Lehranstalt gewährleisten.

Auf Hilfsschulklassen findet diese Bestimmung keine Anwendung.

Für besondere Fälle können die Landeszentralbehörden zulassen, daß noch weitere Jahrgänge einer Volksschule als Grundschulklassen eingerichtet werden."

Wie sich schon aus dem Wort „Grundschulpflichtzeit" ergibt, gilt diese Regelung nicht nur für Kinder, die die öffentliche Grundschule besucht haben, sondern auch für die, die in einer nach § 2 des Grundschulgesetzes noch bestehenden privaten Vorschule unterrichtet worden sind (Ziffer 1 des ME. vom 31. 3. 1923 — U II 387 — (ZBlUV. S. 187), und diejenigen, die reine Familienschulen besucht oder Einzelunterricht erhalten haben (Ziffer 3 des angegebenen Erlasses).

3. Rechtsgrundlage ist hier das Gesetz betreffend den Lehrgang der Grundschule vom 18. 4. 1925 (RGBl. I S. 49), das in § 1 bestimmt:

„Der Lehrgang der Grundschule umfaßt vier Jahresklassen (Stufen).

Im Einzelfalle können besonders leistungsfähige Schulkinder nach Anhören des Grundschullehrers unter Genehmigung der Schulaufsichtsbehörde schon nach dreijähriger Grundschulpflicht zur Aufnahme in eine mittlere oder höhere Schule zugelassen werden."

Zur Ausführung des Gesetzes ist folgender ME. vom 17. 4. 1925 — U III D 1483 pp. — (ZBlUV. S. 129) ergangen:

„1. Das neue Reichsgesetz ändert nach Wortlaut, Sinn und Entstehungsgeschichte grundsätzlich nichts an der vierjährigen Dauer der Grundschule. Es ist daher auch nach Inkrafttreten dieses Gesetzes weder notwendig noch zulässig, an den Bestimmungen über den äußeren Aufbau, die Zielbestimmung und die innere Gestaltung der Grundschule etwas zu ändern. Es bleibt die Bestimmung des § 1 des Grundschulgesetzes vom 28. April 1920 bestehen, nach der die Grundschule die vier untersten Jahrgänge der Volksschule umfaßt....

Insbesondere sind auch nach Inkrafttreten des neuen Reichsgesetzes innerhalb des einheitlichen Schulkörpers der Grundschule irgendwelche organisatorischen Einrichtungen unzulässig, die zum Ziele haben, einen Teil der Schüler der Grundschule auf einen vorzeitigen Übergang zur mittleren oder höheren Schule vorzubereiten. Das ergibt sich schon aus dem Wortlaut des Gesetzes, in dem ausdrücklich von „einzelnen Fällen“ die Rede ist....

2. Das neue Reichsgesetz läßt, ohne an der Gestaltung der vierjährigen Grundschule etwas zu ändern, unter ganz bestimmten Voraussetzungen zu, daß im Einzelfalle besonders leistungsfähige Schüler zum vorzeitigen Übergang zur mittleren und höheren Schule zugelassen werden *können*. Damit ist der § 1 des Grundschulgesetzes insoweit abgeändert, als die in Art. 146 Abs. 1 der Reichsverfassung und in § 1 des Grundschulgesetzes bestimmte Gemeinsamkeit der Grundschule für alle Schüler nicht mehr unter allen Umständen völlig ausnahmslos alle Schüler durch die vier Jahreskurse hindurch umfaßt. Damit ist ferner Ziff. II/1 der Vereinbarung vom 4. Mai 1923, RMBl. Nr. 22, insofern gegenstandslos geworden, als die Aufnahme in die mittlere und höhere Schule nicht mehr *ausnahmslos* erst nach vierjährigem Grundschulbesuch zulässig ist. Die gleiche Änderung erleidet damit Ziff. I meines Runderlasses vom 31. März 1923 — U II 387, U III D, Zbl. S. 187.

3. Zweck und Ziel des neuen Reichsgesetzes ist lediglich, zu verhindern, daß die Vorschrift des § 1 des Grundschulgesetzes in seiner bisherigen Fassung ein pädagogisch nicht zu verantwortendes Hemmnis für einzelne besonders geartete Schüler bilde. Die Voraussetzungen, unter denen ein vorzeitiger Übergang von

Grundschülern zur mittleren und höheren Schule zulässig sein kann, sind die folgenden:

a) Der vorzeitige Übergang kann „im Einzelfalle" ermöglicht werden. Damit ist ausgeschlossen der Übergang einer irgendwie beträchtlichen Anzahl von Schülern insgesamt und aus der einzelnen Grundschulklasse schon nach drei Jahren; die „Einzelfälle" dürfen von vornherein auch nicht annähernd zur Regel werden. Es ist Pflicht der Schulaufsichtsbehörden mit allem Nachdruck darüber zu wachen, daß dem Wortlaut und Sinn des Reichsgesetzes entsprechend jeder Mißbrauch dieser Bestimmung vermieden wird und daß sie in der Tat nur in den „einzelnen" Fällen angewendet wird, für die sie gegeben ist. Zum 1. Juni jeden Jahres ... ist mir von den Regierungen (Provinzialschulkollegium) eine Übersicht der Einzelfälle vorzulegen, in denen der Übergang von Schülern zur mittleren und höheren Schule nach nur dreijährigem Grundschulbesuch zu Ostern des betreffenden Jahres zugelassen worden ist. Die Übersicht muß Namen, Alter (Geburtstag) und Herkunft des einzelnen Schülers (Stand der Eltern), die Bezeichnung der besuchten Grundschule und die Angabe der Dauer des Grundschulbesuchs enthalten und ist nach den einzelnen aufnehmenden Schulen zu trennen. Eine Abschrift dieser Übersicht teilen die Regierungen dem zuständigen Provinzialschulkollegium mit, dem derart die Möglichkeit für die gebotene Beobachtung der Weiterentwicklung dieser „besonders leistungsfähigen" Schüler gegeben wird. Ich behalte mir vor, später Bericht über die gemachten Beobachtungen zu erbitten.

b) Die Zulassung des vorzeitigen Übergangs ist geknüpft an die Bedingung „besonderer Leistungsfähigkeit" des einzelnen Schülers. Den Begriff „besondere Leistungsfähigkeit" durch allgemeine Ausführungsvorschriften allgemeingültig näher zu erläutern und zu umgrenzen, ist unmöglich. Immerhin ist aus der Tatsache, daß die Vierjährigkeit der Grundschule unberührt bleibt und durch das neue Reichsgesetz noch einmal ausdrücklich bestätigt wird, im Zusammenhange mit der Zulassung nur „einzelner Fälle" zu folgern, daß als „besonders leistungsfähig" ein Schüler nicht etwa schon deshalb gelten kann, weil er in der Grundschule durchschnittlich gut beurteilt ist, sondern daß vielmehr seine besondere geistige und körperliche Veranlagung das Überspringen einer Klasse und insbesondere die frühere Aufnahme in eine mittlere oder höhere Schule rechtfertigen muß. Auch Schüler, die durch häusliche oder sonstige private Vorbereitung außerhalb der Grundschule so weit gefördert worden sind, daß sie die bei der Aufnahmeprüfung der mittleren oder höheren Schule verlangten Kenntnisse besitzen, zeigen damit nicht ohne weiteres, daß sie „besonders leistungs f ä h i g“ seien. Die neue reichsgesetzliche Vorschrift soll und will nicht irgendwelcher verfrühten und künstlich getriebenen Bildung des Kindes durch Schule oder Haus, die pädagogisch und hygienisch gleich bedenklich wäre, Vorschub leisten und will nicht die schädlichen Wirkungen der Vorschule, die abgeschafft bleibt, auf einem Umwege wieder einführen.

c) Voraussetzung vorzeitigen Übergangs ist nach dem neuen Reichsgesetz die Erledigung dreijähriger G r u n d s c h u l p f l i c h t durch besonders leistungsfähige Kinder. Damit sind durch reichsgesetzliche Vorschrift von dem vorzeitigen Übergang ausgeschlossen alle die Kinder, die auf Grund des § 4 des Grundschulgesetzes aus Gründen körperlicher Leistungsunfähigkeit vom Grundschulbesuch befreit sind....

d) Das neue Reichsgesetz g e s t a t t e t für den Einzelfall Zulassungen z u r A u f n a h m e in eine mittlere oder höhere Schule schon nach dreijähriger Grundschulpflicht. Nach Ziff. 1 des Runderlasses vom 12. März 1924 — U II 259, U III D Zbl. S. 101 — ist die Aufnahme von Schülern und Schülerinnen der Grundschule in die unterste Klasse der mittleren oder höheren Schule im Regelfall des vierjährigen Grundschulbesuches abhängig von dem Bestehen einer Aufnahmeprüfung. Es ist also ausgeschlossen, einen Schüler nach nur dreijährigem Grundschulbesuch zur mittleren oder höheren Schule ohne solche Prüfung zuzulassen. Die in Ziff. 1 des genannten Erlasses für einen bestimmten Fall zugelassene Möglichkeit, unter bestimmten Voraussetzungen von einer Aufnahmeprüfung abzusehen, gilt also nicht für die vorzeitig abgehenden Schüler.

e) Die Zulassung zur Aufnahmeprüfung auszusprechen, ist Sache der staatlichen Schulaufsichtsbehörde. Mit der Entscheidung über die Zulassung beauftrage ich die für die Grundschule, welche der aufzunehmende Schüler besucht hat, zuständige Regierung. Es ist zunächst Sache des für diese Grundschule zuständigen Schulrats, auf Grund der von ihm beim Besuch des

Unterrichts gemachten Beobachtungen oder auf Grund der ihm zuzuleitenden Anregungen der Grundschullehrer und Erziehungsberechtigten der Regierung rechtzeitig vor Beginn jedes Schuljahres die einzelnen Schüler namhaft zu machen, die vorzeitig zur Aufnahmeprüfung zugelassen werden sollen. Die Regierung entscheidet sodann endgültig, ob die für die ausnahmsweise Zulassung bestimmten Voraussetzungen unter genauer Beobachtung aller in diesen Ausführungsbestimmungen hervorgehobenen Richtlinien gewahrt sind. Daneben liegt es dann dem Prüfungsausschuß ob, die besondere Leistungsfähigkeit der vorzeitig zur Aufnahmeprüfung gemeldeten Schüler sorgfältig festzustellen."

4. Die bisherigen Vorschriften über das Mindestalter sind durch die vierjährige Grundschulpflicht gegenstandslos geworden.

5. Nach dem ME. vom 23. 3. 1901. — U II 674 — (Beier S. 201) war als weitere Altersgrenze noch das 13. Lebensjahr für die zweituntersté Klasse angegeben. Für die übrigen Klassen sind Höchstalter nicht ausdrücklich vorgeschrieben; es kann daher zweifelhaft sein, ob in diesen Fällen sinngemäß nach dem genannten Erlaß zu verfahren ist.

Über die Frage, ob ein besonders gearteter Ausnahmefall vorliegt, entscheidet der Anstaltsleiter allein, da die Dienstanweisung eine Beteiligung des PSK. nicht vorschreibt; vgl. jedoch die Verfügung des PSK. Posen vom 11. 5. 1902 bei Günther-Günther S. 16.

6. Diese Regelung war bereits festgelegt durch die Vereinbarung der Länder über die Aufbauschule vom 22. 12. 1922 (ZBlUV. 1923 S. 138), die in Ziffer 2 bestimmt: „Die Aufnahme in die Aufbauschule setzt die durch siebenjährigen Besuch der Volksschule zu erlangende Reife sowie in der Regel den Abschluß des siebenten Schulpflichtjahres voraus. Der Lehrgang der Aufbauschule umfaßt sechs Jahre."

7. Für Schüler, die nicht von der Volksschule kommen, bestimmt der ME. vom 19. 5. 1925 — U II N 587 pp. — (ZBlUV. S. 184) grundsätzlich folgendes: „... Gewiß soll begabten Schülern anderer Schulen der Übertritt zur Aufbauschule nicht verwehrt werden. Aber der Übertritt soll erst dann erfolgen, wenn die Lehrpläne der beiden Schularten sich einander soweit angenähert haben, daß die betreffenden Schüler in allen Fächern zu einer Arbeitsgemeinschaft vereinigt werden können. Für besonders geartete Einzelfälle bedarf daher die Aufnahme von Schülern höherer oder mittlerer Schulen in die U III der Aufbauschulen der Genehmigung des Provinzialschulkollegiums...."

§ 4.
Schulwechsel.

(1) Bei Schulwechsel wird der Schüler nur auf Grund eines Abgangszeugnisses[1]) der vorher besuchten Schule aufgenommen.[2])[3])[4])[5])[6])

(2) Kommt ein Schüler unmittelbar oder nach höchstens sechswöchiger Unterbrechung des Schulbesuchs von einer gleichartigen[7]) deutschen[8]) öffentlichen oder gleichberechtig ten[9]) privaten Schule, so wird er ohne Aufnahmeprüfung in die Klasse aufgenommen, der er bisher angehört hat oder in die er versetzt worden ist.

(3) Ein Schüler wird für eine höhere Klasse als die zuletzt besuchte vor dem Zeitpunkt, an dem er in der früheren Schule voraussichtlich versetzt[12]) worden wäre, nur ausnahmsweise aus besonderen Gründen geprüft.[13])

(4) Schüler, die die Schule verlassen haben, ohne versetzt zu sein, dürfen in die nächsthöhere Klasse vor Ablauf eines Schulhalbjahres nicht aufgenommen werden.[14]) Bei der dann erforderlichen Aufnahmeprüfung ist die zur Zeit der Prüfung erledigte Lehraufgabe mit zu berücksichtigen.[15])

(5) Schüler, die aus Gesundheitsrücksichten beurlaubt waren, werden ohne Prüfung versuchsweise[16]) zunächst wieder in die alte Klasse aufgenommen, die sie verlassen haben, oder in die sie bei regelmäßigem Schulbesuch versetzt worden wären.[17])

Anmerkungen.

1. Über Abgangszeugnisse siehe oben S. 53.

2. Dieser Bestimmung liegt eine durch den ME. vom 6. 5. 1931 — U II 566 — (ZBlUB. S. 148) bekanntgegebene Vereinbarung der Länder über die gegenseitige Anerkennung der Reifezeugnisse der höheren Schulen zu Grunde, die in § 10 bestimmt: „Bei einem Anstaltswechsel darf ein Schüler nur auf Grund eines Abgangszeugnisses der bisher besuchten Anstalt und nicht in eine höhere Klasse oder Abteilung aufgenommen werden als in die nach diesem Zeugnis in Betracht kommende."

3. Nach den Dienstanweisungen bedarf es zur Aufnahme von Schülern, die von einer anderen Schule verwiesen worden sind oder die Reifeprüfung nicht bestanden haben, stets der Genehmigung des PSK.

Wegen der Verweisung aus mittleren Schulen vgl. den ME. vom 18. 2. 1916 — U III D 1490 III — (ZBlUV. S 343).

4. Besonderen Beschränkungen unterliegt der Anstaltswechsel auf den oberen Klassen. So bestimmt die Vereinbarung der Länder über die gegenseitige Anerkennung der Reifezeugnisse der höheren Schulen (ZBlUV. S. 148) in § 24 folgendes:

> „(1) Für Schüler aus dem Deutschen Reiche, die später als mit Beginn des drittletzten Jahrganges (der Obersekunda) in eine Vollanstalt eines deutschen Landes eintreten, auf das sie weder durch die Staatsangehörigkeit noch durch den jeweiligen Wohnort ihrer Eltern oder der Stellvertreter ihrer Eltern angewiesen sind, sowie für Schulfremde, bei denen der Fall des § 19 Abs. 2 vorliegt, hat das im anderen Lande erworbene Reifezeugnis die im § 23 Abs. 1 bis 3 bezeichneten rechtlichen Wirkungen nur dann, wenn dem Prüfling von der Unterrichtsverwaltung des Landes, dem er angehört, die Erlaubnis zur Ablegung der Reifeprüfung vor der Zulassung zu dieser Prüfung erteilt worden ist. Ein Vermerk hierüber ist in das Reifezeugnis aufzunehmen (vgl. § 22 Abs. 2). Das gleiche gilt für Ergänzungsprüfungen entsprechend § 23 Abs. 4.
>
> (2) Als Grundlage für die Nachprüfung solcher Fälle, in denen die Zulassung zur Prüfung zu einem früheren Termin beantragt wird, ist auf dem Erlaubnisschein, sofern es sich nicht um einen Bewerber handelt, der nie eine höhere Schule besucht hat, zu vermerken, zu welchem Zeitpunkt der Bewerber in seinem Heimatlande frühestens die Reifeprüfung hätte ablegen können.
>
> (3) Auf diese Bestimmungen sind auswärtige Bewerber, die in eine Vollanstalt an einer höheren Stelle des Gesamtlehrganges als bei dem Beginne des drittletzten Jahrganges (der Obersekunda) aufgenommen werden sollen, durch den Direktor schon vor dem Eintritt in die Anstalt hinzuweisen. Auswärtige Schulfremde sind spätestens bei der Meldung zur Reifeprüfung darauf aufmerksam zu machen."

Ferner ordnet § 6 Ziffer 2 der Ordnung der Reifeprüfung an den höheren Schulen Preußens vom 22. 7. 1927, bekanntgegeben durch ME. vom gleichen Tage — U II 100 II U I — (ZBlUV. S. 283) an: „Wenn ein Primaner die Anstalt wechselt, so entscheidet das Provinzialschulkollegium nach Anhörung des Leiters der Aufnahmeanstalt, wann der betreffende Schüler frühestens zur Reifeprüfung zugelassen werden kann."

5. Über eine weitere Grenze der Aufnahme vgl. § 5 Abs. 2 unten S. 75.

6. Über Aufnahmegebühr bei Schulwechsel vgl. unten S. 80, über Schulgeldzahlung bei Anstaltswechsel unten S. 150.

7. Als gleichartig sind die Schulen zu bezeichnen, deren Lehrpläne einander angenähert sind. Über das Verhalten der Schule bei gewissen Abweichungen der aufnehmenden Anstalt in Methode, Lehrstoffeinteilung und Lehrforderungen äußert sich des Näheren ein ME. vom 13. 12. 1907 — U II 8271 — (ZBlUV. S. 305).

Über den Begriff der Gleichartigkeit hinaus gehen die Bestimmungen, daß in höhere Schulen ohne Aufnahmeprüfung aufgenommen werden dürfen Schüler mittlerer Schulen sowie gehobener Volksschulabteilungen, die in nähere Beziehungen zu höheren Lehranstalten gebracht sind, wenn die Schüler am Schlusse des Schuljahres an ihrer bisherigen Anstalt unter Leitung des Direktors der betreffenden höheren Schule eine Abgangsprüfung abgelegt haben, durch deren Bestehen sie die Aufnahmeberechtigung an der betreffenden höheren Schule oder auch an einer gleichartigen höheren Lehranstalt Preußens erworben haben; diese Bestimmungen sind abgedruckt bei Metzner-Thiele S. 41 ff. Die Bestimmungen gelten auch für die Schüler aus dem Freistaate Oldenburg auf Grund einer durch den ME. vom 6. 12. 1928 — U II 1705 — (ZBlUV. S. 379) bekanntgegebenen Vereinbarung.

8. Grundlage hierfür ist die Vereinbarung der Länder, veröffentlicht durch den ME. vom 17. 1. 1930 — U II 37 — (ZBlUV. S. 39), die bestimmt: „Schüler, die aus triftigen Gründen .... in eine höhere Lehranstalt eines anderen Landes übertreten, sollen hinsichtlich des Übertritts nicht ungünstiger behandelt werden als diejenigen Schüler, die innerhalb eines Landes .... in eine andere öffentliche höhere Schule übertreten."

Nach dem ME. vom 4. 4. 1931 — U II 17458/29 — (ZBlUV. S. 117) ist bei Übertritt von Schülern aus deutschen Auslandsschulen sinngemäß zu verfahren.

9. Über diesen Begriff vgl. oben S. 55.

10. Liegen diese Voraussetzungen nicht vor, dann muß nach der Dienstanweisung der Schüler in den Fächern dieser Klasse von den damit beauftragten Lehrern geprüft werden; die Aufnahme erfolgt durch den Anstaltsleiter auf Grund der abgegebenen Urteile.

11. Nach dem ME. vom 30. 5. 1925 — U II 1153 — (ZBlUV. S. 211) gilt das gleiche für junge Leute, die als Nichtschüler die Prüfung zum Nachweis der Obersekunda- oder Primareife bestanden haben, falls der Zeitraum zwischen Ablegung der Prüfung und Eintritt in die Klasse sechs Wochen nicht überschreitet, ebenso für Schüler der sogenannten berechtigten Privatschulen, die unter dem Vorsitz eines Oberschulrats durch eine Prüfung das Zeugnis über die Obersekundareife erworben haben.

Wegen der Aufnahme von Volksschülern ohne sprachliche Vorkenntnisse in die Oberstufe von Mittelschulen vergl. den ME. vom 18. 4. 1921 — U III D 1154 — (bei Stolze S. 200).

12. Aus den Bestimmungen über die Versetzung der Schüler und Schülerinnen an den höheren Schulen Preußens vom 11. 8. 1927, bekanntgegeben durch den ME. vom 12. 8. 1927 — U II 888 U III D — (ZBlUV. S. 259), ist als wesentlich folgendes herauszuheben:

„......

§ 2. Ein Schüler ist zu versetzen, wenn erwartet werden kann, daß er in der nächsten Klasse erfolgreich mitarbeitet. Dabei ist es in das pflichtmäßige Ermessen der Konferenz gestellt, wie weit sie über mangelhafte oder nicht genügende Leistungen in einzelnen Fächern hinwegsehen oder auf außergewöhnliche Umstände, die die Entwicklung des Schülers gehemmt haben, Rücksicht nehmen will.

§ 3. Unzulässig ist die Versetzung unter der Bedingung einer Nachprüfung oder die Versetzung in einigen Fächern.

§ 6. ... in den ... Fällen, in denen die Versetzung eines Schülers zweifelhaft ist, sind die Erziehungsberechtigten mindestens ein Vierteljahr vorher darauf hinzuweisen."

Über die Rechtswirkungen von § 6 bestimmt der ME. vom 24. 8. 1928 — U II 1357 — folgendes: „§ 6 ... besagt nicht, daß ein Schüler versetzt werden m u ß, falls die Erziehungsberechtigten nicht rechtzeitig Nachricht erhalten. Diese Bestimmung soll vielmehr die Verpflichtung der Schule ausdrücklich begründen, die Erziehungsberechtigten rechtzeitig von der Zweifelhaftigkeit der Versetzung ... in Kenntnis zu setzen. Es ist selbstverständlich, daß die Erziehungsberechtigten auch dann zu unterrichten sind, wenn ein Rückgang in den Leistungen ... erst nach dem im § 6 genannten Zeitpunkt eintreten sollte ..."; im übrigen vgl. unten S. 83.

Über die Versetzungen unter dem Gesichtspunkt der Schülerauslese bestimmt der ME. vom 10. 2. 1931 — U II 77 pp. — (ZBlUV. S. 67) unter III folgendes:

„...

4. Nach der Versetzungsordnung von 1927 für höhere Schulen sind für die Entscheidung der Konferenz nicht mehr bestimmte Prädikate bindend. Diese Änderung ist nicht als eine Milderung der Versetzungsbestimmungen aufzufassen. Es gilt nach wie vor und im Sinne dieses Erlasses jetzt mit besonderem Gewicht, daß nur derjenige Schüler versetzt werden soll, der nach seiner Gesamtpersönlichkeit und dem Gesamtbild seiner Leistungen die Gewähr dafür gibt, daß er in der nächsten Klasse erfolgreich mitarbeiten kann...."

Über die Versetzungen von Schülern der Mittelschulen trifft nähere Bestimmung der ME. vom 7. 3. 1918 — U III D 1543/16 — (ZBlUV. S. 333), ergänzt durch den ME. vom 21. 7. 1928 — U III D 21 783 — (ZBlUV. S. 246).

13. Diese Bestimmung beruht auf der Vereinbarung der Länder über die gegenseitige Anerkennung der Reifezeugnisse, bekanntgegeben durch den ME. vom 6. 5. 1931 — U II 566 — (ZBlUV. S. 148), und zwar auf § 10 (s. oben S. 69) und § 11, der bestimmt: „Der Wechsel der Lehranstalt darf dem Schüler hinsichtlich der ordnungsmäßigen Lehrdauer (§ 4 Abs. 1 und § 5 Abs. 1 und 3) keinen Zeitgewinn einbringen."

Eine Ausnahme in diesem Sinne liegt vor bei den sogenannten Springern, über die der ME. vom 26. 3. 1926 — U II 466 pp. — (ZBlUV. S. 154) folgendes bestimmt:

„Auch ohne Regelung durch allgemeine Bestimmungen ist es seit langem üblich, einzelne Schüler der höheren Schule in ganz besonders liegenden Fällen Klassen überspringen zu lassen. Die Schulen scheinen sich dieser Möglichkeit gegenüber sehr verschieden zu verhalten, vielfach scheint sie in Vergessenheit geraten zu sein. Wenn ich die Schulen auf diese Möglichkeit hinweise, so beabsichtige ich nicht, eine Frage, bei deren Lösung immer die Lage des Einzelfalles entscheidend sein wird, zum Gegenstand einer allgemeinen Regelung zu machen. Es wird, bis größere praktische Erfahrungen vorliegen und etwa eine Vereinbarung der Unterrichtsverwaltungen der deutschen Länder zustande kommt, genügen, durch einige allgemeine Hinweise der Praxis der einzelnen Schulen eine einigermaßen einheitliche Richtung zu geben. Dieser Hinweis ist zudem unentbehrlich, weil in Auswirkung der Grundgedanken der Neuordnung des höheren Schulwesens und der demnächst erscheinenden Reifeprüfungsordnung die Befreiung einzelner geeigneter Schüler von den Hemmungen des klassenweisen Aufbaus der höheren Schule eine innere Notwendigkeit ist. Dazu tritt gerade jetzt die naheliegende Erwägung, für geeignete Schüler außer der durch das Reichsgesetz vom 18. April 1925 ermöglichten Verkürzung der Grundschulzeit, die vielfach aus Besorgnis vor Verfrühung im Kindesalter abgelehnt wird, eine oft weniger bedenkliche Verkürzung der Schuldauer im späteren Alter zu schaffen.

Der klassenweise Aufbau der höheren Schule und ihre Gliederung in neun bzw. sechs Jahrgänge, für die große Mehrzahl der Schüler nach wie vor unentbehrlich, darf durch das Springen nicht in Frage gestellt werden. Die unterrichtliche und erzieherische Arbeit der Schule und Klasse als Einheit ist ohne Rücksicht auf das schnellere Durchlaufen einzelner Schüler ausschließlich auf die planmäßige Dauer der höheren Schule einzustellen.

Springen dürfen nur besonders leistungsfähige Schüler. Ich verweise auf die Bestimmung dieses Begriffs in den Richtlinien zur Durchführung des Reichsgesetzes, betreffend den Lehrgang der Grundschule (Zentrbl. 1926 S. 63), die auch hier passen wird. Vor und während der Reifezeit sind die oft tiefgehenden inneren Wandlungen in dieser Zeit sorgsam in Rechnung zu stellen.

Es wird sich in der Regel mehr empfehlen, den Schüler im Laufe des Schuljahres, nicht schon bei seinem Beginn, in die nächsthöhere Klasse übergehen zu lassen. Mehrmaliges Springen desselben Schülers wird in der Regel nicht zu gestatten sein.

Die unterste Klasse der höheren Schule — der grundständigen wie der Aufbauschule — darf nicht übersprungen werden, weil planmäßige Schularbeit Teilnahme am Unterricht der Anfangsklasse voraussetzt. Der unmittelbare Übergang von der dritten oder vierten Grundschulklasse zur Quinta oder von der siebenten Volksschulklasse zur Obertertia einer Aufbauschule muß daher ausgeschlossen bleiben....

Springen ist nur im Einverständnis mit dem Erziehungsberechtigten zuzulassen. Die Entscheidungen trifft die Klassenkonferenz.

Alle diese Grundsätze gelten sinngemäß auch für die mittlere Schule."

14. Durch die Bestimmungen über die Versetzung der Schüler und Schülerinnen an den höheren Schulen Preußens vom 11. 8. 1927 war bereits die Anordnung der Dienst-

anweisung über die Aufnahme eines Schülers in die nächsthöhere Klasse aufgehoben. Der ME. vom 9. 3. 1928 — U II 77 — stellt nochmals klar, daß es nicht mehr der Genehmigung des PSK. bedarf, wenn Schüler, die die Schule verlassen haben, ohne in die nächsthöhere Klasse versetzt zu sein, nach Ablauf eines Schulhalbjahres in eine höhere Klasse aufgenommen werden sollen.

15. In diesem Falle ist aber die Aufnahmeprüfung ausnahmslos erforderlich.

16. Hier liegt dann nicht eine Aufnahme mit Widerrufsvorbehalt (s. oben S. 61) vor, sondern eine Aufnahme in die höhere Schule ist überhaupt noch nicht erfolgt.

17. Hierzu bestimmt der ME. vom 21. 7. 1926 — U II 1328 U III D — (ZBlUV. S. 283) folgendes: „Bei Beurlaubung von Schülern höherer Schulen aus Gesundheitsrücksichten wird ... der Erfolg einer Kur bisweilen dadurch beeinträchtigt, daß die Urlaubsfrist zu kurz bemessen ist und bei Überschreitung eine Aufnahmeprüfung von dem an die alte Schule zurückkehrenden Schüler gefordert wird. Die Leiter der höheren Schulen werden dem dadurch Rechnung zu tragen haben, daß sie in solchen Fällen von einer erneuten Aufnahmeprüfung regelmäßig absehen und sich da, wo begründete Zweifel bestehen, mit zunächst versuchsweiser Aufnahme in die alte Klasse begnügen."

§ 5.

Grenzen der Aufnahme.

(1) Über die Aufnahme neuer Schüler wird innerhalb der Grenzen entschieden, die sich aus den allgemein angeordneten Höchstbesuchszahlen[1]) und den Raumverhältnissen der vorhandenen[2])[3]) Klassen ergeben.

(2) Im Einzelfalle darf die Aufnahme auch sonst nur bei zwingenden Gründen verweigert werden.[4])[5])[6])[7])

(3) Die Schulaufsichtsbehörde sorgt, soweit möglich, für Durchführung des einmal aufgenommenen Schülers durch den vollständigen Lehrgang der einzelnen Schule; ein Rechtsanspruch hierauf wird indes durch die Aufnahme des Schülers nicht begründet.[8])

Anmerkungen.

1. Durch die ME. vom 28. 2. 1867 — U 4744 — (ZBlUV. S. 273), 8. 11. 1922 — U II 672 — (ZBlUV. S. 483), 8. 3. 1923 — U II 672 IV U II W — (ZBlUV. S. 156) und 13. 4. 1929 — U II 444 — (ZBlUV. S. 142) sind die

Klassenhöchstbesuchszahlen für die höheren Schulen für die männliche Jugend wie folgt festgesetzt: Sexta bis Quarta 50, Untertertia bis Untersekunda 44, Obersekunda bis Oberprima 33. Für die höheren Schulen für die weibliche Jugend, für die bisher teilweise andere Zahlen galten, ist durch den ME. vom 26. 2. 1931 — U II 300 — (ZBlUV. S. 84) die gleiche Höchstbesuchszahl für die entsprechenden Klassenstufen festgesetzt worden.

Für die mittleren Schulen hat der ME. vom 12. 9. 1921 — U III D 1578 pp. — (bei Stolze S. 200) für die Unter- und Mittelstufe der Mittelschulen die Zahl 50 festgesetzt, deren Überschreitung um 10 v. H. durch den ME. vom 24. 3. 1924 — U III D 1108 — (ZBlUV. S. 109) zugelassen worden ist.

2. Hiermit ist klargestellt, daß der Unterhaltsträger der gehobenen Schulen nicht gezwungen ist, Klassen über die bisher vorhandene Zahl hinaus zu eröffnen. Andererseits ergibt sich aus der Entscheidung des OVG. (oben S. 49), daß über die Aufnahme der Schüler der Staat entscheidet, daß also bei den nicht vom Staat verwalteten Schulen, insbesondere bei den gemeindlichen Schulen, bei einer höheren Zahl von Anmeldungen, als Plätze vorhanden sind, und zwar auch bei erfolgreicher Prüfung, nicht die Gemeindezugehörigkeit für die Aufnahme entscheidend ist. Diesbezügliche Anweisungen des Unterhaltsträgers an den Anstaltsleiter wären unwirksam.

3. Über die Beschränkung der Klassenzahlen bei den staatlichen und vom Staat verwalteten Schulen überhaupt vgl. den ME. vom 26. 2. 1931 — U II 300 — (ZBlUV. S. 84).

4. Das entspricht der Sachlage, wie sie schon durch die Dienstanweisungen bisher gegeben war. Eine über den bisherigen Rechtszustand hinausgehende Einschränkung der Entscheidungsfreiheit des Anstaltsleiters liegt nicht vor (a. M. Gaede S. 22).

5. Besondere Bestimmungen, die hierdurch nicht aufgehoben sind, bestehen für die Aufnahme von Mädchen in Knabenschulen. Nach den ME. vom 3. 7. 1922 — U II 695 — (ZBlUV. S. 337) und 24. 4. 1923 — U II 481 — bedarf eine solche Aufnahme stets der Genehmigung des PSK., auch wenn die betreffende Schule bereits von Schülerinnen besucht wird und sich aus den vorzulegenden Unterlagen Bedenken gegen die Aufnahme des Mädchens nicht ergeben; liegen diese Voraussetzungen nicht vor, dann ist sogar die Genehmigung des Ministers erforderlich. In Knabenschulen dürfen nur Mädchen aufgenommen werden, die besonders

begabt sind und deren Gesundheitszustand zu Bedenken keinen Anlaß gibt. Eine Aufnahmeprüfung ist als Regel vorgeschrieben. Von ihr und der Beibringung eines ärztlichen Zeugnisses kann abgesehen werden, wenn das Mädchen bereits von einer Knabenschule oder auch, bei Übereinstimmung der Lehrpläne, von einer Studienanstalt kommt. Lehrerkollegium und Elternbeirat der Knabenschule sowie bei nichtstaatlichen Schulen auch die zuständigen städtischen Körperschaften müssen mit der Aufnahme der Mädchen einverstanden sein.

6. Wegen der Sonderbestimmungen bei Aufnahme in die höheren Schulen in Aufbauform, in die Staatlichen Bildungsanstalten und in die Frauenschulen vgl. oben S. 60.

7. Diese Formulierung legt die Frage nahe, ob ein subjektives öffentliches Recht auf Aufnahme in eine öffentliche mittlere oder höhere Schule besteht. Nach Art. 143 Abs. 1 RV. ist für die Bildung der Jugend „durch öffentliche Anstalten zu sorgen". Damit ist den öffentlichen Körperschaften die grundsätzlich vollständige Befriedigung aller Schulbedürfnisse durch öffentliche Schulen als verfassungsmäßige Pflicht auferlegt. Der wahre Inhalt und die Zielrichtung dieser Verfassungsbestimmung ergeben sich aber erst im Vergleich zu Art. 147: Es soll hier verfassungsrechtlich das Primat der öffentlichen Schulen vor den privaten festgelegt werden (Landé, Schule S. 149, Anschütz PrV. S. 380). Nicht dagegen ist aus Art. 143 zu folgern, daß damit jedermann auch ein Rechtsanspruch auf Unterricht in dem von ihm gewünschten Sinne, insbesondere in der höheren Schule, eröffnet worden ist (vgl. hierzu Urteil des OVG. Hamburg vom 30. 10. 1923 in der Hanseatischen Rechtszeitschrift 1924 S. 111). Öffentliche Schulen sind zwar in ausreichender Menge bereitzustellen; schweigen aber die Gesetze darüber, wer zu ihnen Zugang haben soll, so bestimmt die Unterrichtsverwaltung nach pflichtgemäßem Ermessen, unter welchen Voraussetzungen Schüler aufgenommen werden. Auch wenn diese Voraussetzungen allgemein normiert und die Anstaltsorgane gehalten sind, hiernach zu verfahren, so ist dadurch ein Rechtsanspruch des Einzelnen auf Zulassung nicht geschaffen, sondern lediglich der allgemeine Anspruch des Staatsbürgers entstanden, daß den Bestimmungen gemäß von den Verwaltungsorganen verfahren werde („Gesetzesvollziehungs-, Interessenbefriedigungsanspruch", Fleiner S. 172). Ein solcher Rechtsanspruch auf Aufnahme ist auch nicht etwa aus § 4 der Städteordnung für die östlichen Provinzen bzw. der Rheinprovinz sowie § 8 der Landgemeindeordnung herzuleiten, die den Einwohnern ein subjektives öffentliches Recht

auf Mitbenutzung der öffentlichen Gemeindeanstalten geben. Die vielfach erörterte Streitfrage, ob die von Gemeinden unterhaltenen Schulen Staatsanstalten oder Gemeindeanstalten sind (vgl. hierzu OVG. Bd. 21 S. 39, Bd. 28 S. 155, Bd. 64 S. 343 und in PrVBl. 22 S. 204; RGZ. Bd. 53 S. 183, Bd. 58 S. 31, Bd. 84 S. 27, Bd. 97 S. 312), kann hierfür außer Betracht bleiben, nachdem das OVG. (in ZBlUV. 1931 S. 36) entschieden hat, daß die Aufnahme eines Schülers zu den inneren Schulangelegenheiten gehört, über die dem Staate das alleinige Bestimmungsrecht zusteht. Damit ist gleichzeitig klargestellt, daß die oben genannten Bestimmungen auf öffentlichen Schulen keine Anwendung finden können (vgl. auch OVG. Bd. 21 S. 35 und in PrVBl. 22 S. 204), so daß § 18 Abs. 1 ZG., der über Ansprüche auf Mitbenutzung der öffentlichen Gemeindeanstalten das Verwaltungsstreitverfahren eröffnet, hier nicht Platz greift.

Allerdings ist nicht zu verkennen, daß das Primat der öffentlichen Schule ihr insofern eine gewisse rechtliche Monopolstellung gibt, als sich niemand auf die Benutzung privater Schulen verweisen zu lassen braucht, und daß weiter häufig die öffentliche Schule als einzige Schule am Ort oder in erreichbarer Nähe ein tatsächliches Monopol besitzt. Nimmt man hinzu, daß aus dem Begriff der Öffentlichkeit die Zugangsmöglichkeit für jeden, der die Bedingungen erfüllt, folgt, so wird man dazu kommen, daß für die öffentlichen Wahlschulen ein gewisser „Kontrahierungszwang" besteht (RGZ. Bd. 133 S. 390). Abs. 2 von § 5 der SchO. ist als Ausdruck dieser Rechtslage zu werten. Damit ist seine Bedeutung erschöpft; er stellt lediglich einen Dienstbefehl an die Anstaltsorgane dar. Er kann aber nicht angesehen werden als eine Norm, die den allgemeinen Gesetzesvollziehungsanspruch des Staatsbürgers zum subjektiven öffentlichen Recht steigert. Ein im Rechtswege verfolgbarer Anspruch auf Aufnahme in öffentliche mittlere oder höhere Schulen ist also nicht gegeben. Bei Verweigerung der Aufnahme ist lediglich die Dienstaufsichtsbeschwerde möglich.

8. Diese Erklärung ist nach ihrem ganzen Inhalt durchaus unverbindlich. Soweit es sich nicht um vom Staate unterhaltene höhere Schulen handelt, ist über diese Sorge der Durchführung des Schülers durch den Lehrgang der Schule in den Ausführungsbestimmungen vom 21. 10. 1892 zu § 3 des Gesetzes vom 25. 7. 1892 (ZBlUV. S. 213) folgendes gesagt:

„Nach dem zweiten Absatz des § 3 verbleibt den Gemeinden die Befugnis in dem bisherigen Umfange, die Aufhebung der von ihnen unterhaltenen Anstalten zu beschließen.

Eine derartige Aufhebung darf jedoch nicht ohne weiteres und nicht auf einmal geschehen, sondern bedarf aus den im Erlasse vom 31. Jan. 1835 (v. Kamptz, Annalen, Bd. XIX S. 154) entwickelten Gründen der diesseitigen Genehmigung und kann in der Regel, um die berechtigten Interessen der Schüler und ihrer Eltern nicht zu schädigen, nur stufenweise von unten auf zugelassen werden (zu vgl. Sten.Ber. der Sitzung des Herrenhauses v. 17. Juni 1892). Anträge auf Ausnahmen hiervon bedürfen spezieller Begründung. Die Entscheidung über die Aufhebung und über die Maßgaben, unter denen dieselbe zu erfolgen hat, behalte ich mir vor."

Wesentlich praktische Bedeutung dürfte diese Stellungnahme der Unterrichtsverwaltung heute allerdings nicht mehr haben, nachdem das OVG. im Zuge seiner bisherigen Rechtsprechung (OVG. Bd. 23 S. 87, Bd. 37 S. 179, Bd. 64 S. 343) durch Urteil vom 7. 2. 1928 (in PrVBl. 49 S. 768) neuerdings wieder entschieden hat, daß öffentliche höhere Schulen, die selbständige juristische Persönlichkeit besitzen, gemäß ALR. II 6 § 180 zwar nur mit Genehmigung des Staates wieder aufgelöst werden können, daß aber die Pflicht zur Einholung dieser Genehmigung nicht zugleich die weitere Verpflichtung begründe, für die späteren Bedürfnisse dieser juristischen Person weiter aufzukommen. Die Schule kann also auf einmal geschlossen werden, so daß den aufgenommenen Schülern die Möglichkeit des weiteren Schulbesuchs an diesem Ort oder in dieser Schule tatsächlich genommen wird.

§ 6.

Aufnahmegebühr.

Bei der Aufnahme kann eine Aufnahmegebühr erhoben werden.[1][2][3]

Anmerkungen.

1. Für die öffentlichen höheren Schulen ist durch § 5 Abs. 1 Satz 2 des Schulgeldgesetzes vom 18. 7. 1930 (GS. S. 202) die Erhebung einer Aufnahmegebühr ausdrücklich für zulässig erklärt worden. Die AusfAnw. dazu vom 26. 6. 1931 — U II 76 III pp. — (ZBlUV. S. 196) bestimmt in Ziff. 12:

„Zulässig bleibt:

a) Die Erhebung einer Aufnahmegebühr (§ 5 Abs. 1 Satz 2). Die geltenden Vorschriften bleiben unberührt. Die Provinzialschulkollegien werden ermächtigt, an den nichtstaatlichen öffentlichen höheren Schulen die Erhebung einer Aufnahmegebühr bis zur Höhe der jeweils an staatlichen höheren Schulen erhobenen zu genehmigen; ...."

Für die staatlichen höheren Schulen beträgt die Aufnahmegebühr nach dem ME. vom 13. 3. 1924 — U II 2519 pp. — (ZBlUV. S. 105) 5 RM; bei den nichtstaatlichen höheren Schulen ist die Erhebung einer geringeren oder gar keiner Gebühr zulässig, die Überschreitung des staatlichen Satzes dagegen unzulässig.

2. Für die öffentlichen mittleren Schulen sind besondere Bestimmungen über die Aufnahmegebühr nicht ergangen. Doch erklärt der ME. vom 7. 7. 1931 — U III D 6311 U II: „Gegen die Neueinführung einer Aufnahmegebühr an den öffentlichen mittleren Schulen bestehen bei der gegenwärtigen wirtschaftlichen Lage weiter Bevölkerungskreise erhebliche Bedenken. Die Regierung ersuche ich deshalb, auf die Schulträger im Wege der Verhandlung dahin einzuwirken, daß sie von der Neueinführung derartiger Abgaben im jetzigen Zeitpunkte tunlichst absehe."

3. Bei Anstaltswechsel ist grundsätzlich die Aufnahmegebühr zu entrichten; für die staatlichen höheren Schulen ist das zwingend vorgeschrieben durch § 51 der Kassenordnung: „Die Erhebung des Eintrittsgeldes kann überhaupt nicht nachgelassen werden."

Nach den ME. vom 19. 6. 1899 — U II 1468 — (ZBlUV. S. 660), 10. 8. 1921 — U II 16130 II — (ZBlUV. S. 328) und 2. 10. 1926 — U II 1732 — (ZBlUV. S. 352) darf jedoch eine Aufnahmegebühr nicht erhoben werden bei Kindern von Beamten, Militärpersonen und Angestellten öffentlicher Behörden, wenn sie infolge Versetzung des Vaters die Schule wechseln. Nach dem ME. vom 3. 3. 1932 — U II 242 — (ZBlUV. S. 102) fällt die Gebühr ferner weg, wenn der Anstaltswechsel infolge Abbaues einer Schule oder bestimmter Klassen notwendig geworden ist. Die Unterhaltsträger der nichtstaatlichen öffentlichen höheren Schulen sind allerdings an diese Sonderbestimmungen nicht gebunden, sofern sie nicht zur Bedingung der Bewilligung eines Staatszuschusses gemacht sind.

§ 7.

Gastschüler.

Gastschüler [1] werden nur ausnahmsweise aus besonderen Gründen zugelassen,[2] in der Regel jedoch nicht zur Teilnahme an einzelnen Unterrichtsfächern.[3][4]

Anmerkungen.

1. Gastschüler ist nicht das gleiche wie Gastschulkind im Sinne von § 5 des Volksschulunterhaltungsgesetzes vom

28. 7. 1906 (GS. S. 335); es bedeutet hier Schüler, die ihrer Vorbildung nach oder aus sonstigen Gründen die Bedingungen für die Aufnahme als Vollschüler nicht zu erfüllen vermögen. Gastschüler sind andererseits aber auch nicht nur „versuchsweise aufgenommene" Schüler.

2. Nach den Dienstanweisungen ist bei Knabenschulen zur Aufnahme von Gastschülern die Genehmigung des PSK. erforderlich, bei den Mädchenschulen ist sie außer in den Oberlyzeen, die einen gemeinsamen Unterricht mit der Frauenschule vorsehen, nicht zulässig. Für Frauenschulen sind besondere Bestimmungen getroffen worden durch den ME. vom 31. 12. 1917 — U II W 405 II pp. — (ZBlUV. 1918 S. 276), ergänzt durch die ME. vom 18. 5. 1920 — U II W 971 —, 12. 3. 1921 — U II W 150 U III — (ZBlUV. S. 157) und 28. 12. 1922 — U II W 3606 — (ZBlUV. 1923 S. 38).

3. Nach dem ME. vom 5. 12. 1928 — U II 12540 pp. — sind die Anstaltsleiter ermächtigt, über die gelegentliche Teilnahme am Klassenunterricht von ausländischen Schülern, die vorübergehend in Deutschland weilen, selbständig zu entscheiden.

4. Hinsichtlich ihrer Pflichten werden die Gastschüler im allgemeinen wie Vollschüler zu behandeln sein; sie haben das gleiche Schulgeld zu zahlen (für Frauenschulen ausdrücklich entschieden durch den ME. vom 22. 6. 1918 — U II W 693 —), sie unterliegen auch der Anstaltsgewalt und damit der SchO.

B. Abgang.[1]

§ 8.

(1) Dem Abgange eines Schülers muß eine rechtzeitige mündliche oder schriftliche Abmeldung durch den Erziehungsberechtigten oder seinen Vertreter vorhergehen (vergl. § 21 Abs. 2).[2][3][4][5][6][7]

(2) Schüler, die zweimal in derselben Klasse oder je einmal in unmittelbar aufeinanderfolgenden Klassen nicht haben versetzt werden können,[8] müssen die Schule verlassen, wenn nach dem Urteil der Klassenkonferenz ein längeres Verweilen auf ihr voraussichtlich erfolglos bleiben würde.[9] Ein solcher Beschluß der Klassenkonferenz kann mit Dreiviertelmehrheit für Schüler der untersten Klassen der Unter-, Mittel- und Oberstufe der höheren und der Klassen VI und III der mittleren Schulen schon nach einjährigem Besuch dieser Klassen gefaßt werden.[10][11] Doch

ist es für derartige — nicht als Strafe anzusehende — Maßnahmen erforderlich, daß den Eltern oder ihren Vertretern mindestens ein Vierteljahr vorher von dieser Möglichkeit Mitteilung gemacht worden ist.[12])[13])

Anmerkungen.

1. Ein ordnungsmäßiger Abgang eines Schülers liegt nur dann vor, wenn der Verwaltungsakt der Aufnahme durch den Verwaltungsakt der Entlassung aus der Schule wieder aufgehoben wird. Bloßes Fernbleiben vom Unterricht ist kein Abgang in diesem Sinne und bringt die Pflichten des Anstaltsbenutzers noch nicht zum Erlöschen; das ist hier nur für das Schulgeld besonders ausgesprochen durch den ausdrücklichen Hinweis auf § 21 Abs. 2 der SchO. (hierüber s. unten S. 137).

2. Nach den Dienstanweisungen hat der Anstaltsleiter beim Abgange eines Schülers darauf zu achten, ob der Schüler noch schulpflichtig ist. Gemäß § 3 Abs. 1 des Schulpflichtgesetzes vom 15. 12. 1927 endet die Schulpflicht nach Ablauf von 8 Jahren mit Schluß des Schuljahres. Da nach § 4 Abs. 4 des genannten Gesetzes während des Besuches einer mittleren oder höheren Schule die Schulpflicht nur ruht, bestimmt der ME. vom 19. 7. 1926 — U II 213 U III D — (ZBlUV. S. 250), unter Abänderung der Dienstanweisung, folgerichtig, daß in jedem Falle, in dem ein noch schulpflichtiger Schüler eine höhere Schule verläßt, die zuständige Ortsschulbehörde zu benachrichtigen ist. Für die mittleren Schulen gilt diese Bestimmung nach dem ME. vom 2. 12. 1927 — U III D 21949 U III A — sinngemäß; die abgehenden Schüler erhalten hiernach auch kein Abgangs-, sondern ein sogenanntes Überweisungszeugnis.

3. Schüler, die am 1. April eine Berufsstellung (Lehre, Dienst usw.) antreten müssen, sind nach dem ME. vom 11. 3. 1922 — U II 213 pp. — (ZBlUV. S. 118) auf Antrag der Erziehungsberechtigten rechtzeitig aus der Schule zu entlassen, falls Ostern später als auf den 1. April fällt.

4. Durch die ME. vom 28. 7. 1906 — U II 7399 — (ZBlUV. S. 620), 17. 9. 1907 — U II 3431 — (Beier S. 190), 11. 9. 1912 — U II 2240 II — (ZBlUV. 1913 S. 240), 6. 11. 1920 — U II 1938 — (ZBlUV. S. 687) ist für gewisse Klassen der höheren Knabenschulen, durch die ME. vom 21. 4. 1911 — U II 16823 — (ZBlUV. S. 383) und vom 22. 5. 1914 — U II 17022 — (ZBlUV. S. 472) für die höheren Mädchenschulen zugelassen, daß ein Abgang mit dem Zeugnis der Reife für die nächsthöhere Klasse bereits nach

eineinhalbjährigem Besuch einer Klasse unter gewissen Voraussetzungen erfolgen kann.

Für die Schüler der ersten Klasse der Mittelschulen gilt diese Regelung nach dem ME. vom 6. 6. 1914 — U III D 1681 — nicht.

5. Nach Art. 148 Abs. 3 Satz 2 RV. erhält jeder Schüler bei Beendigung der Schulpflicht einen Abdruck der Reichsverfassung. Diese Vorschrift, die unmittelbar geltendes Recht darstellt, wird man zweckmäßigerweise wohl so auszulegen haben, daß nicht das Ende der Schulpflicht, sondern — im Hinblick auf die weiterführenden Schulen — das tatsächliche Ende des Schulbesuchs gemeint ist (Landé, Schule S. 187): vgl. auch den ME. vom 12. 3. 1921 — U III A 368 pp. — (ZBlUV. S. 157).

6. Nach den Dienstanweisungen sind auf allen Abgangszeugnissen die Gründe für den Abgang des Schülers anzugeben; über die sonstigen Bestimmungen für Abgangszeugnisse vgl. oben S. 53.

7. Wenn ein Schüler beim Abgang von der Schule — abgesehen von rückständigem Schulgeld, dessen Beitreibung besonders geregelt ist (vgl. die ME. vom 29. 11. 1929 — U II 1686 — und 3. 3. 1930 — U II 343 —) seine Verpflichtungen gegenüber der Schule noch nicht erfüllt hat, z. B. der Anstalt gehörende Bücher u. dgl. nicht zurückgegeben hat, so wird man die Schule für berechtigt ansehen müssen, das Abgangszeugnis nicht auszuhändigen. Für die Herausgabe des zurückbehaltenen Zeugnisses ist dann nicht der Rechtsweg, sondern nur die Beschwerde zulässig (DJZ. XVI S. 1279 und OVG. vom 20. 9. 1929 — VIII A 29/29).

8. Über die Versetzungsbestimmungen s. oben S. 72. Die Maßnahmen gegen die Schüler, die je einmal in unmittelbar aufeinanderfolgenden Klassen nicht haben versetzt werden können, waren über die bisherigen Versetzungsbestimmungen hinaus bereits durch III Ziff. 2 des ME. vom 10. 2. 1931 — U II 77 pp. — (ZBlUV. S. 67) angeordnet worden.

9. Für diesen Beschluß genügt aber einfache Stimmenmehrheit.

10. Auch hier liegt eine weitere, bereits durch den ME. vom 10. 2. 1931 — U II 77 pp. — angeordnete, Verschärfung der Versetzungsbestimmungen vor.

11. Über die Rechtswirkungen einer solchen Entlassung bestimmt der ME. vom 5. 11. 1931 — U II 729 II U III D — folgendes: „Die Schüler, die aus der untersten Klasse der Mittelstufe oder der Oberstufe ... entlassen werden, ... sind

ebenso zu behandeln wie Schüler, die nach § 5 der Versetzungsordnung nach zweijährigem Besuch der Anstalt entlassen werden. Hiernach erstreckt sich die Entlassung nur auf die betreffende Anstalt. Bei einem Antrage auf Aufnahme in eine andere Anstalt ist nach § 7 der Versetzungsordnung zu verfahren." Zu diesem ME. s. oben S. 62.

12. Hiernach würde also — anders als in den ähnlichen Fällen einer vorgeschriebenen Benachrichtigung der Erziehungsberechtigten (s. oben S. 62) — eine Außerachtlassung dieser Anordnung die Entlassung des Schülers unwirksam machen.

13. Nach dem ME. vom 10. 2. 1931 — U II 77 pp. — unter III Ziff. 3 ist die Schule angewiesen, während des ganzen Schuljahres sorgfältig zu prüfen, ob Schüler vorhanden sind, die sich nach ihren Anlagen für die Arbeit in einer mittleren oder höheren Schule nicht eignen; die Erziehungsberechtigten sind bei der Überleitung solcher Schüler auf einen anderen Bildungsweg in jeder möglichen Weise zu unterstützen.

C. Teilnahme an Schulveranstaltungen.

§ 9.

Allgemeines.

Die Schüler sind zum regelmäßigen und pünktlichen Besuch des Unterrichts[1]) und der sonstigen Veranstaltungen[2]) der Schule verpflichtet.[3])[4])[5])

Anmerkungen.

1. Über den Umfang des Unterrichts vgl. oben S. 44. Aus erzieherischen Gründen angeordnete Nachsitzstunden, soweit solche bestimmungsgemäß zulässig sind, gehören zum Unterricht (KG. in DJZ. 1926 S. 1502). Wegen des Religionsunterrichts vgl. unten S. 103.

2. Der Begriff der „Veranstaltung" ist nicht eindeutig und allumfassend zu umschreiben. Nach der Praxis fallen hierunter im allgemeinen Schulfeiern, Schulfeste und Schulausflüge. Über die Zulässigkeit der Anordnung solcher Veranstaltungen hat sich das KG. (im Volksschularchiv Bd. 12 S. 324) wie folgt geäußert: „Die Schulbehörde kann Schulfeiern und Schulfeste ansetzen, die den auf Belehrung, Unterweisung und Erziehung gerichteten Zielen der Schule dienen sollen. Unerheblich ist es hierbei, ob die Schulfeste in den eigentlichen Schulräumen oder außerhalb dieser Räume und

an Tagen, die sonst schulfrei zu sein pflegen, abgehalten werden .....". Diese Entscheidung gilt zwar nur für die Volksschulen, ist aber für die Wahlschulen erst recht anwendbar.

Über die vielfach umstrittene Frage der Teilnahme an den Verfassungsfeiern hat das KG. in einem Urteil vom 12. 2. 1932 (ZBlUV. S. 130) Nachstehendes grundsätzlich ausgeführt: „.... Die verfassungsfeindliche Einstellung dieses Angeklagten und seines Sohnes bildete weder objektiv einen genügenden Grund, diesen Sohn der von der Schule veranstalteten Verfassungsfeier fernzuhalten, noch ist die etwaige Annahme des Angeklagten, diese Einstellung bilde einen solchen Grund, geeignet, ein subjektives Verschulden des Angeklagten auszuschließen. Der Senat nimmt in ständiger Rechtsprechung (vergl. die Urteile vom 14. Dezember 1928 — 1 S. 696/28 —, 19. November 1929 — 1 S. 572/29 —, 25. März 1930 — 1 S. 134/30 —) den Standpunkt ein, daß die Schüler grundsätzlich verpflichtet sind, an den Veranstaltungen der Schule teilzunehmen, und daß dem sorgepflichtigen Elternteil keineswegs das Recht zusteht, in allen Fällen, in denen er mit Maßnahmen der Schulverwaltung nicht einverstanden ist, im Wege der Selbsthilfe sein Recht zu suchen. Das gilt insbesondere gegenüber den von den Schulen auf Weisung des Ministeriums veranstalteten Verfassungsfeiern. Die Gesetze bieten keine Grundlage für die Ansicht des Amtsrichters, diese Feiern müßten ebenso wie religiöse Feiern behandelt werden. Wenn der Religionsunterricht in den Schulen und demgemäß die Teilnahme an Schulveranstaltungen, die mit diesem Unterricht zusammenhängen, anders zu beurteilen sind, so hat dies seinen Grund in der positiven Vorschrift des Art. 149 Abs. 2 RV., die die Teilnahme an diesem Unterricht ausdrücklich freistellt (vergl. JFG. ErgBd. 6 S. 357). Gerade daß es, um dies zu erreichen, einer besonderen Vorschrift bedurfte, zeigt, daß diese Vorschrift einer rechtsähnlichen Anwendung auf andere Verhältnisse nicht zugänglich ist. Die Verfassungsfeier dagegen steht im engsten inneren Zusammenhang mit dem in Art. 148 Abs. 2 RV. vorgesehenen Unterricht in der Staatsbürgerkunde. Wieviel Wert die Verfassung selbst gerade auf Vertrautheit des Volkes mit ihrem Inhalt legt, zeigt die Vorschrift des Art. 148 Abs. 3 Satz 2, nach der jeder Schüler bei Beendigung der Schulpflicht einen Abdruck der Verfassung erhält. Auch diese Vorschrift nimmt keine Rücksicht darauf, in welchem inneren Verhältnis die betreffenden Schüler oder ihre Eltern zu der Verfassung stehen. Danach stellte die Nichtteilnahme des Sohnes des Angeklagten an der Verfassungsfeier sich als Versäumnis einer Schulveranstaltung ohne genügenden Grund dar...."

Die Wandertage sind nach dem ME. vom 29. 7. 1929 — U II 999 U VI — (ZBlUV. S. 269) Gemeinschaftsveranstaltungen der Schule und der einzelnen Klassen. Der Aufenthalt in Landheimen — außerhalb der Ferien — dürfte gleichfalls als Schulveranstaltung anzusehen sein, obwohl eine bestimmte Stellungnahme des Ministeriums hierzu nicht erfolgt ist, der ME. vom 22. 2. 1921 — U II 25179 U II W — (ZBlUV. S. 117) sich vielmehr darauf beschränkt, den PSKen. nur anzuempfehlen, solche Bestrebungen zu wecken und zu fördern.

Wegen der Schulfeiern mit religiösem Charakter vgl. unten S. 105.

3. Wegen der Befreiung vom Unterricht pp. s. unten S. 100.

4. Nichtteilnahme am Unterricht und an Schulveranstaltungen ist Schulversäumnis. Diesen Begriff im Gegensatz zu dem bloßen Zuspätkommen definiert des K.G. (im Volksschularchiv Bd. 4 S. 126) wie folgt: „Schulversäumnis liegt vor, wenn ein bestimmter, in sich abgeschlossener, einem bestimmten Lehrgegenstande dienender Teil des Unterrichts versäumt ist, als welcher sich in der Regel der in einer Schulstunde erteilte Unterricht darstellen wird. Eine kürzere Versäumnis kann nur als ein verspätetes Erscheinen angesehen werden, das durch disziplinare Schulstrafen geahndet zu werden pflegt." Die gleichen Grundsätze wird man auch für die Versäumnis von Schulveranstaltungen anwenden müssen.

5. Geht die Versäumnis des Unterrichts oder der Schulveranstaltung auf den Willen des Erziehungsberechtigten zurück, dann greift § 23 Abs. 2 der SchO. Platz; s. unten S. 164.

§ 10.

Feiertage.

(1) Die anerkannten und herkömmlichen Feiertage[1])[2])[3]) der Religionsgesellschaften sind für deren Angehörige schulfrei, ohne daß es eines besonderen Antrages des Erziehungsberechtigten bedarf.[4]) Das Fehlen an diesen Tagen wird in den Schulzeugnissen nicht als Schulversäumnis vermerkt.

(2) Das gleiche gilt für weltanschauliche Feiertage, die durch besondere Bestimmungen anerkannt sind, auf Wunsch des Erziehungsberechtigten.[5])

(3) Weitergehenden religiös begründeten Wünschen der Erziehungsberechtigten wird auf Antrag Rechnung getragen.[6])[7])[8])

Anmerkungen.

1. Feiertage sind Tage, an denen in öffentlichen und bürgerlichen Angelegenheiten Geschäftsruhe herrscht (RGStr. Bd. 2 S. 389). Nach Art 139 RV. sind die Sonntage und die staatlich anerkannten Feiertage als Tage der Arbeitsruhe und der seelischen Erhebung geschützt. Dieser Schutz greift also bei den Sonntagen allgemein, bei den Feiertagen jedoch nur Platz, wenn sie anerkannt sind. Hinsichtlich der Anerkennung bewendet es in Preußen bei dem bestehenden Recht. Hier bestimmt das ALR. in II 11 § 34: „Die Anordnung öffentlicher Bet-, Dank- und anderer außerordentlicher Festtage hängt allein vom Staat ab" und in § 35: „Inwiefern die bereits angeordneten Kirchenfeste mit Einstellung aller Handarbeiten und bürgerlichen Gewerbe begangen werden sollen oder nicht, kann nur der Staat bestimmen".

2. Die anerkannten Feiertage sind entweder allgemeine Feiertage oder nur konfessionelle. Die allgemeinen Feiertage „Neujahr, Weihnachten, Ostern, Pfingsten und Karfreitag" sind durch das Edikt vom 28. 1. 1778, „Himmelfahrt" durch das Edikt vom 19. 3. 1789, „Totenfest" durch die KO. vom 17. 11. 1816, „Allerheiligen" für die Katholiken durch die KO. vom 5. 7. 1832 (GS. S. 197), 7. 2. 1837 (GS. S. 21) und 22. 7. 1839 (GS. S. 249), „Buß- und Bettag" durch Gesetz vom 12. 3. 1893 (GS. S. 29) anerkannt. „Karfreitag" wurde durch Gesetz vom 2. 9. 1899 (GS. S. 161) in den Gebieten als Feiertag eingeführt, in denen er noch nicht galt. In den Provinzen Hannover, Schleswig-Holstein, Hessen-Nassau ist durch Gesetz vom 9. 5. 1892 (GS. S. 107) eine Angleichung an die altpreußische allgemeine Regelung erfolgt, jedoch ist der „Gründonnerstag" in Schleswig-Holstein als evangelischer Feiertag hinzugefügt. Als katholische Feiertage sind geschützt: der „Epiphaniastag" (6. Januar) und der „Peter-Pauls-Tag" (29. Juni) in Hohenzollern und den überwiegend katholischen Ortschaften der Kreise Fritzlar, Kirchhain, Fulda, Hünfeld, Schlüchtern und Hersfeld; „Fronleichnam" (2. Donnerstag nach Pfingsten), „Mariä Himmelfahrt" (15. August) in diesen Landen und den Kreisen Wolfhagen, Hanau und Gelnhausen; „Mariä Himmelfahrt" auch noch in den Orten gemischter Konfession und den katholischen Gemeinden des ehemaligen Herzogtums Nassau.

Hinsichtlich der konfessionellen Feiertage bestimmt der ME. vom 24. 8. 1921 — U III A 1239 U II. 1 — (ZBlUV. S. 346): „Wenn evangelische Schulen von Schülern katholischen Bekenntnisses besucht werden, so sind die von der katholischen Kirche gebotenen Festtage für diese Schüler als schulfrei anzusehen, ohne daß es eines besonderen Antrages der Eltern bedarf. Es ist daher auch nicht zulässig, das Fehlen an diesen Tagen in den Schulzeugnissen als Schulversäumnisse zu vermerken. Das gleiche gilt sinngemäß für evangelische Schüler in katholischen Bekenntnisschulen sowie für jüdische Schüler in christlichen Schulen."

3. Als herkömmlich wird man diejenigen kirchlichen Festtage bezeichnen können, die staatlich nicht anerkannt sind. Den Kirchen steht es nach Art. 137 RV. frei, die Zahl der kirchlichen Feiertage zu vergrößern oder zu verkleinern.

Für die evangelischen Schüler gilt als herkömmlicher Feiertag der Gedenktag der Reformation; vgl. ME. vom 15. September 1926 — U III A 1562 pp. — (ZBlUV. S. 342). Für die katholischen Schüler ist durch ME. vom 26. 7. 1929 — U III A 894 pp. — (ZBlUV. S. 269) folgendes bestimmt: „An den kirchlichen gebotenen katholischen Feiertagen: Heilige Drei Könige, Fronleichnam, Peter und Paul, Allerheiligen und Mariä Empfängnis fällt der Unterricht an den mir unterstellten Schulen für katholische Schüler und Lehrer aus. An Schulen, die auch von nichtkatholischen Schülern besucht werden, fällt der Unterricht auch für diese Schüler aus, wenn nach dem Ermessen des Schulleiters ein fruchtbringender Unterricht für sie nicht möglich ist."

4. Das ist bei den staatlich anerkannten Feiertagen selbstverständlich.

5. Weltanschauliche Feiertage sind bisher nicht anerkannt. Der 1. Mai war nach dem Gesetz vom 17. 4. 1919 (RGBl. S. 393) nur im Jahre 1919 ein Feiertag. Nach den ME. vom 24. 4. 1922 — U III A 776 pp. — (ZBlUV. S. 196) und vom 23. 4. 1924 — U III A 722 U II — (ZBlUV. S. 144) ist Gesuchen von Erziehungsberechtigten auf Befreiung eines Schülers vom Unterricht am 1. Mai zu entsprechen.

6. Für die jüdischen Kinder bestimmt der ME. vom 6. 5. 1859 — U 9333 — (Wiese Bd. 1 S. 328): „Die Annahme, welche das Königl. Provinzialschulkollegium mit Berufung auf Art. 12 der Verfassungsurkunde vertritt, daß es für jüdische Eltern, die ihre Söhne in christliche Schulen schicken, zu den bürgerlichen Pflichten gehöre, dieselben auch Sonnabends am Unterricht teilnehmen zu lassen, und daß deshalb eine Dispensation der Juden für diesen Tag nicht zu gestatten sei, kann als zutreffend nicht angesehen werden. Die Schulverwaltung kann den Ansprüchen solcher Eltern, welche aus religiösen Motiven ihre Söhne am Sonnabend ganz oder für die Stunden des Gottesdienstes vom Schulbesuch entbunden zu sehen wünschen, die gebührende Berücksichtigung nicht versagen... Demgemäß bestimme ich, daß in den Fällen,

wo die Eltern selbst bei dem Königl. Provinzialschulkollegium darum nachsuchen, jüdischen Schülern die gedachte Dispensation erteilt werde; wobei erstere darauf hinzuweisen sind, daß die Schule keinerlei Verantwortung für die aus derartigen Schulversäumnissen bei den betr. Schülern entstehenden Folgen übernimmt." Diese Auffassung ist aufrecht erhalten worden durch die ME. vom 4. 4. 1868 — U 5813 —, vom 30. 1. 1869 (Wiese Bd. 1 S. 328) und vom 5. 4. 1884 — U III A 12676 —, der außerdem in seinem Schlußabsatz noch bestimmt: „Gleichzeitig bemerke ich, daß diejenigen jüdischen Kinder, welche an den Feiertagen oder Sonnabenden die Schule besuchen, während des Unterrichts zu schriftlichen Arbeiten gegen den Willen der Eltern oder der Stellvertreter derselben überhaupt nicht anzuhalten sind".

7. Hinsichtlich der Adventisten bestimmt der ME. vom 6. 12. 1919 — U II W 1768 pp. —:

> „Im Hinblick auf meinen Erlaß vom 17. Juni 1919 — U III D 691 G I, U II — (ZBlUV. S. 551) will ich nichts dagegen einwenden, wenn die Kinder der Adventisten vom siebenten Tage auf Antrag ihrer Eltern am Sonnabend auch vom Besuche der höheren Lehranstalten in gleicher Weise befreit werden, wie dies bei den jüdischen Kindern in Volksschulen nach dem Erlasse vom 18. Januar 1894 — U III D 160 — (ZBlUV. S. 300) und in höheren Lehranstalten für die männliche Jugend nach dem Erlasse vom 6. Mai 1859 — U 9333 — (Beier, Die höheren Schulen in Preußen S. 149) zugelassen ist.
>
> Voraussetzung für die Befreiung ist,
>
> 1. daß sich die Zugehörigkeit zur Sekte der Adventisten in jedem Einzelfall einwandfrei feststellen läßt und
> 2. daß die Eltern darauf hingewiesen werden, daß die Schule keinerlei Verantwortung für die aus dieser Schulversäumnis bei den Kindern etwa entstehenden Folgen übernimmt."

Durch ME. vom 7. 3. 1932 — U III D 247 pp. — (ZBlUV. S. 104) ist die Befreiung der Kinder der Adventisten vom Unterricht ausgedehnt worden auf die Schulstunden am Freitag, die in die Zeit nach Sonnenuntergang fallen.

8. In den Fällen des Absatz 2 und 3 ist das Fehlen an diesen Tagen als Schulversäumnis in den Zeugnissen zu vermerken.

§ 11.
Krankheit.

(1) Für Versäumnis von Schulveranstaltungen kann im allgemeinen nur Krankheit als genügender Entschuldigungsgrund angesehen werden.[1])

(2) Wenn ein Schüler durch Krankheit oder sonstigen Notfall[2]) verhindert wird, den Unterricht oder eine Schulveranstaltung zu besuchen, so ist darüber spätestens am zweiten Tage der Schulversäumnis und beim Wiedereintritt dem Klassenleiter Mitteilung zu machen.

(3) Die Schule ist berechtigt, in besonderen Fällen die Vorlage eines ärztlichen Zeugnisses zu verlangen.[3])

(4) Schüler, die an übertragbaren Krankheiten leiden, sind nach den bestehenden Bestimmungen[4]) vom Schulbesuch ausgeschlossen; ebenso gesunde Schüler aus häuslichem Umkreis,[5]) in dem solche Erkrankungen vorfallen. Pflicht der Erziehungsberechtigten ist es, in solchen Fällen der Schule sofort Anzeige zu erstatten.[6])

(5) Die Schüler unterstehen — ganz besonders liegende, begründete Einzelfälle ausgenommen — der schulärztlichen Fürsorge (Beratung, nicht auch Behandlung),[7]) wo diese eingeführt ist;[8]) der Besuch allgemeiner ärztlicher Vorträge ist freiwillig.[9]) [19]) [11])

Anmerkungen.

1. Abgesehen von sonstigem Notfall nach Absatz 2 oder Urlaub gemäß § 12.

2. „Sonstiger Notfall" im Gegensatz zur Krankheit können doch wohl nur Gründe sein, die außerhalb der Person des Schülers liegen, wie z. B. besondere häusliche Verhältnisse, Straßenunruhen, Verkehrsstreik u. dgl. Diese Bestimmung gehört also eigentlich nicht unter den Abschnitt „Krankheit".

3. Der Pflicht des Schülers zum Unterrichtsbesuch (§ 4) entspricht das Recht der Schule, Unterlagen darüber zu fordern, daß die Gründe für die Schulversäumnis auch stichhaltig sind.

4. Rechtsgrundlagen für das Fernhalten von Schülern vom Unterricht sind das Reichsgesetz betreffend die Bekämpfung gemeingefährlicher Krankheiten vom 30. 6. 1900 (RGBl. S. 306) und das Preußische Gesetz betreffend die Bekämpfung übertragbarer Krankheiten vom 28. 8. 1905 (GS. S. 373).

Die Pflichten der Schule in den Fällen übertragbarer Krankheiten sind näher geregelt durch folgende, durch den Erlaß des Wohlfahrtsministers vom 22. 9. 1927— — I M III 2055 — (ZBlUV. S. 303) bekanntgegebene.

„Anweisung zur Verhütung der Verbreitung übertragbarer Krankheiten durch die Schulen.

Im Einvernehmen mit dem Herrn Minister für Wissenschaft, Kunst und Volksbildung, dem Herrn Minister des Innern und dem Herrn Minister für Landwirtschaft, Domänen und Forsten erhält die Anweisung zur Verhütung der Verbreitung übertragbarer Krankheiten durch die Schulen vom 9. April 1907 — M 11957 U II U III — (Zentrbl. S. 615 ff., Ministerialblatt für Medizinal= usw. Angelegenheiten S. 283 ff.) nebst ihren Abänderungen und Ergänzungen folgende Fassung:

§ 1.

Die Schulbehörden haben der Verbreitung übertragbarer Krankheiten durch die Schule tunlichst entgegenzuwirken und die beim Auftreten dieser Krankheiten für die Schulen und anderen Unterrichtsanstalten erforderlichen Anordnungen nach Maßgabe der nachstehenden Vorschriften zu treffen.

§ 2.

Auf die Reinhaltung der Schulgrundstücke, namentlich der Umgebung der Brunnen und der Schulräume einschließlich der Bedürfnisanstalten, ist besonders zu achten. Die Klassenzimmer sind täglich nach vorhergegangenem Besprengen auszukehren und wöchentlich mindestens zweimal feucht aufzuwischen oder mit staubbindendem Öl zu behandeln, während der Schulpausen und der schulfreien Zeit zu lüften und in der kalten Jahreszeit angemessen zu erwärmen. Auch die Schulbänke sind zweimal wöchentlich feucht aufzuwischen. Die Bedürfnisanstalten sind regelmäßig zu reinigen und erforderlichenfalls zu desinfizieren. Auf jedem Schulgrundstück soll eine Waschgelegenheit für die Schulkinder vorhanden sein. Mindestens dreimal im Jahre sind die gesamten Schulräume einschließlich des Schulhofes gründlich zu reinigen. Es empfiehlt sich, in angemessenen Zwischenräumen das Wasser der Schulbrunnen bakteriologisch untersuchen zu lassen.

Zum Reinigen, insbesondere zum Auskehren der Schulräume dürfen Schulkinder nicht verwandt werden.

§ 3.

Folgende Krankheiten machen wegen ihrer Übertragbarkeit besondere Anordnungen für die Schulen und andere Unterrichtsanstalten erforderlich:

a) Aussatz (Lepra), Cholera (asiatische), Diphtherie (Rachenbräune), Fleckfieber (Flecktyphus), epidemische Gehirnentzündung, Gelbfieber, Genickstarre (übertragbare), Keuchhusten

(Stickhusten), epidemische Kinderlähmung, Masern, Pest (Orientalische Beulenpest), Pocken (Blattern), Rotz, Rückfallfieber (Febris recurrens). Ruhr (übertragbare, Dysenterie), Scharlach (Scharlachfieber), Typhus (Unterleibstyphus) und Paratyphus;

b) Favus (Erbgrind), Geschlechtskrankheiten (Syphilis, Tripper, Schanker), Grippe (Influenza), Impetigo contagiosa, Körnerkrankheit (Granulose, Trachom), Krätze, ansteckende Lungen- und Kehlkopftuberkulose, Mikrosporie, Milzbrand, Mumps (übertragbare Ohrenspeicheldrüsenentzündung, Ziegenpeter), Röteln, Tollwut (Wasserscheu, Lyssa), Verlausung (Kleiderläuse, Kopfläuse) und Windpocken.

§ 4.

Lehrer und Schüler oder Schuldiener, Turndiener und anderes Hilfspersonal, die an einer der im § 3 genannten Krankheiten leiden, bei Körnerkrankheit jedoch nur, solange die Kranken deutliche Eiterabsonderung haben, dürfen die Schulräume nicht betreten. Dies gilt auch von solchen Personen, die unter Erscheinungen erkrankt sind, die nur den Verdacht von Aussatz, Cholera, Fleckfieber, epidemischer Gehirnentzündung, Gelbfieber, übertragbarer Genickstarre, epidemischer Kinderlähmung, Pest, Pocken, Rotz, Rückfallfieber, Typhus und Paratyphus erwecken, sowie von solchen Personen, die, ohne erkrankt zu sein, die Erreger der Cholera, der Diphtherie, der Genickstarre, der Ruhr, des Typhus und des Paratyphus beherbergen (Bazillenträger, Dauerausscheider).

Die Ortspolizeibehörden sind angewiesen, jede ihnen bekanntwerdende Erkrankung eines Lehrers oder Schülers oder Schuldieners, Turndieners und anderen Hilfspersonals an einer der im Abs. 1 bezeichneten Krankheiten dem Vorsteher der Anstalt (Direktor, Rektor, Hauptlehrer, erstem Lehrer, Vorsteherin usw.) unverzüglich mitzuteilen. Das gleiche gilt von den im letzten Satz des Abs. 1 erwähnten Zuständen.

Erkranken Lehrer oder Schüler oder Schuldiener, Turndiener und anderes Hilfspersonal an einer der in Abs. 1 bezeichneten Krankheiten, so ist dies dem Vorsteher der Anstalt unverzüglich zur Kenntnis zu bringen.

§ 5.

Gesunde Lehrer und Schüler oder Schuldiener, Turndiener und anderes Hilfspersonal aus Behausungen, in denen Erkrankungen an einer der im § 3a genannten Krankheiten vorgekommen sind, dürfen die Schulräume nicht betreten, soweit und solange eine Weiterverbreitung der Krankheit aus diesen Behausungen durch sie zu befürchten ist.

Die Ortspolizeibehörden sind angewiesen, von jeder Fernhaltung einer Person vom Schul- und Unterrichtsbesuche dem Vorsteher der Schule (Direktor, Rektor, Hauptlehrer, ersten Lehrer, Vorsteherin usw.) unverzüglich Mitteilung zu machen.

Auch die Schule hat darauf hinzuwirken, daß der Verkehr der vom Unterricht ferngehaltenen Schüler mit anderen Kindern, insbesondere auf öffentlichen Straßen und Plätzen, möglichst eingeschränkt wird.

Lehrer und Schüler oder Schuldiener, Turndiener und anderes Hilfspersonal sind davor zu warnen, Behausungen zu betreten, in denen sich Kranke der im § 3a bezeichneten Art oder Leichen von Personen befinden, die an einer dieser Krankheiten gestorben sind. Die Begleitung dieser Leichen durch Schulkinder und das Singen der Schulkinder am offenen Grabe ist zu verbieten.

§ 6.

Zur Schule dürfen wieder zugelassen werden:

a) die im § 4 genannten Personen, wenn entweder eine Weiterverbreitung der Krankheit durch sie nach ärztlicher Bescheinigung nicht mehr zu befürchten oder die für den Verlauf der Krankheit erfahrungsgemäß als Regel geltende Zeit abgelaufen ist. Diese ist zu bemessen bei Pocken und Scharlach auf 6 Wochen, bei Masern, solange Husten besteht, sonst auf 2 Wochen, bei Grippe und Röteln auf 2 Wochen, bei Diphtherie, epidemischer Gehirnentzündung, Genickstarre auf 4 Wochen, bei Typhus auf 6 Wochen und bei epidemischer Kinderlähmung auf 8 Wochen.

Bei Diphtherie und Genickstarre darf die Wiederzulassung zur Schule erst erfolgen, wenn eine mindestens dreimalige, in zweitägigen Zwischenräumen vorgenommene bakteriologische Untersuchung des Rachenabstrichs ein negatives Ergebnis hatte, bei Typhus, Paratyphus, Ruhr und Cholera erst dann, wenn eine mindestens dreimalige, in achttägigen Zwischenräumen vorgenommene Untersuchung des Stuhlganges, bei Typhus und Paratyphus auch des Urins, ein negatives Ergebnis hatte, bei Lungen- und Kehlkopftuberkulose, wenn nach dem Zeugnis des Schularztes, des Fürsorgearztes oder des beamteten Arztes keine Ansteckungsfähigkeit mehr besteht.

Ergibt bei Diphtherie die bakteriologische Untersuchung Dauerausscheidung von Diphtheriebazillen, so kann gleichwohl die Wiederzulassung zur Schule erfolgen, wenn nach erfolgter klinischer Genesung 8 Wochen verstrichen sind. Bei Genickstarre, Typhus, Paratyphus, Ruhr und Cholera ist für den Fall der Dauerausscheidung des betreffenden Krankheitserregers die Wiederzulassung zum Schulbesuch von dem Gutachten des zuständigen beamteten Arztes abhängig zu machen.

Es ist darauf zu achten, daß die krank gewesenen Personen vor ihrer Wiederzulassung gebadet und ihre Wäsche, Kleidung und persönlichen Gebrauchsgegenstände vorschriftsmäßig gereinigt bzw. desinfiziert werden;

b) die im § 5 genannten Personen, wenn die Erkrankten genesen, in ein Krankenhaus überführt oder gestorben und ihre Wohnräume, Wäsche, Kleidung und persönlichen Gebrauchsgegenstände vorschriftsmäßig desinfiziert sind, bei Cholera, Diphtherie, Genickstarre, Typhus, Paratyphus und Ruhr jedoch nur mit der unter a Abs. 2 genannten Einschränkung.

§ 7.

Kommt in einer Schule oder anderen Unterrichtsanstalt eine Erkrankung an Diphtherie vor, so ist allen Personen, die in der Anstalt mit dem Erkrankten in Berührung gekommen sind, dringend anzuraten, sich unverzüglich durch Einspritzung von Diphtherieheilserum gegen die Krankheit immunisieren zu lassen.

§ 8.

Kommt in einer Schule oder anderen Unterrichtsanstalt eine Erkrankung an Diphtherie, epidemischer Gehirnentzündung, übertragbarer Genickstarre, Grippe, epidemischer Kinderlähmung oder Scharlach vor, so ist allen Personen, die in der Anstalt mit dem Erkrankten in Berührung gekommen sind, dringend anzuraten, in den nächsten Tagen täglich Rachen und Nase mit einem desinfizierenden Mundwasser auszuspülen.

§ 9.

Schüler, die an Körnerkrankheit leiden, dürfen solange sie keine deutliche Eiterabsonderung haben, am Unterricht teilnehmen, müssen aber besondere, von den gesunden Schülern genügend weit entfernte Plätze angewiesen erhalten und haben Berührungen mit den gesunden Schülern tunlichst zu vermeiden.

§ 10.

Es ist darauf zu halten, daß Lehrer und Schüler oder Schuldiener, Turndiener und anderes Hilfspersonal, die unter Erscheinungen erkrankt sind, die den Verdacht der Lungen- und Kehlkopftuberkulose erwecken — Mattigkeit, Abmagerung, Blässe, Hüsteln, Auswurf usw. —, einen Arzt befragen und ihren Auswurf bakteriologisch untersuchen lassen.

Es ist dafür zu sorgen, daß in den Schulen an geeigneten Plätzen leicht erreichbare, mit Wasser gefüllte Speigefäße in ausreichender Anzahl vorhanden sind. Das Spucken auf den Fußboden der Schulzimmer, Korridore, Treppen und auf den Schulhof ist zu untersagen und nötigenfalls zu bestrafen.

§ 11.

Kommt in einer Schule oder anderen Unterrichtsanstalt eine Erkrankung an Pocken vor, so ist allen Personen, die in der Anstalt mit dem Erkrankten in Berührung gekommen sind, soweit sie nicht die Pocken überstanden haben oder innerhalb der letzten fünf Jahre mit Erfolg geimpft worden sind, dringend anzuraten, sich unverzüglich der Schutzimpfung zu unterziehen.

§ 12.

Wenn eine im Schulgebäude selbst wohnende Person an Aussatz, Cholera, Diphtherie, Fleckfieber, Gelbfieber, epidemischer Gehirnentzündung, übertragbarer Genickstarre, epidemischer Kinderlähmung, Keuchhusten, Masern, Mumps, Pest, Pocken, Röteln, Rotz, Rückfallfieber, übertragbarer Ruhr, Scharlach, Typhus, Paratyphus oder unter Erscheinungen erkrankt, die den Verdacht von Aussatz, Cholera, Fleckfieber, epidemischer Gehirnentzündung, Gelbfieber, übertragbarer Genickstarre, epidemischer Kinderlähmung, Pest, Pocken, Rotz, Rückfallfieber, Typhus oder Paratyphus erwecken, so ist die Schule unverzüglich zu schließen, falls die erkrankte Person nach dem Gutachten des Kreisarztes weder in ihrer Wohnung abgesondert noch in ein Krankenhaus oder einen anderen geeigneten Unterkunftsraum überführt werden kann.

Die Schließung der Schule hat nach Anhörung des Kreisarztes und im Einvernehmen mit ihm der Leiter der Schule ... anzuordnen. In jedem Fall ist der Schulaufsichtsbehörde bzw. dem Patronat (Kuratorium) vor — in dringenden Fällen nach — der Schließung unter Angabe der Gründe und des Gutachtens des Kreisarztes unverzüglich Mitteilung zu machen, ebenso dem Landrat, der Ortspolizeibehörde, der Gemeindebehörde und in Schulen mit schulärztlicher Versorgung dem Schularzt.

§ 13.

Bricht eine der im § 12 genannten Krankheiten in Pensionaten, Konvikten, Alumnaten, Internaten und dergleichen aus, so sind die Erkrankten mit besonderer Sorgfalt abzusondern und erforderlichenfalls unverzüglich in ein geeignetes Krankenhaus oder in einen anderen geeigneten Unterkunftsraum zu überführen. Derartige Anstalten dürfen nur im äußersten Notfall geschlossen werden, weil sonst die Gefahr einer Verbreitung der Krankheit besteht.

Während der Dauer und unmittelbar nach dem Erlöschen der Krankheit empfiehlt es sich, daß der Anstaltsvorstand nur solche Zöglinge aus der Anstalt vorübergehend oder dauernd entläßt, die nach ärztlichem Gutachten gesund und in deren Absonderung die Erreger der Krankheit bei der bakteriologischen Untersuchung nicht nachgewiesen sind.

§ 14.

Für die Beobachtung der in den §§ 2, 4 Abs. 1, 5 Abs. 1 und 4, 6 bis 11 und 13 gegebenen Vorschriften ist der Vorsteher der Schule (Direktor, Rektor, Hauptlehrer, erster Lehrer, Vorsteherin usw.) ... verantwortlich.

§ 15.

In Ortschaften, in denen Cholera, Diphtherie, Fleckfieber, epidemische Gehirnentzündung, Gelbfieber, übertragbare Genickstarre, Grippe, epidemische Kinderlähmung, Keuchhusten, Masern, Mumps, Pest, Pocken, Röteln, Rückfallfieber, übertragbare Ruhr, Scharlach, Typhus oder Paratyphus in epidemischer Verbreitung auftreten, kann die Schließung von Schulen oder einzelnen Schulklassen erforderlich werden. Dabei gilt entsprechend die Bestimmung des § 12 Abs. 2. Der Vorsteher der Schule (Direktor) ist außerdem verpflichtet, alle gefahrdrohenden Krankheitsverhältnisse, die die Schließung einer Schule oder Schulklasse angezeigt erscheinen lassen, zur Kenntnis der Schulaufsichtsbehörde zu bringen.

Soll in den Fällen der §§ 12 und 15 trotz des Gutachtens des Kreisarztes von der Schließung der Schule Abstand genommen werden, so ist unverzüglich der Schulaufsichtsbehörde Mitteilung zu machen.

Inwieweit bei gehäuftem Auftreten von übertragbaren Tierkrankheiten (z. B. bei Maul- und Klauenseuche) Maßnahmen zu treffen sind, ist im Einzelfalle von dem Schulleiter im Benehmen mit dem Kreisarzt und dem Kreistierarzt zu entscheiden.

§ 16.

Die Wiedereröffnung einer wegen Krankheit geschlossenen Schule oder Schulklasse kann nur auf Grund eines Gutachtens des Kreisarztes vom Schulleiter .... angeordnet werden. Es muß ihr eine gründliche Reinigung und Desinfektion der Schule oder Schulklasse sowie der dazugehörigen Nebenräume, soweit sie nach dem Urteil des Kreisarztes notwendig ist, vorangehen. Der Schulaufsichtsbehörde bzw. dem Patronat (Kuratorium) ist von der Wiedereröffnung umgehend Mitteilung zu machen, ebenso dem Landrat, der Ortspolizeibehörde und in Schulen mit schulärztlicher Versorgung dem Schularzt.

§ 17.

Die vorstehenden Vorschriften gelten entsprechend für Erziehungsanstalten, Kinderbewahranstalten, Spielschulen, Warteschulen, Kindergärten, Krippen und dergleichen.

§ 18.

Es empfiehlt sich, die Schüler gelegentlich des naturwissenschaftlichen Unterrichts und bei sonstigen geeigneten Veranlassungen über die Bedeutung, die Verhütung und Bekämpfung der übertragbaren Krankheiten aufzuklären und die Eltern der Schüler für das Zusammenarbeiten mit der Schule und für die Unterstützung der von ihr zu treffenden Maßregeln zu gewinnen.

In jeder Schule sollen die gemeinverständlichen Belehrungen über die übertragbaren Krankheiten (im Auftrage des Ministers für Volkswohlfahrt herausgegeben von Geheimen Obermedizinalrat Professor Dr. Otto Lentz, Verlag Richard Schoetz, Berlin) und ein Abdruck dieses Erlasses (Abdrucke erscheinen in demselben Verlag) vorhanden sein."

5. Der etwas auffallende Ausdruck „häuslicher Umkreis" hat keine andere Bedeutung als „Behausung" in der eben wiedergegebenen Anweisung. Über die Auslegung des Begriffs „Behausung" führt der ME. vom 17. 2. 1908 — M 14523 — (ZBlUV. S. 431) aus: „... Hiernach ist anzunehmen, daß unter der „Behausung" einer Person ihre Wohnung einschließlich desjenigen Teiles des Hauses zu verstehen ist, welcher außer der eigentlichen Wohnung in Benutzung steht. Hierher werden u. a. Werk- und Arbeitsstätten, Büroräume, gemeinsame Schlaf- und Unterrichtsräume in Erziehungsanstalten zu rechnen sein. Gemeinsam benutzte Treppen und Flure werden nur dann als Bestandteile der Behausung anzusehen sein, wenn die an denselben liegenden Wohnungen nicht in sich abgeschlossen, sondern auf die gemeinsame Benutzung gewisser Einrichtungen, z. B. Wasserauslässe, Aborte und dergl. mehr, angewiesen sind...."

6. Diese Anzeigepflicht der Erziehungsberechtigten gegenüber der Schule ist durch die in Anm. 4 genannten Gesetze und die dort wiedergegebene Anweisung nicht begründet. Sie beruht vielmehr auf dem besonderen Pflichtenkreis, der für die Erziehungsberechtigten durch die Aufnahme eines Schülers in eine gehobene Schule geschaffen wird und der nicht nur die Pflicht zum Dulden, sondern auch zu positiven Handlungen einschließt. Die hier normierte Anzeigepflicht wird also auch ohne gesetzliche Grundlage in den gesundheitsrechtlichen Vorschriften als rechtswirksam angesehen werden müssen.

7. Das Recht der Schule zu schulärztlicher Fürsorge wird nicht zu bestreiten sein, da es nur das Gegenstück zu der Pflicht der Schule darstellt, gesundheitliche Schädigungen der Schüler infolge des notwendigen Zusammenkommens einer größeren Zahl von jugendlichen Personen zu verhüten. Im übrigen ist hier das Recht der Schule nicht weiter ausgedehnt, als es der Anstaltszweck erfordert; es findet nur Beratung und Untersuchung, nicht aber auch Behandlung statt. Über die

Durchführung der Untersuchungen gibt der ME. vom 9. 1. 1911 — U III A 1574 pp. — (ZBlUB. S. 356) nähere Anweisungen, die deutlich erkennen lassen, daß diese Untersuchungen mit größter Rücksichtnahme auf die Empfindungen der Erziehungsberechtigten zu erfolgen haben.

8. An den staatlichen höheren Schulen ist schulärztliche Fürsorge bisher nicht eingeführt. Die ME. vom 3. 10. 1925 — U II 1314 II — und vom 26. 11. 1927 — U II 1800 — bezeichnen es als erwünscht, daß an ihnen Schulärzte von der Elternschaft bestellt werden.

9. Es liegt in diesem Falle also keine Veranstaltung der Schule im Sinne von § 9 der SchO. vor.

10. Eine gewisse ärztliche Aufsicht über die Schüler fand bisher schon nach der Dienstanweisung für die Kreisärzte vom 1. 9. 1909, mit den Abänderungen vom 29. 4. 1911, statt, die in § 94 bestimmte: „.... (Der Kreisarzt) hat innerhalb eines in der Regel fünfjährigen Zeitraumes jede Schule seines Bezirkes abwechselnd im Sommer und im Winter in Bezug auf .... den Gesundheitszustand der Schüler (Gesichtsfarbe, Haltung, Reinlichkeit, chronische und akute Krankheiten und Schwächezustände) unter Zuziehung des Schulvorstandes oder des Leiters der Schule sowie des Schularztes einer Besichtigung zu unterziehen...." Nach Abs. 1 a. a. O. bezieht sich diese Regelung allerdings nur auf die der Aufsicht der Regierung oder des Regierungspräsidenten unterstehenden öffentlichen und privaten Schulen (Volks-, Mittel-, Rektorats-, gehobenen Mädchen- und dergl. Schulen). Nach Abs. 7 a. a. O. sind die dem PSK. unterstellten höheren Schulen nur auf Grund besonderen Auftrages einer Besichtigung zu unterziehen. Durch die ME. vom 15. 3. 1905 — U II 254 M — (ZBlUB. S. 312) und 3. 1. 1913 — U II 1843 — (ZBlUB. S. 305) ist angeordnet worden, daß eine Untersuchung der hygienischen Verhältnisse der höheren Schulen durch den Kreisarzt gleichfalls in regelmäßigen Abschnitten von 5 Jahren zu erfolgen hat und daß der Auftrag hierzu dem Kreisarzt von dem PSK. durch Vermittlung des Regierungspräsidenten zu erteilen ist.

11. Eine besondere Pflicht gesundheitlicher Beaufsichtigung der Schüler, und zwar über die nach den Dienstanweisungen schon geregelte Pflicht gesundheitlicher Fürsorge für die Schüler hinaus, ist den einzelnen Lehrkräften auferlegt durch das Krüppelfürsorgegesetz vom 6. 5. 1920 (GS. S. 280), von dem folgende Bestimmungen wesentlich sind:

„§ 4. (1) Lehrer (Lehrerinnen), welche gelegentlich des zur Erfüllung der gesetzlichen Schulpflicht erteilten Unterrichts oder des Ersatzunterrichts hierfür bei ihren

Schülern Verkrüppelungen wahrnehmen, sind verpflichtet, diese Schüler namhaft zu machen.

(2) Die näheren Vorschriften zur Durchführung dieser Bestimmung erläßt der Minister für Volkswohlfahrt im Verordnungswege.... Für die Nichtbefolgung der in der Verordnung gegebenen Vorschriften können Geldstrafen bis zu einhundertfünfzig Mark oder Haft bis zu vier Wochen angedroht werden.

§ 6. Die in den §§ 3, 4, 5 vorgesehenen Anzeigen sind an das zuständige Jugendamt zu richten. Für den Zeitraum, bis alle Stadt- und Landkreise auf Grund der gesetzlichen Bestimmungen Jugendämter haben, bestimmt der Minister für Volkswohlfahrt im Verordnungswege die Stelle, an welche die Anzeige zu richten ist....

§ 9. Eine Verkrüppelung im Sinne dieses Gesetzes liegt vor, wenn eine Person (Krüppel) infolge eines angeborenen Knochen-, Gelenk-, Muskel- oder Nervenleidens oder Fehlens eines wichtigen Gliedes oder von Teilen eines solchen in dem Gebrauch ihres Rumpfes oder ihrer Gliedmaßen nicht nur vorübergehend derart behindert ist, daß ihre Erwerbsfähigkeit auf dem allgemeinen Arbeitsmarkt voraussichtlich wesentlich beeinträchtigt wird."

Zur Ausführung von § 4 dieses Gesetzes hat der Minister für Volkswohlfahrt zwei Verordnungen unter dem 9. und 10. 9. 1920 veröffentlicht. Auf ihrer Grundlage ist durch ME. vom 10. 10. 1920 — U III D 1614 U II — (ZBlUV. S. 687) folgendes bestimmt worden:

„.... Das Gesetz und die Verordnungen A und B verpflichten zur Anzeige die Lehrer (Lehrerinnen), welche gelegentlich des zur Erfüllung der gesetzlichen Schulpflicht erteilten Unterrichts oder des Ersatzunterrichts hierfür bei ihren Schülern Verkrüppelungen wahrnehmen. Die Anzeigepflicht haben danach alle Lehrer (Lehrerinnen), die Kinder im schulpflichtigen Alter unterrichten. Mit dieser Maßgabe sind deshalb außer den Lehrern .... an den Volksschulen auch alle Lehrer .... an den öffentlichen mittleren und höheren Lehranstalten .... zur Anzeige verpflichtet....

.... Unter Ziff. III der vom Minister für Volkswohlfahrt erlassenen Ausführungsanweisung vom 26. Juli d. J. (abgedruckt in der „Volkswohlfahrt", Amtsblatt des Ministeriums für Volkswohlfahrt, S. 177 ff.) ist zum Begriff des Krüppels noch folgendes gesagt: „Da zu dem Rumpf — als Gegensatz zu den Gliedmaßen, den Armen und Beinen — auch der Kopf gerechnet werden muß, gehören Verunstaltungen des Gesichts, des Kiefers oder der Wasserkopf beim Vorliegen der sonstigen Voraussetzungen auch zu den Verkrüppelungen im Sinne des § 9."

Zu den Verordnungen A und B wird folgende Ausführungsvorschrift erlassen:

Die Anzeigen sind von den Lehrern (Lehrerinnen) an das zuständige Jugendamt zu richten. An den mehrklassigen öffentlichen ... Schulen sind sie durch die Hand der Schulleiter an das zuständige Jugendamt zu senden, nachdem die Schulleiter auf die Anzeigen ihren „Gesehen"-Vermerk gesetzt haben. Die ... Leiter der ... mittleren Schulen, welche dem Kreisschulrat unterstehen, haben die Anzeigen diesem zu übersenden, der sie dann an das Jugendamt weitergibt. Die Anzeige kann in einfachster Form erfolgen ...

Die Portokosten, welche durch die Anzeigen der Lehrer (Lehrerinnen) an den öffentlichen Schulen entstehen, fallen dem Schulverbande bzw. den Schulanstalten zur Last.

Die Provinzial-, Regierungs- und Kreisschulräte haben bei ihrer Aufsichtsführung darüber zu wachen, daß die Lehrer ... ihrer Anzeigepflicht nachkommen.

Von einer Strafandrohung hinsichtlich der Lehrer (Lehrerinnen) an öffentlichen Schulen ist Abstand genommen, da hier die disziplinare Gewalt ausreicht, die Beobachtung der Verordnung zu sichern..."

§ 12.
Urlaub.

(1) Zu jeder Schulversäumnis aus einem anderen Grunde als Krankheit oder sonstigem Notfall[1]) bedarf es der vorherigen Bewilligung von Urlaub durch die Schule,[2]) der rechtzeitig beantragt werden muß.

(2) Die Erlaubnis, schon vor Beginn der Ferien[3]) abzureisen oder erst nach Wiederbeginn des Unterrichts zurückzukehren, wird nur ausnahmsweise in dringenden Fällen erteilt.[4]) Wenn Krankheit oder andere unvorhergesehene Fälle einen Schüler an der pünktlichen Rückkehr hindern, ist der Schule sogleich Anzeige zu machen.

Anmerkungen.

1. Wegen der Unterrichtsbefreiung an kirchlichen und weltanschaulichen Feiertagen pp. s. oben S. 86.

2. Nach den Dienstanweisungen erteilt Urlaub für einen Tag, mit Ausnahme der Tage im Anschluß an die Ferien, der Klassenleiter, sonst, nach dessen Anhörung, der Anstaltsleiter. Auch bei längeren Beurlaubungen ist eine Zustimmung der Schulaufsichtsbehörde nicht erforderlich.

3. Nach dem ME. vom 6. 11. 1913 — U III A 1603 pp. — (ZBlUB. S. 826) wird bei Orten mit höheren Schulen die Dauer und Lage der einzelnen Ferienabschnitte für alle Schulgattungen innerhalb der Provinz oder enger zusammengehöriger Teile derselben einheitlich von dem Oberpräsidenten nach Anhörung des PSK. und der Regierung, Abteilung für Kirchen- und Schulwesen, festgesetzt. Die Ferien für die einzelnen Provinzen werden alljährlich im ZBlUB. veröffentlicht.

4. Nach dem ME. vom 28. 6. 1921 — U II 11 536 U III A — ist aber für die Benutzung von am Tage vor Schulschluß abfahrender Ferienzüge Urlaub zu erteilen.

§ 13.

Befreiung von einzelnen Fächern.

(1) Von der Teilnahme am Unterricht in einzelnen Fächern darf nur in dringenden Fällen befreit werden.[1])

(2) Die Befreiung setzt voraus einen Antrag des Erziehungsberechtigten und die Beibringung eines eingehenden ärztlichen Zeugnisses.[2]) Von beiden kann abgesehen werden, wenn die zeitweise Behinderung ohne weiteres erkennbar ist, z. B. bei äußeren Verletzungen.[3])

(3) Befreit wird in der Regel nur auf Zeit, und zwar grundsätzlich jeweils nicht für länger als ein halbes Jahr; in den künstlerischen Fächern und bei den Leibesübungen erstreckt sich die Befreiung nur auf die Teilnahme an den praktischen Übungen.[4]) Eine Befreiung für längere Zeit kann ausgesprochen werden, falls der Schul- oder Amtsarzt die Notwendigkeit auf Grund eines bestimmten Gebrechens oder Leidens mit Sicherheit voraussagen kann.

(4) Vom Unterricht in den Leibesübungen wird der Schüler regelmäßig nur für einzelne Übungen befreit, die vorübergehend für ihn nicht geeignet sind.[5])[6]) Völlige Befreiung von den Leibesübungen überhaupt ist nur auf Grund eines amts- oder schulärztlichen Zeugnisses statthaft.[7]) Geimpfte werden auf vierzehn Tage vom Unterricht in den Leibesübungen befreit.

(5) Für die Befreiung vom Zeichen- und Nadelarbeitsunterricht bedarf es, soweit es sich nicht um Rückgratsverkrümmungen, Bleichsucht usw. handelt, eines augenärztlichen Zeugnisses.[8])

Anmerkungen.

1. Die Befreiung spricht der Anstaltsleiter aus. Sie war schon nach dem ME. vom 6. 11. 1913 — U III A 1603 U II — (ZBlUV. S. 826) „auf die unbedingt nötigen Fälle" zu beschränken.

2. Nach dem ME. vom 29. 12. 1908 — U II 4907 M — (ZBlUV. 220) ist der Anstaltsleiter, weil für die ordnungsmäßige Erteilung des Unterrichts verantwortlich, zur Prüfung der ihm vorgelegten ärztlichen Atteste verpflichtet; es muß ihm daher das Recht gewahrt bleiben, in einem Falle, in dem er auf Grund des ärztlichen Gutachtens nicht entscheiden zu können glaubt, auch das Gutachten eines Spezialarztes anzufordern.

3. Es muß davon abgesehen werden bei Geimpften nach Abs. 4 Satz 3.

4. Nach dem ME. vom 21. 6. 1888 — U II 1749 — (ZBlUV. S. 539) sind die von den praktischen Zeichenübungen befreiten Schüler in einer zweckmäßigen und zu kontrollierenden Weise zu beschäftigen. Die nicht mitturnenden Schüler sollen nach dem ME. vom 24. 1. 1920 — U III B 7827/19 U II — (ZBlUV. S. 202) in angemessener Weise, möglichst mit leichten, ihrem Gesundheitszustand angepaßten Übungen, Spielen usw. beschäftigt werden.

5. Nach der Dienstanweisung für die höheren Schulen für die weibliche Jugend kann Befreiung für einzelne Turnstunden die Turnlehrerin selbständig anordnen.

6. Nach dem ME. vom 27. 9. 1921 — U II 641 — (ZBlUV. S. 389) sind die Spielnachmittage Teil des pflichtmäßigen Schulunterrichts und daher Befreiungen von ihnen nur unter den gleichen Voraussetzungen wie beim Turnunterricht sonst zulässig.

7. Hierzu bestimmt der ME. vom 12. 5. 1923 — U VI 393 pp. — (ZBlUV. S. 233):

> „... Hiernach ist es den Eltern überlassen, ob sie einem Antrage das Zeugnis eines Amts- oder Schularztes beifügen wollen. Dabei kann der Fall eintreten, daß, wenn der Schularzt, der das Kind aus jahrelanger Beobachtung kennt, sich gegen eine Be-

freiung ausspricht, der Kreisarzt, dem das Kind nachträglich vorgestellt wird, auf Grund seiner Untersuchung zu einer entgegengesetzten Feststellung gelangt und ein Befreiungszeugnis erteilt.

Um die daraus sich ergebenden Schwierigkeiten zu vermeiden und eine übereinstimmende Beurteilung durch den Amts- und Schularzt zu sichern, bestimmen wir, daß

1. der Kreisarzt überall da, wo ein hauptamtlich angestellter Schularzt vorhanden ist, vor Ausstellung eines Turnbefreiungszeugnisses mit dem betreffenden Schularzt in Verbindung tritt und daß
2. ein Zeugnis von dem Amtsarzt nur dann ausgestellt werden darf, wenn seitens der Schulbehörde ein Überweisungsschein an ihn vorliegt...."

8. Die nähere Begründung hierzu gibt der ME. vom 29. 12. 1908 — U II 4907 — (ZBlUB. S. 220).

§ 14.

Religionsunterricht.

(1) Für den Religionsunterricht und die religiösen Veranstaltungen gelten die besonderen Bestimmungen des Artikels 149 der Reichsverfassung,[1]) des Reichsgesetzes über die religiöse Kindererziehung[2]) und die dazu erlassenen Ausführungsvorschriften.[3])[4])[5])

Anmerkungen.

1. Art 149 RV. bestimmt:

„Der Religionsunterricht ist ordentliches Lehrfach der Schulen mit Ausnahme der bekenntnisfreien (weltlichen) Schulen. Seine Erteilung wird im Rahmen der Schulgesetzgebung geregelt. Der Religionsunterricht wird in Übereinstimmung mit den Grundsätzen der betreffenden Religionsgesellschaft unbeschadet des Aufsichtsrechts des Staates erteilt.

Die Erteilung religiösen Unterrichts und die Vornahme kirchlicher Verrichtungen bleibt der Willenserklärung der Lehrer, die Teilnahme an religiösen Unterrichtsfächern und an kirchlichen Feiern und Handlungen der Willenserklärung desjenigen überlassen, der über die religiöse Erziehung des Kindes zu bestimmen hat."

Im einzelnen ist hierzu folgendes zu bemerken:

a) Art. 149 enthält unmittelbar geltendes Recht, ohne daß es hierzu einer Ausführungsgesetzgebung des Reiches oder

der Länder bedürfte (so auch drei Beschlüsse des RG. vom 4. 11. 1920 — ZBlUB. 1921 S. 83). Satz 2 bedeutet also nicht Aufschub der Geltung dieses Artikels, sondern will nur sagen, daß nicht Kirchen-, sondern Schulrecht die Erteilung des Religionsunterrichtes regelt, wobei unter „Gesetzgebung" nicht nur formelles Gesetzesrecht, sondern Schulrecht überhaupt, d. h. auch Verordnungsrecht, zu verstehen ist (Landé, Schule S. 194).

b) Religionsunterricht ist „ordentliches Lehrfach" der Schulen. Damit ist klargestellt, daß er eine selbständige, in sich abgeschlossene Disziplin innerhalb der Lehrverfassung der Schulen darstellen muß und daß er weiter ein in jedem Falle von der Schule bereitzustellendes, wesentliches Lehrfach der Schule ist (Landé, Schule S. 205).

c) Wenn Absatz 2 von „religiösen Unterrichtsfächern" spricht, so ist dieser Begriff offensichtlich weiter als der des Religionsunterrichts nach Abs. 1. Er umfaßt über ihn hinaus einmal alle Unterrichtsgegenstände, die dem Inhalt nach sich mit Religion beschäftigen, dann aber auch diejenigen, die der Form nach dogmatisch sind, also den Bekenntnisinhalt einer Religionsgesellschaft als solchen, als Summe objektiv feststehender Glaubenssätze wiedergeben (Landé, Schule S. 203).

d) Weder Religionsunterricht noch religiöses Unterrichtsfach ist der Konfirmanden-, Beicht- und Kommunionsunterricht; er ist vielmehr rein kirchlicher Unterricht (vgl. hierzu ME. vom 10. 2. 1860 — U II 22 405 — ZBlUB. S. 657 und Verf. der Regierung Oppeln vom 29. 6. 1875 — ZBlUB. S. 484 —). Über die Zeitlage dieses Unterrichts gegenüber dem Schulunterricht ist durch die ME. vom 11. 10. 1920 — U II 745 pp. — (ZBlUB. S. 692), 8. 2. 1922 — U II 885 U III A — (ZBlUB. S. 72) und 13. 8. 1924 — U III A 1044 pp. — (ZBlUB. S. 239) nähere Bestimmung getroffen.

e) Durch Abs. 2 dieses Artikels ist die Verpflichtung der Schüler zur Teilnahme an Unterricht und Veranstaltungen der Schule (§ 4 SchO.) durchbrochen durch die Freiwilligkeit der Beteiligung an religiösen Unterrichtsfächern und an kirchlichen Feiern und Handlungen. Damit sind alle sonst üblichen Nachteile wegen Schulversäumnis, wie z. B. Nichtaufnahme, Disziplinarstrafen, Ausschluß u. dergl. kraft Reichsverfassungsrechts unzulässig.

f) Wer zu dieser Willenserklärung nach Abs. 2 berechtigt ist, sagt die RV. selbst nicht. Hierüber trifft nähere Bestimmung das Reichsgesetz über die religiöse Kindererziehung, s. unten Anm. 2.

g) Neben den religiösen Unterrichtsfächern nennt die RV. als Gegenstand des Befreiungsrechts noch „kirchliche Feiern und Handlungen". Bei strenger Wortauslegung wären damit nur außerschulische Veranstaltungen getroffen. Tatsächlich dürften jedoch nach dem inneren Gehalt dieser Bestimmung nicht nur die rein kirchlichen Veranstaltungen gemeint sein, sondern auch alle schulischen Veranstaltungen, die religiösen Einschlag haben. Die Schulverwaltung ist also nicht beschränkt in der Bestimmung, auf welche Akte sich diese Freiwilligkeit der Beteiligung erstrecken soll. In diesem Sinne bestimmt der ME. vom 1. 4. 1919 — U III A 423 U II — (ZBlUV. S. 427):

„....

2. Schüler, die von der Teilnahme am Religionsunterricht befreit sind, sind auch nicht zur Teilnahme an Schulfeiern mit religiösem Charakter verpflichtet....

4. Die Teilnahme von ... Schülern an kirchlichen Veranstaltungen außerhalb der Schule ist stets freiwillig....“

Ferner bestimmt der ME. vom 22. 8. 1919 — U III A 704 U II — (ZBlUV. S. 594):

„Zu den Schulfeiern mit religiösem Charakter im Sinne des Abschnitts 2 des Erlasses vom 1. April 1919 — U III A 423 — gehören auch die herkömmlich von der Schule veranstalteten Morgenandachten und Schulgottesdienste, auch Schulmessen, gleichviel, ob sie in der Schule selbst oder in einer benachbarten Kirche stattfinden, ob sie an Werktagen oder an Sonntagen gehalten werden. Schüler, die vom Religionsunterricht befreit sind, brauchen nicht daran teilzunehmen. Auch die übrigen Schüler sind nicht durch disziplinarische Mittel zum Besuche dieser kirchlichen Veranstaltungen anzuhalten.

... Zu den kirchlichen Veranstaltungen außerhalb der Schule im Sinne des Abs. 4 rechnen Gemeindegottesdienste, Prozessionen und andere kirchliche Feiern, die nicht Veranstaltungen der Schule sind.“

Der ME. vom 4. 3. 1920 — U III A 22 U II — (ZBlUV. S. 248) ordnet an: „Die Schulkinder, welche von der Teilnahme am Religionsunterricht befreit sind, können nicht gezwungen werden, an dem Gebete zu Beginn und zum Schluß des Unterrichts teilzunehmen oder während des Gebets in der Klasse anwesend zu sein. Wenn sie jedoch bei der Schulandacht zugegen sind, kann von ihnen verlangt werden, daß sie ein angemessenes Verhalten zeigen.“ Schließlich stellt der ME. vom 10. 4. 1920 — U III A 627 — (ZBlUV. S. 316) noch klar, daß Kinder, die am Religionsunterricht nicht teilnehmen, zum Erlernen der Texte von Kirchenliedern auch in anderen Unterrichtsfächern, z. B. Gesangsunterricht, nicht angehalten werden dürfen.

h) Wegen der Unterrichtsbefreiung an kirchlichen Feiertagen s. oben S. 86.

i) Durch den ME. vom 30. 5. 1919 — U II 1286 U II W — (ZBlUV. S. 486) wird bestimmt, daß kein Schüler einer höheren Schule eine Prüfung in Religion abzulegen hat, der nicht am Religionsunterricht teilgenommen hat, sofern er nicht eine Prüfung in diesem Fach für sich beantragt.

k) Streitig ist die Frage, ob die Teilnahme an religiösen Unterrichtsfächern eine Anmeldung oder eine Abmeldung erfordert (näheres bei Landé, Schule S. 210). Die Praxis der preußischen Unterrichtsverwaltung verlangt jedenfalls eine Abmeldung; so der ME. vom 29. 3. 1924 — U III A 2277/23 U II — (ZBlUV. S. 122): „... Die Nichtteilnahme am Religionsunterricht erfordert ... grundsätzlich eine Erklärung ..." (so auch KG. vom 17. 12. 1926 in ZBlUV. 1927 S. 246).

l) Nach dem ME. vom 22. 8. 1919 — U III A 704 pp. — (ZBlUV. S. 594) findet die Befreiung vom Religionsunterricht zu Beginn des Schulhalbjahres für das Schulhalbjahr statt. Durch die ME. vom 15. 10. 1919 — U III A 1394 — (ZBlUV. S. 643) und vom 14. 6. 1928 — U III A 1151 — (ZBlUV. S. 220) ist jedoch klargestellt, daß die Abmeldung zu jedem Zeitpunkt an sich rechtlich zulässig ist und nur zweckmäßigerweise zu Beginn des Schulhalbjahres erfolgen soll (gegen die Zulässigkeit einer Vorschrift über Abmeldung zum Schulhalbjahr überhaupt OLG. Dresden vom 8. 12. 1926, Volksschularchiv Bd. 25 S. 66). Der ME. vom 15. 10. 1919 — U III A 1394 — (ZBlUV. S. 643) stellt außerdem noch klar, daß das Gesuch um Befreiung vom Religionsunterricht nicht halbjährlich wiederholt und daß nicht halbjährlich neu darüber entschieden werden muß; wer einmal befreit sei, bleibe selbstverständlich dauernd befreit.

m) Im übrigen ist noch festzustellen, daß die Willenserklärung über die Nichtteilnahme am Religionsunterricht — positiv oder negativ — für sich allein genügt, ein besonderer Akt der Schule also, der die Befreiung ausspricht, nicht wie sonst erforderlich ist. Die Befreiung tritt automatisch ein bei Eingang der Erklärung bei der Schule (ME. vom 29. 3. 1924 — U III A 2277/23 U II — (ZBlUV. S. 122).

2. Das Reichsgesetz über die religöse Kindererziehung vom 15. Juli 1921 (RGBl. S. 939) bestimmt:

„§ 1. Über religiöse Erziehung eines Kindes bestimmt die freie Einigung der Eltern, soweit ihnen das Recht und die Pflicht zusteht, für die Person des Kindes zu sorgen. Die Einigung ist jederzeit widerruflich und wird durch den Tod eines Ehegatten aufgelöst.

§ 2. Besteht eine solche Einigung nicht oder nicht mehr, so gelten auch für die religiöse Erziehung die Vorschriften des Bürgerlichen Gesetzbuches über das Recht und die Pflicht, für die Person des Kindes zu sorgen.

Es kann jedoch während bestehender Ehe von keinem Elternteil ohne die Zustimmung des anderen bestimmt werden, daß das Kind in einem anderen als dem zur Zeit der Eheschließung gemeinsamen Bekenntnis oder in einem anderen Bekenntnis als bisher erzogen oder daß ein Kind vom Religionsunterricht abgemeldet werden soll.

Wird die Zustimmung nicht erteilt, so kann die Vermittlung oder Entscheidung des Vormundschaftsgerichtes beantragt werden. Für die Entscheidung sind, auch soweit ein Mißbrauch im Sinne des § 1666 des BGB. nicht vorliegt, die Zwecke der Erziehung maßgebend. Vor der Entscheidung sind die Ehegatten sowie erforderlichenfalls Verwandte, Verschwägerte und die Lehrer des Kindes zu hören, wenn es ohne erhebliche Verzögerung oder unverhältnismäßige Kosten geschehen kann. Der § 1847 Abs. 2 des BGB. findet entsprechende Anwendung. Das Kind ist zu hören, wenn es das zehnte Jahr vollendet hat.

§ 3. Steht dem Vater oder der Mutter das Recht und die Pflicht, für die Person des Kindes zu sorgen, neben einem dem Kinde bestellten Vormund oder Pfleger zu, so geht bei einer Meinungsverschiedenheit über die Bestimmung des religiösen Bekenntnisses, in dem das Kind erzogen werden soll, die Meinung des Vaters oder der Mutter vor, es sei denn, daß dem Vater oder der Mutter das Recht der religiösen Erziehung auf Grund des § 1666 des BGB. entzogen ist.

Steht die Sorge für die Person des Kindes einem Vormund oder Pfleger allein zu, so hat dieser auch über die Erziehung des Kindes zu bestimmen. Er bedarf dazu der Genehmigung des Vormundschaftsgerichtes. Vor der Genehmigung sind die Eltern sowie erforderlichenfalls Verwandte, Verschwägerte oder die Lehrer des Kindes zu hören, wenn es ohne erhebliche Verzögerung oder unverhältnismäßige Kosten geschehen kann. Der § 1847 Abs. 2 des BGB. findet entsprechende Anwendung. Auch ist das Kind zu hören, wenn es das zehnte Lebensjahr erreicht hat. Weder der Vormund noch der Pfleger können eine schon erfolgte Bestimmung über die religiöse Erziehung ändern.

§ 4. Verträge über die religiöse Erziehung eines Kindes sind ohne bürgerliche Wirkung.

§ 5. Nach Vollendung des vierzehnten Lebensjahres steht dem Kinde die Entscheidung darüber zu, zu welchem religiösen Bekenntnis es sich halten will. Hat das Kind das zwölfte Lebensjahr vollendet, so kann es nicht gegen seinen Willen in einem anderen Bekenntnis als bisher erzogen werden.

§ 6. Die vorstehenden Bestimmungen finden auf die Erziehung des Kindes in einer nichtbekenntnismäßigen Weltanschauung entsprechende Anwendung.

§ 7. Für Streitigkeiten aus diesem Gesetz ist das Vormundschaftsgericht zuständig. Ein Einschreiten von Amts wegen findet dabei nicht statt, es sei denn, daß die Voraussetzungen des § 1666 des BGB. vorliegen.

§ 8. Alle diesem Gesetz entgegenstehenden Bestimmungen der Landesgesetze sowie Art. 134 des EinfG. zum BGB. werden aufgehoben.

§ 9. Verträge über religiöse Erziehung bleiben in Kraft, soweit sie vor Verkündung dieses Gesetzes abgeschlossen sind. Auf Antrag der Eltern oder des überlebenden Elternteils wird ein bestehender Vertrag durch Beschluß des Vormundschaftsgerichtes aufgehoben.

§ 10. Wenn beide Eltern vor dem Inkrafttreten dieses Gesetzes verstorben sind und über die religiöse Erziehung in einem bestimmten Bekenntnis nachweisbar einig waren, so kann der Vormund bestimmen, daß sein Mündel in diesem Bekenntnis erzogen wird. Er bedarf zu dieser Bestimmung der Genehmigung des Vormundschaftsgerichts.

§ 11. Das Gesetz tritt am 1. Januar 1922 in Kraft. Der Reichspräsident ist jedoch ermächtigt, das Gesetz für ein Land im Einvernehmen mit der Landesregierung zu einem früheren Zeitpunkt in Kraft zu setzen."

Über die Frage, wer nach bürgerlichem Recht das Sorgerecht für die Kinder hat, vgl. oben S. 50 und ausführlich, insbesondere im Hinblick auf dieses Gesetz, Engelmann S. 38 ff.

3. Zur Ausführung des Gesetzes bestimmt der ME. vom 29. 3. 1924 — U III A 2277/23 U II — (ZBlUV. S. 122) folgendes:

„Das Reichsgesetz über die religiöse Kindererziehung vom 15. Juli 1921 (RGBl. S. 939), das für Preußen auf Grund der Verordnung vom 8. September 1921 (RGBl. S. 1263) am 1. Oktober 1921 in Kraft trat, ist ohne weitere Ausführungsvorschriften anzuwenden (§ 11). Das Gesetz läßt grundsätzlich in erster Linie „die freie Einigung der Eltern" über die religiöse Erziehung ihrer Kinder bestimmen. Diese Einigung ist abweichend von früheren Landesrechten an keine Formvorschriften gebunden.

Bei allen Anlässen, die der Schulverwaltung eine Feststellung nahelegen, wie ein Schüler religiös erzogen werden soll, z. B. bei der Einschulung von Kindern aus Mischehen in konfessionelle Schulen, kommt es danach für die Schulverwaltung nur darauf an, daß die freie Einigung der Eltern zweifellos feststeht. Frühere strenge Formvorschriften für die Erziehung der Kinder aus Mischehen hat bereits der Erlaß vom 24. Juli 1918 — U III A 223 — (Zbl. S. 552 ff.) aufgehoben. Aber auch die dort vorgesehenen leichteren Formen sind nach dem Reichsgesetz über die religiöse Kindererziehung nicht mehr vorzuschreiben. Jeder Nachweis der Einigkeit der Eltern genügt, da sie nach Wortlaut und Sinn des Gesetzes in keiner Weise durch Formvorschriften belastet oder gar in ihrer Freiheit beeinflußt werden sollen. Als Nachweis kann auch die schriftliche oder mündliche Erklärung eines Elternteiles genügen, wenn sich nach den Gesamtumständen die Einigung zweifelsfrei ergibt (z. B. Erziehung der Geschwister in derselben Schule, persönliche Kenntnis des Schulleiters, dem die Erklärung abgegeben wird u. dgl.). Privatschriftliche oder mündliche Erklärungen beider Eltern werden in der Regel genügen, um die Einigung darzutun.

. . . ."

Zu der in dem hier nicht wiedergegebenen Absatz 3 dieses ME. getroffenen Regelung über die Nichtteilnahme am Religionsunterricht von zwölf- und dreizehnjährigen Kindern hat der Staatsgerichtshof folgenden grundsätzlichen Beschluß vom 24. 10. 1931 (ZBlUV. 1932 S. 555) gefaßt:

„Der umstrittene Erlaß des Preußischen Ministers für Wissenschaft, Kunst und Volksbildung vom 29. März 1924 ist eine Maßnahme der Schulverwaltung. Als deren oberster Leiter hat der Minister durch den Erlaß den nachgeordneten Schulbehörden Anweisungen über die Anwendung des Reichsgesetzes über die religiöse Kindererziehung vom 15. Juli 1921 erteilt. Er hat ihnen insbesondere aufgegeben, die Nichtteilnahme eines Kindes am Religionsunterricht von der Genehmigung beider Eltern abhängig zu machen, daneben aber, auch bei einem bereits zwölf- oder dreizehnjährigen Kinde, keine eigene Erklärung des Kindes zu fordern. Gegen diesen Erlaß können seines ausschließlich öffentlich-rechtlichen Charakters wegen keine unmittelbaren Einwendungen aus dem Reichsgesetz über die religiöse Kindererziehung erhoben werden. Denn dieses Gesetz hat einen rein privatrechtlichen Inhalt. Das Bürgerliche Gesetzbuch hat die religiöse Erziehung der Kinder nicht geregelt, sondern die landesgesetzlichen Vorschriften darüber unberührt gelassen (Art. 134 EG. zum BGB.). Diese Lücke im bürgerlichen Recht des Reichs hat das Gesetz vom 15. Juli 1921 unter Aufhebung aller ihm entgegenstehenden Bestimmungen der Landesgesetze sowie des genannten Art. 134 (§ 8) ausgefüllt.... Das Gesetz regelt also nur die familienrechtliche Seite der religiösen Kindererziehung. Es verteilt die hierbei in Betracht kommenden Rechte und Pflichten zwischen den Gewalthabern (Eltern, Vormund, Pfleger) und den Kindern einerseits, zwischen den einzelnen Gewalthabern (Vater, Mutter, Vormund, Pfleger) anderseits. Die öffentlich-rechtliche, die kirchen- und schulrechtliche Seite der religiösen Kindererziehung ist dagegen im Gesetz nicht behandelt worden.

Fehlt aus diesen Gründen dem Reichsgesetz über die religiöse Kindererziehung eine unmittelbare Bedeutung für die Gültigkeit des Ministerialerlasses vom 29. März 1924, so ist eine solche Bedeutung doch mittelbar gegeben. Das Bindeglied zwischen den beiden in Betracht kommenden Rechtsgebieten, zwischen dem bürgerlichen Familienrecht, dem das Reichsgesetz vom 15. Juli 1921 angehört, und dem öffentlichen Schulrecht, bildet Art. 149 Abs. 2 RVerf. Nach dieser Vorschrift, deren sofortige Rechtsverbindlichkeit unzweifelhaft ist, bleibt die Teilnahme an religiösen Unterrichtsfächern der Willenserklärung desjenigen überlassen, der über die religiöse Erziehung des Kindes zu bestimmen hat. Damit ist reichsverfassungsrechtlich festgelegt, wer über die Beteiligung eines Kindes am Religionsunterricht zu befinden hat. Sie wird nicht mehr staatlich erzwungen, ist nicht notwendig an das Bekenntnis gebunden, dem das Kind angehört, vielmehr ist sie freiwillig; der zur religiösen Erziehung des Kindes Berechtigte hat sich über sie schlüssig zu werden. Die Vorschrift ist öffentlich-rechtlicher Natur. Sie regelt in einem wesentlichen Punkt das öffentliche Schulrecht, die Beziehungen zwischen der Schule auf der einen, den Kindern und ihren Gewalthabern auf der anderen Seite. Ihre Rechtsnatur ist also der oben entwickelten des Reichsgesetzes über die religiöse Kindererziehung gerade entgegengesetzt. Trotzdem muß dieses bei Anwendung des Verfassungsartikels herangezogen werden. Denn er läßt offen, wer über die religiöse Erziehung des Kindes zu bestimmen hat, und verweist damit auf die diese familienrechtliche Frage regelnde Gesetzgebung. Sie war bei Erlaß der Reichsverfassung noch ausschließlich landesrechtlicher Natur. Das Landesrecht ist aber durch das Reichsgesetz vom 15. Juli 1921 ersetzt worden. Art. 149 Abs. 2 RVerf. hat nunmehr die Bedeutung, daß über die Teilnahme eines

Kindes am Religionsunterricht (zwischen „Religionsunterricht“ [Art. 149 Abs. 1], „religiösem Unterricht“ „religiösen Unterrichtsfächern“ [Abs. 2 das.] braucht jedenfalls für die Entscheidung der gegenwärtigen Streitsache nicht geschieden zu werden) der familienrechtlich zur religiösen Erziehung des Kindes Berufene entscheidet, daß dessen Entscheidung für die Schulverwaltung maßgebend ist.

Der Streit der Parteien führt also zu der Frage, wer nach dem Reichsgesetz über die religiöse Kindererziehung bei einem zwölf- oder dreizehnjährigen Kinde über dessen religiöse Erziehung zu bestimmen hat. Drei Möglichkeiten sind denkbar: die Bestimmung kann den Eltern (Vormund, Pfleger) oder dem Kinde oder beiden gemeinschaftlich zustehen. Welche dieser Möglichkeiten geltendes Recht ist, muß dem Gesetz vom 15. Juli 1921 entnommen werden.

Das Gesetz hat die Rechte der Gewalthaber und der Kinder bei der religiösen Kindererziehung unzweideutig gegeneinander abgegrenzt für die Zeit bis zum vollendeten zwölften und dann wiederum für die Zeit vom vierzehnten Lebensjahre ab. Bis zum zwölften Lebensjahre hat das Kind keinen Anteil an der Bestimmung über seine religiöse Erziehung. Sie steht ausschließlich den in §§ 1 bis 3 RelErz.Ges. genannten Personen zu. Die Pflicht des Vormundschaftsgerichts, das über zehn Jahre alte Kind in gewissen Fällen zu hören, ehe eine seine Erziehung betreffende Entscheidung ergeht (§ 2 Abs. 3 Satz 5, § 3 Abs. 2 Satz 5 Rel.Erz.Ges.), begründet keine Beteiligung des Kindes selbst an der Regelung seiner religiösen Erziehung. „Nach der Vollendung des vierzehnten Lebensjahres steht dem Kinde die Entscheidung darüber zu, zu welchem religiösen Bekenntnis es sich halten will“ (§ 5 Satz 1 Rel.Erz.Ges.). Von da an ist die Rechtslage also wiederum klar, die Bestimmung über die religiöse Erziehung steht dem Kinde selbst zu. Ob und inwieweit man von da an überhaupt noch von einer religiösen „Erziehung“ des zu so weitgehender Selbstbestimmung berufenen Kindes sprechen kann, bedarf keiner Erörterung. Jedenfalls fordert § 5 Satz 1 Rel.Erz.Ges. in Verbindung mit Art. 149 Abs. 2 RVerf., daß das über vierzehn Jahre alte Kind selbst bestimmt, ob es am Religionsunterricht teilnehmen will oder nicht.

Für die im gegenwärtigen Fall streitige Zwischenzeit, für das zwölfte und dreizehnte Lebensjahr, ist § 5 Satz 2 Rel.Erz.Ges. entscheidend, der besagt:

„Hat das Kind das zwölfte Lebensjahr vollendet, so kann es nicht gegen seinen Willen in einem anderen Bekenntnis als bisher erzogen werden.“

Für ein zwölf- oder dreizehnjähriges Kind gelten also zunächst noch die §§ 1 bis 3 Rel.Erz.Ges. Die darin genannten Personen bestimmen über seine religiöse Erziehung. Ihnen tritt aber das Kind selbst mit eigenem Recht zur Seite: gegen seinen Willen kann es nicht in einem anderen Bekenntnis als bisher erzogen werden. Hält man sich lediglich an den Wortlaut des Gesetzes, insbesondere an den Gegensatz der Fassung von Satz 2 zu der von Satz 1, welchem dem über vierzehn Jahre alten Kinde ausdrücklich die Entscheidung über sein religiöses Bekenntnis zuweist, so möchte man zu dem Schluß gelangen können, daß das zwölf- oder dreizehnjährige Kind noch nicht über seine religiöse Erziehung zu bestimmen habe. Indessen würde man damit dem sachlichen Gehalt des § 5 Satz 2 nicht gerecht werden. Er beläßt es zwar allein dem Ermessen des berufenen Gewalthabers, wie die einmal begonnene religiöse Erziehung des Kindes weitergeführt werden soll. Jede Änderung des Bekenntnisstandes des Kindes bedarf aber dessen Zustimmung. Bei einer so weitgehenden Beteiligung des Kindes an der Ordnung seiner religiösen Erziehung kann nicht mehr von einem alleinigen, wenngleich beschränkten Bestimmungsrecht der Eltern (des Vormunds oder Pflegers) gesprochen werden. Es steht ihnen und dem Kinde in Wirklichkeit gemeinsam zu, mag auch nicht jede Maßnahme eine Entschließung beider Teile fordern. Letzteres ist ja ebensowenig bei den Eltern der Fall, die nach der in §§ 1, 2 Rel.Erz.Ges. getroffenen Regelung gemeinschaftlich über die religiöse Erziehung ihrer Kinder zu bestimmen haben....

Der Wortlaut des Art. 149 Abs. 2 RVerf. steht dem gewonnenen Ergebnis keineswegs entgegen. Man wird sogar sagen müssen, daß es ihm am meisten entspricht. Die Befugnis, über die Teilnahme des Kindes an dem Religionsunterricht zu entscheiden, hängt nach der Reichsverfassung ab von einer durch objektive Normen geregelten Rechtslage, von dem Recht, über die religiöse Erziehung des Kindes zu bestimmen. Die Reichsverfassung setzt dieses Recht als einheitlich und gleichmäßig gestaltet voraus, als unabhängig von den Umständen, unter denen es im Einzelfall ausgeübt wird. Bei Anwendung dieser Vorschrift darf deshalb nicht auf die besonderen Beweggründe zurückgegangen werden, die gerade diese Eltern zur Erklärung über die Teilnahme oder Nichtteilnahme des Kindes am Religionsunterricht geführt haben. Insbesondere ist es im Verhältnis zur Schule unerheblich, ob die Abmeldung vom Religionsunterricht mit einem vollzogenen oder beabsichtigten Bekenntniswechsel im Zusammenhang steht oder nicht.

Die Schulverwaltung hat von der durch § 5 Satz 2 Rel.-Erz.Ges. allgemein geschaffenen Rechtslage auszugehen, daß ein zwölf- oder dreizehnjähriges Kind an der Bestimmung über seine religiöse Erziehung rechtlich beteiligt ist. Sie darf deshalb einem solchen Kinde, das bisher am Religionsunterricht teilgenommen hat, die Nichtteilnahme nur gestatten, wenn es selbst zustimmt. Nur so wird eine Verletzung des verfassungsgeschützten Mitbestimmungsrechts des Kindes wirklich vermieden. Bei dieser sich aus der Reichsverfassung ergebenden Rechtslage ist es auch unerheblich, daß § 5 Satz 2 Rel.Erz.Ges. — im Gegensatz zu § 2 Abs. 2 — die Anmeldung vom Religionsunterricht nicht besonders erwähnt.

Schulrechtlich ist sonach jede Abmeldung eines zwölf- oder dreizehnjährigen Kindes vom Religionsunterricht an seine Zustimmung gebunden. Sie kann auch nicht durch eine Entscheidung des Vormundschaftsgerichts ersetzt werden, da das Gesetz vom 15. Juli 1921 sie in § 5 nicht vorsieht (anders § 2 Abs. 3 das. für die Zustimmung des anderen Elternteils).....“

Mit Rücksicht auf diesen Beschluß des Staatsgerichtshofs ist dann durch ME. vom 18. 1. 1932 (ZBlUV. S. 58) Abs. 3 des ME. vom 29. 3. 1924 wie folgt gefaßt worden: „Die Nichtteilnahme am Religionsunterricht erfordert mit Rücksicht auf § 2 Abs. 2 des Reichsgesetzes über religiöse Kindererziehung grundsätzlich eine Erklärung beider Eltern. Nach dem Sinn des Art. 149 Abs. 2 der Reichsverfassung genügt aber auch für diese Erklärung einfachste Form. Jeder Schein einer Beeinflussung ist zu vermeiden. Es braucht nur festzustehen, daß die Berechtigten, die nach dem Reichsgesetz vom 15. Juli 1921 über die religiöse Erziehung des Kindes bestimmen, ihren Willen deutlich erklärt haben. Die Abmeldung eines zwölf- oder dreizehnjährigen Kindes vom Religionsunterricht bedarf der Zustimmung des Kindes. Diese kann durch eine Entscheidung des Vormundschaftsgerichts nicht ersetzt werden.“

4. Über die Form der Willenserklärung treffen noch nähere Bestimmungen die ME. vom 14. 11. 1919 — U III A 1551 —, 19. 1. 1921 — U III 2407 — 14. 3. 1921 — U III 448 —, 29. 3. 1921 — U III A 572 —.

5. Nach dem ME. vom 25. 2. 1921 — U II 12295 U III A — (ZBlUV. S. 131) sind die Erziehungsberechtigten von der Schule zu verständigen, wenn religionsmündige Schüler vom Religionsunterrichte befreit sind, und zwar unter Angabe der Tage und Stunden, an denen die Schüler keinen Unterricht haben.

§ 15.
Wahlfreie Fächer.

(1) Die Meldung zur Teilnahme an einem wahlfreien Fach[1])[2])[3]) oder an einer Arbeitsgemeinschaft[4]) verpflichtet für das laufende Schulhalbjahr.[5])

(2) Schüler, die dem Unterricht in einem wahlfreien Fache, für das sie sich gemeldet haben, wegen Überlastung oder aus einem sonstigen Grunde nicht zu folgen vermögen, können vom ferneren Besuche dieses Unterrichts befreit oder ausgeschlossen werden.[6]) Die Erziehungsberechtigten werden benachrichtigt.

Anmerkungen.

1. Nach § 5 des Schulgeldgesetzes sind durch die Entrichtung des Schulgeldes die gesamten Leistungen der Schule als solcher abgegolten. Ziff. 12 der Ausf.Anw. stellt dann klar, daß hiernach — im Gegensatz zu früher — eine Gebühr für die Erteilung von wahlfreiem Unterricht nicht mehr erhoben werden darf.

Was wahlfreier Unterricht in diesem Sinne ist, bestimmt die Schulaufsichtsbehörde. Nach dem ME. vom 26. 2. 1931 — U II 300 — (ZBlUV. S. 85), ergänzt durch den ME. vom 25. 4. 1931 — U II 516 — (ZBlUV. S. 146), gilt als wahlfreier Unterricht am Gymnasium Hebräisch und die zweite Fremdsprache, an der Oberrealschule und an der grundständigen deutschen Oberschule Latein, am Oberlyzeum Latein und Nadelarbeit. Dem wahlfreien Unterricht in diesem Sinne steht der Turn- und Nadelarbeitsunterricht für Mädchen an Knabenschulen gleich.

Über die genannten Fächer hinausgehender weiterer Unterricht ist kein wahlfreier Unterricht im eigentlichen Sinne, er ist daher auch von den Erziehungsberechtigten besonders zu bezahlen.

2. Nach den „Bestimmungen über die Mittelschulen" — U III D 2000 — unter B III sind wahlfrei, hier „unverbindliche" Fächer genannt, die dritte Fremdsprache an Mittelschulen, die nicht zugleich die Vorbereitung auf höhere Lehranstalten haben, in allen Mittelschulen hauswirtschaftlicher Unterricht für Mädchen und Werkunterricht sowie Unterricht in Gartenarbeit für Knaben und Mädchen, ferner Unterricht in Kurzschrift und Maschinenschreiben.

Über die Aufbringung der Kosten für diesen Unterricht trifft der Unterhaltsträger der mittleren Schule Bestimmung.

3. Nach den Dienstanweisungen überzeugt sich der Klassenleiter von Teilnahme und Verhalten der Schüler bei dem wahlfreien Unterricht.

4. Über Arbeitsgemeinschaften bestimmen die durch ME. vom 6. 4. 1925 — U II 800 — (ZBlUV. S. 116) eingeführten „Richtlinien für die Lehrpläne der höheren Schulen Preußens": „... Die für die freien Arbeitsgemeinschaften angesetzten lehrplanmäßigen Stunden dienen der Vertiefung und Ergänzung der von der betreffenden Schulart zu leistenden Bildungsarbeit. Sie sind daher nicht für wahlfreien Unterricht oder im Lehrplan nicht berücksichtigte Gebiete zu verwenden. Sie dürfen aber auch nicht zur Vermehrung der für ein Fach im Lehrplan festgesetzten allgemeinverbindlichen Wochenstunden verwandt werden, da die Teilnahme an ihnen unbedingt freiwillig sein muß. Es ist daher bei ihrer Einrichtung wesentlich von den Interessenrichtungen der Schüler unter Beachtung der Sonderbegabungen auszugehen. Alle Unterrichtsfächer der betreffenden Schulart können hierbei bedacht werden...."

5. Dieser Unterricht ist für diesen Zeitraum dann verbindlich im Sinne von § 9 der SchO.

6. Eine solche ausdrückliche Regelung bestand bisher noch nicht.

D. Lernmittel.

§ 16.

(1) Lernmittel wie Lehrbücher, Hefte, Schreib-, Zeichen- und Nadelarbeitsgerät, Turnkleidung usw.[1]) sind nach Vorschrift der Schule zu beschaffen[2])[3])[4])[5]) und zu halten.

(2) Die Schule hat das Recht, Schülerarbeiten einzubehalten.[6])

Anmerkungen.

1. Den Gegensatz zu den Lernmitteln bilden die Lehrmittel, das sind Gegenstände, die zwar auch für den Unterricht benötigt werden, aber nicht für den dauernden Gebrauch des einzelnen Schülers, sondern für den gemeinsamen Gebrauch bestimmt und daher von der Schule bereitzustellen sind.

2. Die Kosten trägt der Erziehungsberechtigte, da die in Art. 145 Satz 3 RV. ausgesprochene — praktisch übrigens meist nicht durchgeführte — Lernmittelfreiheit nur für Volks- und Fortbildungsschulen gilt.

3. Die ME. vom 23. 5. 1930 — U II 16 040 U III D — (ZBlUV. S. 178) und vom 12. 2. 1932 — U II 16 751/31

U III D — (ZBlUV. S. 44) geben nachdrückliche Anweisung an die Schulen, die vielfach festgestellte übermäßige Belastung der Erziehungsberechtigten mit der Anschaffung von Lernmitteln zu vermeiden.

4. Nach § 4 Abs. 2 des Schulgeldgesetzes können aus den Mitteln für die Begabtenförderung (Näheres s. unten S. 151) Lernmittel leihweise zur Verfügung gestellt werden. Die AusfAnw. bestimmt hierzu in Ziffer 10:

„....

d) Leihweise Hergabe von Lernmitteln (§ 4 Abs. 2). Diese Maßnahme wird in der Regel in der Form der Begründung oder Fortführung einer Hilfsbücherei praktisch werden können. In solche Hilfsbüchereien können neben eigentlichen Lehrbüchern besonders auch Hilfsmittel für den Unterricht und die Arbeitsgemeinschaften eingestellt werden.

Die Entscheidung darüber, in welcher Höhe die bereitstehenden Mittel für jeden dieser einzelnen Zwecke verwendet werden sollen, hat bei staatlichen höheren Schulen der Schulleiter nach Anhörung der Gesamtkonferenz, bei kommunalen höheren Schulen der Schulausschuß auf Vorschlag des Schulleiters."

5. Bei Weigerung des Erziehungsberechtigten, die geforderten Lernmittel zu beschaffen, greift ggf. § 23 Abs. 2 der SchO. Platz.

6. Diese Bestimmung gründet sich auf folgendes Urteil des OVG. vom 10. 6. 1898 (ZBlUV. S. 372):

„....

d) Die Sache selbst anlangend, so kann das Eigentum an den Heften — oder anderen Lehrmitteln —, die für die Schüler angeschafft sind, diesen im allgemeinen auch im Schulinteresse nicht entzogen werden. Dagegen stehen — sofern nicht besondere, im vorliegenden Falle indes weder behauptete noch sonst ersichtliche Verhältnisse eine Ausnahme bedingen — die in der Schule oder für dieselbe von den Schülern gemachten Arbeiten zur Verfügung der Schule. Daraus ergibt sich, daß in der Regel die Schule berechtigt ist, die Arbeiten und folglich auch das Papier, auf dem sie geschrieben sind, nach ihrem pflichtmäßigen Ermessen zurückzuhalten. Dies zu tun, muß sie auch zu dem — von dem Beklagten verfolgten — Zwecke, nämlich zur Verhütung eines ihren unterrichtlichen und erziehlichen Aufgaben zuwiderlaufenden Mißbrauches mit den Heften, für wohlbefugt erachtet werden. Darin ändert hier auch das Ausscheiden der Tochter des Klägers aus der Schule nichts, da es sich um eine im Schulinteresse getroffene Maßnahme handelte, deren Gründe über jenen

Zeitpunkt hinaus, und zwar mit verstärktem Gewichte fortdauerten. Auf unbeschriebenes Papier in den Heften darf die Schule Anspruch allerdings nicht erheben; dessen Austrennung und Mitnahme hat aber auch der Beklagte dem Mädchen unbestritten nicht verwehrt. Bei den Heftdeckeln darf, selbst wenn man sie noch als Zubehör der gelieferten Arbeiten ansehen wollte, davon ausgegangen werden, daß sie sich, zumal da der Zusammenhalt ohnehin durch Herausnahme des unbeschriebenen Papiers gelockert war, von dem beschriebenen, d. i. dem Inhalte der Hefte, nicht ohne Beschädigung des letzteren hätten trennen lassen.

Belanglos ist es, ob die Zurückbehaltung und demnächstige Vernichtung alter Aufsatzhefte der Schülerinnen von dem Direktor der Anstalt durch eine allgemeine oder eine nur an den Beklagten gerichtete Weisung angeordnet war, und wo der Beklagte die Hefte aufzubewahren für gut befunden hat. Ebensowenig kommt es darauf an, daß angeblich in einzelnen Fällen die Anordnung unbeachtet geblieben ist...."

E. Schulzucht.

§ 17.

Allgemeines.

(1) Von den Schülern wird erwartet, daß sie innerhalb und außerhalb der Schule und ihrer Veranstaltungen sich als Angehörige der Schule und ihrer Gemeinschaft fühlen und sich demgemäß verhalten.[1]) Es ist Pflicht des Schülers, den Anordnungen der Schule und der Lehrer, unter Vorbehalt nachfolgender Beschwerde,[2])[3])[4]) zu folgen.

(2) Die Schüler haben sich innerhalb der Schule und ihrer Veranstaltungen aller politischen Streitigkeiten und jeder herausfordernden Betonung eines Parteistandpunktes zu enthalten.[5]) Es ist ihnen jede parteipolitische Betätigung in der Schule und bei deren Veranstaltungen verboten.[6])[7])

Anmerkungen.

1. Nach den Dienstanweisungen ist es erste Aufgabe der Schulzucht, durch vorbeugende Maßregeln die Schüler vor Verfehlungen zu bewahren.

2. Hier wird zum ersten Mal das Verhältnis von Anstaltsgewalt und Grundrechten der Schüler praktisch (über das allgemeine s. oben S. 30). Art. 126 RV. bestimmt nämlich: „Jeder Deutsche hat das Recht, sich schriftlich mit Bitten und Beschwerden an die zuständige Behörde oder an

die Volksvertretung zu wenden. Dieses Recht kann sowohl von einzelnen als auch von mehreren gemeinsam ausgeübt werden." Das sogenannte Petitionsrecht gehört zu den Grundrechten, die lediglich gegen das allgemeine Gewaltverhältnis gemünzt sind, d. h. es kann durch Gesetz oder durch Eintritt in besondere Gewaltverhältnisse Einschränkungen erfahren (Anschütz RV. S. 509 Anm. 1). Was zunächst das Recht der Beschwerde „an die zuständige Behörde" anlangt, so handelt es sich um keine dem Schüler erst jetzt neu bzw. unbeschränkt gewährte Rechtsstellung; es war bereits nach den Dienstanweisungen gegeben, und zwar dort wie hier ohne ausdrückliche Beschränkung auf ein bestimmtes Lebensalter. Selbstverständlich besteht es aber nur im Rahmen der Schranken, welche sich aus dem besonderen Gewaltverhältnis ergeben (Anschütz RV. S. 501); es verleiht also nicht die Befugnis, bei seiner Ausübung Handlungen zu begehen, die Strafen rechtfertigen, z. B. Beleidigungen der Lehrer usw. (vgl. hierzu OVG. Bd. 77 S. 512 und Schultze-Simons S. 223). Wichtiger ist jedoch die Frage, ob den Schülern damit gleichzeitig das Recht gegeben ist, sich mit Petitionen auch „an die Volksvertretung" zu wenden. An sich stände ihnen dieses Recht uneingeschränkt zu, da es hier, jedenfalls nach dem Wortlaut der Bestimmung, nicht ausdrücklich ausgeschlossen ist. Andererseits enthält aber — im Gegensatz zur Beschwerde an die Behörden, die eine interne Angelegenheit bleibt — die Petition an die Volksvertretung notwendig ein Hinaustragen von Schulangelegenheiten in die Öffentlichkeit, da diese Eingaben in öffentlicher Sitzung des Landtages erledigt werden. Damit ist aber der Fall des § 19 Abs. 5 der SchO. gegeben: es bedarf dazu der Zustimmung des Anstaltsleiters. Die Versagung der Zustimmung würde dann der Form nach zwar eine Beschränkung des Petitionsrechts, der Sache nach jedoch eine Einschränkung des Rechts der freien Meinungsäußerung des Schülers darstellen (so auch Schaar S. 63); über dessen Beschränkbarkeit s. unten S. 119.

3. Nach den Dienstanweisungen sind Beschwerden der Schüler über einen Lehrer zunächst an den Klassenleiter zu richten, der die Schüler, soweit nicht eine Erledigung durch gütliche Erörterung möglich ist, an den Anstaltsleiter verweist, der allein Anordnungen eines Lehrers abändern kann.

4. Über das Beschwerderecht der Erziehungsberechtigten s. unten S. 137.

5. Eine der praktischen Auswirkungen dieser Bestimmung stellt z. B. das Verbot des Tragens von Abzeichen pp. nach § 18 Abs. 3 der SchO. dar.

6. Diese Anordnungen enthalten zweifellos eine Beschränkung des Rechts der freien Meinungsäußerung. Art. 118 Abs. 1 RV. bestimmt: „Jeder Deutsche hat das Recht, innerhalb der Schranken der allgemeinen Gesetze seine Meinung durch Wort, Schrift, Druck, Bild oder in sonstiger Weise frei zu äußern. An diesem Recht darf ihn kein Arbeits- oder Anstellungsverhältnis hindern, und niemand darf ihn benachteiligen, wenn er von diesem Rechte Gebrauch macht." Die Entscheidung der Frage, ob hiermit das Recht der freien Meinungsäußerung auch innerhalb der besonderen Gewaltverhältnisse geschützt ist, hängt wesentlich davon ab, welche Bedeutung man dem sehr unklaren Begriff „allgemeine Gesetze" beilegt (näheres hierüber bei Hellwig S. 18 ff.). Nachdem das OVG. (Bd. 76 S. 445, Bd. 77 S. 519, Bd. 78 S. 264, 274) hierunter auch die allgemeinen Polizeigesetze begreift, kann man wohl feststellen, daß durch Art. 118 Abs. 1 RV. nicht einmal ein polizeibegrenzendes Grundrecht der freien Meinungsäußerung geschaffen worden ist. Nach durchaus herrschender Meinung fallen demnach unter „allgemeine Gesetze" in diesem Sinne u. a. auch die zur Regelung der besonderen Unterwerfungsverhältnisse gewisser Personenkreise (Beamte, Studenten, Schüler usw.) erlassenen Bestimmungen (Anschütz RV. S. 419, Thoma Festschrift S. 213, Hellwig S. 29, Schultze-Simons S. 108, 204, Schaar S. 60). Die hier angeordneten Beschränkungen des Rechtes der freien Meinungsäußerung der Schüler sind also rechtlich zulässig, so daß es keiner weiteren Untersuchung darüber bedarf, ob ein solches Recht seinem inneren Gehalt nach nicht überhaupt erst von einer gewissen Altersgrenze ab vorstellbar wäre (was Hellwig S. 19 verneint).

Daß eine Meinungsäußerung nicht nur Äußerungen im eigentlichen Sinne des Wortes, sondern auch Handlungen, Gebärden und dergl. in sich begreift, ist zweifelsfrei. Damit ist auch das Verbot der parteipolitischen „Betätigung" über das gesprochene Wort hinaus gedeckt, wobei allerdings festzustellen ist, daß es eine scharf umrissene und brauchbare Definition von „parteipolitisch" nicht gibt, während andererseits sicher ist, daß eine solche Betätigung auch für die Regierungsparteien in der Schule untersagt ist.

7. Selbstverständlich ist auch den Lehrern jede parteipolitische Beeinflussung der Schüler untersagt (vgl. z. B. ME. vom 14. 11. 1919 — U II 2323 pp. — (ZBlUV. S. 608) und vom 30. 12. 1921 — U II 6201 — (ZBlUV. 1922 S. 241). Durch den ME. vom 29. 8. 1925 — U II 1431 U III A — (ZBlUV. S. 279) ist der Schule außerdem noch die besondere Aufgabe zugewiesen, auf die Entpolitisierung des Schullebens hinzuwirken.

§ 18.

Verhalten innerhalb der Schule.[1]

(1) Die Ordnung innerhalb der Schule kann durch eine Hausordnung geregelt werden.[2]

(2) Geldsammlungen dürfen in der Schule grundsätzlich nicht veranstaltet werden.[3] Eine Befreiung vom Schulbesuch zur Beteiligung an öffentlichen Sammlungen ist nicht statthaft.[4][5]

(3) Abzeichen, Bänder und andere Sinnbilder jeder Art dürfen in der Schule und bei ihren Veranstaltungen nicht getragen werden.[6][7][8] An Schulfeiertagen dürfen die verfassungsmäßigen Reichs- und Landesfarben getragen werden.[9]

(4) Schul- oder Klassenmützen zu beschaffen, die von der Schule zugelassen sind, steht den Eltern frei.[10]

(5) Schüler dürfen in der Schule oder bei ihren Veranstaltungen Waffen[11][12] und gefährliche Werkzeuge[13] nicht bei sich führen. Zuwiderhandlungen werden mindestens mit Androhung der Verweisung, im Wiederholungsfalle mit Verweisung aus der Schule bestraft.[14]

Anmerkungen.

1. Zweck einer Anstaltsordnung sollte es sein, die Stellung der Benutzer im Anstaltsbetriebe möglichst vollständig zu regeln oder mindestens zum Ausdruck zu bringen; das dürfte besonders für den Fall zu gelten haben, daß dem Anstaltsbenutzer nicht nur Pflichten auferlegt, sondern, wenn vielleicht auch nur bescheidene, Rechte — außer dem der eigentlichen Anstaltsbenutzung — zugebilligt werden. Es muß daher auffallen, daß die neue SchO. weder hier noch an anderer Stelle eine Einrichtung erwähnt, die von der Unterrichtsverwaltung ausdrücklich zu dem Zwecke geschaffen worden ist, die Schüler zur tätigen Mitarbeit am gesamten Leben ihrer Schule heranzuziehen, nämlich die sogenannte Schülerselbstverwaltung. Da aus dem Schweigen der neuen SchO. keineswegs der Schluß zu ziehen ist, daß sie nunmehr aufgehoben ist, wenn vielleicht auch nicht überall ausgiebiger Gebrauch von dieser Einrichtung gemacht wird, wird nachstehend wenigstens der Wortlaut der durch den ME. vom 21. 4. 1920 — U II 952 U III — (ZBlUV. S. 317) veröffentlichten „Bestimmungen und Richtlinien für die Schülerselbstverwaltung“ wiedergegeben.

I. Selbstverwaltung im engeren Sinne.

1. Die Schüler (Schülerinnen) aller Klassen haben am Anfang jeden Schulhalbjahres „Sprecher" (Sprecherinnen) in geheimer Wahl zu wählen. Im ersten Halbjahr der Sexta können die Sprecher vom Klassenleiter ernannt werden. Die Zahl der Sprecher und ihre Amtsdauer wird von der Lehrerkonferenz bestimmt.

Auch die übrigen Klassenämter werden durch Wahl besetzt. Über die Geltungsdauer der Wahlen entscheidet die Lehrerkonferenz.

2. Die Sprecher der Klasse bilden mit den übrigen Klassenbeamten den Klassenausschuß.

3. Bei Vollanstalten bilden die Sprecher der Klassen von U II, bei Nichtvollanstalten von U III an aufwärts, ... den Schülerausschuß, der sich einen „Berater" aus den Mitgliedern des Lehrkörpers wählt. Dieser stellt zugleich das Bindeglied zwischen Schülerausschuß und Lehrerkonferenz dar. Eine Ergänzung des Schülerausschusses durch je einen Vertreter der in der Schule bestehenden Vereine ist zu empfehlen.

II. Klassen- und Schulgemeinde.

a) Klassengemeinde.

Wenigstens einmal im Monat benutzt der Klassenleiter oder im Einvernehmen mit ihm ein anderer Lehrer der Klasse eine lehrplanmäßige Stunde zur Aussprache über Angelegenheiten der Klassengemeinschaft oder andere von den Schülern vorgeschlagene Fragen. Die übrigen in der Klasse unterrichtenden Lehrer können, soweit sie unterrichtsfrei sind, an dieser Klassengemeinde teilnehmen. Auf Wunsch des Klassenausschusses tagt die Klassengemeinde auch selbständig; innerhalb des lehrplanmäßigen Unterrichts höchstens alle zwei Wochen, außerhalb der Schulzeit auch öfter.

Die Vereinigung mehrerer Klassen zu gemeinsamen Besprechungen ist zulässig.

b) Schulgemeinde.

1. Die unter I 3 genannten Klassen können sich zur Schulgemeinde zusammenschließen. Ob weitere Klassen dauernd oder für bestimmte Fälle zugelassen werden sollen, darüber entscheidet die Schulgemeinde selbst.

2. Die Schulgemeinde soll den Schülern Verständnis für die große Gemeinschaft geben, in die sie gestellt sind, und Gelegenheit bieten, selbst an deren Aufbau und Weiterentwicklung mitzuarbeiten. Sie pflegt daher die freie Aussprache über Fragen der Schule und des Lebens. Erörterungen über einzelne Mitglieder des Lehrkörpers sind nicht statthaft. Als Vortragende können mit Zustimmung

der Lehrerkonferenz auch außerhalb der Schule stehende Persönlichkeiten zugelassen werden.

3. Wo eine Schulgemeinde noch nicht besteht, muß zu Beginn jeden Schuljahres über ihre Einführung klassenweise abgestimmt werden.

4. Die Leitung der Schulgemeinde liegt in den Händen des Vorsitzenden des Schülerausschusses oder des Beraters.

5. Ihre Geschäftsordnung gibt sich die Schulgemeinde selbst.

6. Die Mitglieder des Lehrkörpers haben das Recht, an der Schulgemeinde beratend teilzunehmen.

7. Die Schulgemeinde tritt wenigstens einmal monatlich in einer lehrplanmäßigen Stunde zusammen.

8. Die Schulgemeinde hat das Recht, Anträge durch den Schülerausschuß an die Lehrerkonferenz zu stellen.

9. Der Schülerausschuß ist der Schulgemeinde verantwortlich und hat ihr über seine Tätigkeit Bericht zu erstatten.

10. Eine Schulgemeinde darf nur am Schlusse des Schulhalbjahres mit 3/4-Mehrheit der Stimmberechtigten wieder aufgehoben werden.

2. Eine Hausordnung wird sich darauf beschränken müssen, den äußeren Schulbetrieb im Anstaltsgebäude und auf dem Anstaltsgrundstück zu regeln; darüber hinausgehende Bestimmungen gehören, wenn eine scharfe Abgrenzung auch nicht immer möglich sein wird, in die SchO., deren Bestimmungen nicht auf dem Umwege über eine Hausordnung wieder eingeengt werden dürfen. Wegen der Internate vgl. oben S. 42.

3. Aus dem ME. vom 28. 7. 1922 — U II 571 pp. — (ZBlUV. S. 360): „... Durch die Sammlungen innerhalb der Schule, bei denen sich leicht ein den ärmeren Schüler drückender Wetteifer zeigt, fühlen sich die Eltern, die oft auch sonst noch für dieselben Zwecke in Anspruch genommen werden, über Gebühr belastet. Sie machen aber auch geltend, daß die Sammeltätigkeit der Schüler und Schülerinnen gar zu leicht ihre Aufmerksamkeit von den Schularbeiten ablenkt. ...".

Das Verbot gilt ganz allgemein, ohne Rücksicht auf den Zweck der Geldsammlung.

4. Das bestimmte bereits der ME. vom 28. 7. 1922 — U II 571 — (ZBlUV. S. 360), der im übrigen die Beteiligung der Schüler an öffentlichen Sammlungen in der schulfreien Zeit in das Ermessen der Erziehungsberechtigten stellte.

Öffentliche Sammlungen bedürfen der vorherigen Genehmigung der Landesverwaltungsbehörde, die als Ermessensentscheidung auch an Bedingungen geknüpft sein kann. Auf dieser Rechtsgrundlage bestimmt der Erl. d. Min. f. Volkswohlf. vom 12. 5. 1925 — KW 556 — (ZBlUV. 1926 S. 23), daß die Genehmigung zu öffentlichen Sammlungen davon abhängig zu machen ist, daß als Sammler keine Kinder und keine Jugendlichen unter 18 Jahren zugelassen werden. Ein weiterer Erl. vom 14. 4. 1927 — KW 223 — (ZBlUV. S. 168) schränkt das allerdings für rein ländliche Gegenden wieder ein, sofern gewisse Vorkehrungen zum Schutze der Jugendlichen getroffen werden.

5. Hinsichtlich der Schulgruppen des Vereins für das Deutschtum im Auslande bestimmt der ME. vom 23. 8. 1930 — U II 902 pp. — (ZBlUV. S. 279): „Sammlungen dürfen innerhalb der Schulgruppen veranstaltet werden; innerhalb und außerhalb der Schulen aber sind sie aus erzieherischen Gründen nicht gestattet. Eine unzulässige Sammlung liegt indessen nicht vor, wenn einzelne Schulen, die Mitglieder der Schulgruppen sind, gelegentlich im Kreise ihrer Verwandten und Bekannten einen Beitrag für ihre Gruppe erbitten. Für eine solche Tätigkeit kommt jedoch eine irgendwie geartete Mitwirkung oder Verantwortung der Schule nicht in Frage..."

6. Wegen der Zulässigkeit der hierin liegenden Beschränkung der Meinungsfreiheit vgl. oben S. 119.

7. Nach dem ME. vom 23. 8. 1930 — U II 902 pp. — (ZBlUV. S. 279) fällt unter das Verbot auch das Vereinsabzeichen des Vereins für das Deutschtum im Auslande, nach dem ME. vom 24. 6. 1931 — U II 615 II U VI — weiter das deutsche Turn- und Sportabzeichen.

8. Nach dem ME. vom 29. 8. 1925 — U II 1431 U III A — (ZBlUV. S. 279) ist auch das bloße Mitbringen von Abzeichen in die Schule selbst oder zu ihren Veranstaltungen verboten.

9. Das bestimmte bereits der ME. vom 18. 6. 1926 — U II 482 U III A — (ZBlUV. S. 250).

10. Diese Regelung traf schon der ME. vom 28. 2. 1921 — U II 97 pp. — (ZBlUV. S. 132).

11. Soweit es sich hierbei um Schußwaffen handelt, ist das hier ausgesprochene Verbot bereits erlassen und wesentlich schärfer ausgestaltet durch folgende Bestimmungen des Gesetzes über Schußwaffen und Munition vom 12. 4. 1928 (RGBl. I S. 143):

„§ 10. (1) Schußwaffen oder Munition dürfen nur gegen Aushändigung eines behördlich ausgestellten Waffen- oder Munitions-Erwerbsscheins ... erworben werden ...

(3) Abs. 1 gilt nicht für

1. die Überlassung von Schußwaffen oder Munition auf einem polizeilich genehmigten Schießstand zur Benutzung lediglich auf diesem Schießstand....

§ 15. (1) Wer außerhalb seiner Wohnung, seiner Geschäftsräume oder seines befriedeten Besitztums eine Schußwaffe führt, muß einen behördlich ausgestellten Erlaubnisschein (Waffenschein) bei sich tragen. Als Führen einer Schußwaffe gilt nicht ihr Gebrauch auf polizeilich genehmigten Schießständen....

§ 16. (1) Waffen- (Munitions-) Erwerbsscheine oder Waffenscheine dürfen nur an Personen, gegen deren Zuverlässigkeit keine Bedenken bestehen, ausgestellt werden, Waffenscheine außerdem nur bei Nachweis eines Bedürfnisses. Die Ausstellung hat insbesondere zu unterbleiben

1. An Personen unter zwanzig Jahren...

(3) Ausnahmen von Abs. 1 Nr. 1 ... können auf Antrag von der zuständigen Behörde bewilligt werden.

§ 17. (1) Personen, denen nach § 16 Abs. 1 Nr. 1 ... ein Waffen- (Munitions-) Erwerbsschein oder ein Waffenschein nicht ausgestellt werden darf, sind, wenn nicht eine Ausnahme nach § 16 Abs. 3 bewilligt ist, auch zum Besitze von Schußwaffen oder Munition nicht berechtigt.

(2) Personen, die zum Besitze von Schußwaffen oder Munition nicht berechtigt sind, haben die in ihrem Besitz befindlichen Schußwaffen und Munition unverzüglich der zuständigen Behörde gegen Empfangsbescheinigung in Verwahrung zu geben. Haben sie einen gesetzlichen Vertreter, so liegt ihm diese Verpflichtung ob....

§ 25. (1) Mit Gefängnis bis zu drei Jahren und mit Geldstrafe oder mit einer dieser Strafen wird bestraft, wer vorsätzlich oder fahrlässig den Bestimmungen dieses Gesetzes zuwider

1. Schußwaffen, Munition ... erwirbt ... oder besitzt,
2. Schußwaffen führt...

§ 26. Wer es vorsätzlich oder fahrlässig unterläßt, zu verhindern, daß eine zu seiner Hausgemeinschaft gehörige und seiner Aufsicht oder Erziehung unterliegende Person unter zwanzig Jahren den Vorschriften dieses Gesetzes zuwider Schußwaffen, Munition ... erwirbt, ... anderen überläßt, ... besitzt oder Schußwaffen führt, wird gemäß § 25 dieses Gesetzes bestraft."

Weiter ist aber auch ein Verbotsrecht der Schule zum größten Teil gegenstandslos geworden durch das Gesetz gegen den Waffenmißbrauch vom 28. 3. 1931 (RGBl. I S. 77):

„§ 1. (1) Wer außerhalb seiner Wohnung, seiner Geschäftsräume oder seines befriedeten Besitztums eine Waffe führt, die ihrer Natur nach dazu bestimmt ist, durch Hieb, Stoß oder Stich Verletzungen beizubringen (Hieb- oder Stoßwaffe), wird mit Gefängnis bis zu einem Jahre und mit Geldstrafe oder mit einer dieser Strafen bestraft.

(2) Die Waffe kann eingezogen werden, auch wenn sie nicht dem Täter gehört...

§ 2. § 1 findet keine Anwendung auf ...

4. Inhaber von Waffenscheinen im Sinne des § 15 des Gesetzes über Schußwaffen und Munition vom 12. April 1928 (Reichsgesetzbl. I S. 143), soweit nicht im Waffenscheine das Führen von Hieb- oder Stoßwaffen ausgeschlossen oder beschränkt ist...“

Über den Begriff der „Hieb- oder Stoßwaffe“ und das „Führen“ solcher Waffen im Sinne dieses Gesetzes vgl. RGStr. Bd. 66 S. 191.

12. Der Begriff der Waffe wird hier nicht anders als in § 223a RGStrB. zu verstehen sein, d. h. es fallen hierunter, außer den bereits erwähnten Schuß- und Hieb- oder Stoßwaffen, alle Gegenstände, die mit dem Zweck hergestellt sind, in Angriff oder Verteidigung Körperverletzungen beizubringen.

13. Als Werkzeug im Sinne von § 223 RGStrB. kommt jeder der Außenwelt angehörende Gegenstand in Betracht, sofern er durch menschliche Körperkraft in Bewegung gesetzt wird und auf mechanischem Wege verletzt. Für die Frage, ob ein solcher Gegenstand ein gefährliches Werkzeug ist, ist nur die objektive Beschaffenheit maßgebend und außerdem die Art der Benutzung zu berücksichtigen (RGStr. Bd. 4 S. 397, RMG. Bd. 5 S. 41). Obwohl das Wort „gefährliches Werkzeug“ hier dem Begriff des Strafgesetzbuches offensichtlich nachgebildet ist, dürfte nicht zu bezweifeln sein, daß hier die Grenzen enger zu ziehen sind, als sie die Rechtsprechung für diesen Begriff herausgebildet hat, die z. B. sogar den Schuh am menschlichen Körper als gefährliches Werkzeug ansieht (vgl. RMG. Bd. 4 S. 153, Bd. 14 S. 40). Es werden also darunter nur die Dinge fallen, die nach allgemein üblicher Anschauung gefährliche Werkzeuge sind, wie z. B. Schlagringe, Stahlruten u. dgl.

14. Dieses ist der einzige Fall, daß die SchO. selbst wegen Verletzung der Schulbestimmungen Bestrafung bindend an-

ordnet und sogar das Strafmaß regelt, was sonst der Konferenz vorbehalten ist. Diese Bestimmung stellt somit einen Befehl an die Organe der Schule dar, der nicht in die SchO. gehört falls in dieser die Schulstrafen selbst nicht geregelt sind; hierüber vgl. unten S. 164.

§ 19.

Verhalten außerhalb der Schule.

(1) Die Verantwortung für das Verhalten der Schüler außerhalb der Schule und ihrer Veranstaltungen[1]) steht — unbeschadet des § 17 Abs. 1 — den Erziehungsberechtigten zu.[2]) Die Schule behält sich vor, ihrerseits einzugreifen, soweit ihre Zwecke es notwendig machen.[3])

(2) Für den Besuch von Gasthäusern,[4]) Theater-[5]) und Lichtspielvorstellungen,[6]) Konzerten, Gerichtsverhandlungen, öffentlichen Vorführungen, Vorträgen, Versammlungen[7]) und dergleichen durch Schüler tragen die Erziehungsberechtigten die Verantwortung; die Schule behält sich vor, in besonderen Fällen einschränkende Bestimmungen zu treffen.[8])

(3) Für die Zugehörigkeit der Schüler zu außerschulischen Vereinen und für den Besuch ihrer Veranstaltungen tragen die Erziehungsberechtigten die Verantwortung.[9])[10]) Es ist den Schülern indes untersagt, solchen Vereinigungen anzugehören und an ihren Veranstaltungen teilzunehmen, die sich nach ihren Satzungen oder nach ihrer Betätigung gegen den Staat und die geltende Staatsform richten, seine Einrichtungen bekämpfen oder Mitglieder der Regierung des Reiches oder eines Landes verächtlich machen, die verfassungsmäßigen Grundrechte der Deutschen mißachten, Glieder der deutschen Volksgemeinschaft ihrer Abkunft, ihres Glaubens oder ihres Bekenntnisses wegen bekämpfen oder die sonst in ihren Bestrebungen und Zielen die Erziehung zum Bürger der Deutschen Republik im Sinne des Artikels 148 der Reichsverfassung gefährden.[11]) [12])

(4) Schülervereine im engeren Sinne, d. h. Vereine, die ausschließlich aus Schülern einer Schule bestehen, dürfen nur mit Zustimmung der Schule[13]) gegründet werden.[14]) Diese genehmigt auch die Satzungen, die für die Ablehnung der Aufnahme eines Schülers die Zu-

stimmung der Schule vorsehen müssen. Der Verein kann vorübergehend oder dauernd aufgehoben werden, falls er sich anders als im Sinne seiner Satzungen betätigt oder gegen Ordnung und gute Sitten verstößt.[15])

(5) Die Schüler bedürfen für öffentliche Bekanntmachungen oder öffentliche Kundgebungen sowie für Veröffentlichungen in Druck und Schrift über Vorkommnisse in der Schule der Zustimmung des Schulleiters.[16])

Anmerkungen.

1. Die Erstreckung der Anstaltsgewalt auf die Schüler auch außerhalb des eigentlichen Unterrichts und des Aufenthalts in der Schule ergibt sich schon aus dem Umstande, daß der Unterricht z. B. durch Aufgabe von Hausarbeiten den Schüler außerhalb des Anstaltsbereiches erfassen muß, mehr noch aber aus dem Wesen der Erziehung, die sich notwendig nicht auf das Leben des Schülers in der Schule allein beschränken kann (vgl. hierzu auch RG. in ZBlUV. 1895 S. 294, OVG. Bd. 15 S. 454, Bd. 60 S. 482).

Auch während der Ferien unterstehen die Schüler grundsätzlich den Schulzuchtbestimmungen (Maury S. 70).

2. Die Schule verzichtet hier in erheblichem Umfange auf die Ausübung ihres Erziehungsrechts, jedenfalls soweit es sich um das Leben der Schüler außerhalb der Schule handelt. Wie oben (S. 46) ausgeführt, ist das nur zulässig, soweit nicht eine Pflicht zur Ausübung dieses Rechts statuiert ist. In Art. 148 Abs. 1 RV. wird, wie bereits gezeigt, allerdings der Schule auch die Erziehung zur Pflicht gemacht; es ist hier aber nichts näheres darüber bestimmt, in welchem Umfange dieses Recht, das nur ein Teilerziehungsrecht ist, auszuüben ist, so daß die Unterrichtsverwaltung frei in ihrer Entschließung ist, wie weit sie die Grenzen zur Erreichung ihrer Aufgaben ziehen will. Die innere Begründung für diesen Verzicht der Schule gibt der ME. vom 23. 12. 1922 — U II 1404 pp. — (ZBlUV. 1923 S. 19) mit den Worten: „... [Die Schule] muß vielmehr ihre Arbeit darauf einstellen, daß sie unter den heutigen Verhältnissen mit weit stärkeren Einflüssen von außen her, mit offenen und geheimen, zu rechnen hat ..."

3. Der Anschauungswandel über die Einflußnahme der Schule auf das außerschulische Leben der Schüler, wie er in Gegensatz zu früher gerade in § 19 dieser SchO. offenbar wird, dürfte es wohl verhindern, daß auf dem Umwege über diese an sich sehr dehnbare Bestimmung viele Streitfragen der

früheren Zeit, wie z. B. Verbot des Aufenthalts auf gewissen Straßen, Verbot des Aufenthalts auf den Straßen nach bestimmten Abendstunden, Verbot der Benutzung von Mietbüchereien und was dergleichen „Erziehungsmaßnahmen“ mehr waren, jetzt wieder praktisch werden können; insofern haben die ausführlichen Betrachtungen und Wertungen solcher Einzelmaßnahmen, wie sie Mohs S. 135 ff. und Schaar S. 67 ff., letzterer oft mit recht gekünstelten Begründungen (hierzu zutreffend Maurh S. 71), anstellen, nur mehr historischen Wert.

4. Die Notwendigkeit schulischer Maßnahmen gegenüber dem Wirtshausbesuch ist, wenigstens in gewissem Umfange, fortgefallen durch die folgenden Bestimmungen des Gaststättengesetzes vom 28. 4. 1930 (RGBl. I S. 145):

„§ 16 (1) Verboten ist:

1. an Personen, die das 18. Lebensjahr noch nicht vollendet haben, Branntwein oder überwiegend branntweinhaltige Genußmittel im Betriebe einer Gast- oder Schankwirtschaft oder im Kleinhandel zum eigenen Genusse zu verabreichen,
2. an Personen, die das 16. Lebensjahr noch nicht vollendet haben, in Abwesenheit der zu ihrer Erziehung Berechtigten oder seines Vertreters auch andere geistige Getränke ... im Betriebe einer Gast- oder Schankwirtschaft zu eigenem Genusse zu verabreichen...

(2) Landesrechtliche Bestimmungen zum Schutze der Jugend, die über die Ziffer 1 und 2 des Abs. 1 hinausgehen, bleiben unberührt.“

Nach der Begründung zu diesem Gesetz sind als Erziehungsberechtigte in den Fällen der Ziff. 2 Eltern, Vormünder, Pfleger sowie solche Personen anzusehen, welche den Jugendlichen mit ausdrücklicher oder stillschweigender Zustimmung seines gesetzlichen Vertreters als Erzieher, Lehrer, Lehrmeister oder in einem ähnlichen Verhältnis in ihre Obhut genommen haben. Hiermit ist den Lehrern jedoch lediglich eine gewisse moralische Verpflichtung auferlegt worden, strafbar allein ist der Wirt gemäß § 29 Ziff. 7 dieses Gesetzes. Weitergehende landesgesetzliche Vorschriften im Sinne von Abs. 2 sind übrigens in Preußen nicht ergangen.

5. Durch den Aufruf des Rates der Volksbeauftragten vom 12. 11. 1918 (RGBl. S. 1303), aufrechterhalten durch das Übergangsgesetz vom 4. 3. 1919 (RGBl. S. 285), ist unter Abs. 1 Nr. 3 die Vorzensur für Theaterstücke endgültig aufgehoben worden. Demnach sind durchaus Fälle des Schutz-

bedürfnisses der Jugend gegenüber gewissen Theateraufführungen denkbar, das auch die Schule kraft ihres Erziehungsrechts durch einschränkende Bestimmungen für den Besuch bestimmter Stücke — nicht aber des Theaterbesuches allgemein — wahrnehmen könnte, wenn auch nicht muß (vgl. hierzu auch Schaar S. 68 ff., der aber in der Einengung des Verbotsrechts der Schule viel zu weit geht).

6. Die Rechtsentwicklung hat auf diesem Gebiet das Aufsichts- und Einschränkungsrecht der Schule überholt durch folgende, nach Art. 118 Abs. 2 Satz 1 RV. ausdrücklich zulässige, Bestimmungen des Lichtspielgesetzes vom 12. 5. 1920 (RGBl. S. 953):

„§ 1. Bildstreifen (Filme) dürfen öffentlich nur vorgeführt ... werden, wenn sie von den amtlichen Prüfungsstellen (§§ 8, 13) zugelassen sind...

Die Zulassung eines Bildstreifens ... ist zu versagen, wenn die Prüfung ergibt, daß die Vorführung des Bildstreifens geeignet ist, lebenswichtige Interessen des Staates oder die öffentliche Ordnung oder Sicherheit zu gefährden, das religiöse Empfinden zu verletzen, verrohend oder entsittlichend zu wirken, das deutsche Ansehen oder die Beziehungen Deutschlands zu auswärtigen Staaten zu gefährden...

§ 3. Bildstreifen, zu deren Vorführung Jugendliche unter achtzehn Jahren zugelassen werden sollen, bedürfen besonderer Zulassung.

Von der Vorführung vor Jugendlichen sind außer den im § 1 Abs. 2 verbotenen alle Bildstreifen auszuschließen, von welchen eine schädliche Einwirkung auf die sittliche, geistige oder gesundheitliche Entwicklung oder eine Überreizung der Phantasie der Jugendlichen zu besorgen ist.

Auf Antrag des gemeindlichen Jugendamts oder eines Jugendamts des Bezirks oder, falls kein Jugendamt besteht, auf Antrag der Schulbehörde, kann unbeschadet weitergehender landesgesetzlicher Vorschriften die Gemeinde oder ein Gemeindeverband nach Anhörung von Vertretern der Organisationen für Jugendpflege zum Schutze der Gesundheit und der Sittlichkeit weitere Bestimmungen für die Zulassung der Jugendlichen festsetzen, zu deren Innehaltung die Unternehmer der Lichtspiele verpflichtet sind. Diese können Einspruch gegen die Festsetzung bei der zuständigen Stelle erheben.

Kinder unter sechs Jahren dürfen zur Vorführung von Bildstreifen nicht zugelassen werden."

Hiernach sind also Schüler gegen schädliche, den Erziehungszweck der Schule gefährdende Einflüsse von Filmen geschützt. Mit Recht hat daher der ME. vom 2. 9. 1931 — U II 1100 — (ZBlUV. S. 263) den früheren ME. vom 8. 3. 1912 — U II 164 — (ZBlUV. S. 358) über die Einschränkung des Besuches der Kinematographentheater als durch das Lichtspielgesetz überholt aufgehoben. Verbote einzelner jugendzugelassener Filme durch die Schule sind unzulässig. Der etwas mißverständlich gefaßte Abs. 3 gibt den Gemeinden nur das Recht, auf Antrag für die Vorstellungen als solche weitergehende Anordnungen zu treffen, wie z. B. Verbot des Verkaufs von Näschereien, Trennung der Sitzplätze nach Geschlechtern usw. (Seeger im Archiv für Urheber-, Film- und Theaterrecht Bd. 1 S. 426). Natürlich kann die Schule im Rahmen ihres Erziehungszweckes den Besuch bestimmter Lichtspieltheater verbieten.

7. Art. 123 Abs. 1 RV.: „Alle Deutschen haben das Recht, sich ohne Anmeldung oder besondere Erlaubnis friedlich und unbewaffnet zu versammeln.“ Die hier gewährte Versammlungsfreiheit ist nach durchaus herrschender Meinung ein lediglich „polizeibegrenzendes“ Grundrecht (Anschütz RV. S. 502, Thoma Festschrift S. 204, Jellinek S. 206, Schaar S. 58). Auf Art. 123 kann sich demnach nicht berufen, wer in einem besonderen Gewaltverhältnis steht; Schüler müssen als Anstaltsbenutzer es sich also gefallen lassen, daß Schulordnungen ihre Versammlungsfreiheit soweit einschränken, als es der Anstaltszweck erfordert.

Wahlmündigen Schülern dürfte allerdings die Teilnahme an Wahlversammlungen nicht zu versagen sein, da das verfassungsmäßige Wahlrecht zu seiner richtigen Ausübung erfordert, daß ein Wahlwille überhaupt gebildet werden kann. Der Wahlberechtigte hat allein zu entscheiden, in welcher Weise er dieses Ziel erreichen will. Vgl. auch hierzu die Rede des Kultusministers im Pr. Landtag vom 17. 3. 1931, 216. Sitzung, stenogr. Bericht Sp. 18 820.

8. Hierzu ist dasselbe zu bemerken, was oben bereits in Anm. 3 gesagt worden ist.

9. Für das Grundrecht des Art. 124 Abs. 1 RV.: „Alle Deutschen haben das Recht, zu Zwecken, die den Strafgesetzen nicht zuwiderlaufen, Vereine oder Gesellschaften zu bilden. Dieses Recht kann nicht durch Vorbeugungsmaßregeln beschränkt werden. Für religiöse Vereine und Gesellschaften gelten dieselben Bestimmungen“ gilt hinsichtlich seiner Beschränkbarkeit genau das gleiche, was in Anm. 6 zum Recht der Versammlungsfreiheit der Schüler gesagt worden ist (vgl.

auch das dort angeführte Schrifttum). Daß die Freiheit der Vereinigung zu Religionsgesellschaften im Sinne von Art. 137 Abs. 1 RV. nicht das gleiche ist wie die Freiheit zur Bildung religiöser Vereine, versteht sich von selbst.

10. Zum Begriff des Vereins in diesem Sinne gehört nicht, daß er einen solchen oder eine Gesellschaft des bürgerlichen Rechts darstellt. Vielmehr ist nur erforderlich ein auf die Dauer berechneter Zusammenschluß mehrerer Personen zur Verfolgung eines gemeinsamen Zweckes unter gemeinsamer Leitung und Organisation. Ortsgruppen und andere Unterteile sind nur dann Vereine, wenn sie in sich selbst den Begriff des Vereins erfüllen und ein eigenes Vereinsleben führen (vgl. hierüber auch OVG. in Bd. 39 S. 434 und im Reichsverwaltungsblatt S. 500).

Nach dem Urteil des RG. vom 11. 5. 1928 (im „Recht" 1928, Nr. 2206) bilden Kinder von 10 bis 14 Jahren, die gruppenweise unter Führung erwachsener Gruppenleiter zusammengehalten werden, nur dann einen Verein, wenn sie aus freiem Entschluß bei Unterordnung des einzelnen unter den Willen der Gesamtheit gemeinsame Zwecke verfolgen, nicht aber schon dann, wenn sie sich nur unter dem von ihren Eltern gegen sie ausgeübten Zwange zusammengeschlossen haben.

11. Wann diese Voraussetzungen vorliegen, ist im allgemeinen nicht generell geregelt, sondern von der einzelnen Schule pflichtmäßig zu prüfen. Von ihr ist auch das Verbot auszusprechen, das natürlich nachher von der Schulaufsichtsbehörde ggf. auch auf andere Orte und Gebiete ausgedehnt werden kann. Ohne weiteres ist aber die Zugehörigkeit zu solchen Vereinen untersagt, die von der Reichs- oder Landesregierung oder ihren Organen allgemein verboten sind.

12. Über die inneren Gründe der Haltung der Unterrichtsverwaltung gegenüber der Beteiligung von Schülern an Vereinen unterrichten ausführlich die ME. vom 4. 8. 1922 — U II 761 pp. — (ZBlUV. S. 364) und vom 23. 12. 1922 — U II 1404 pp. — (ZBlUV. 1923 S. 19).

13. Nach der Konferenzordnung ist zuständig die Gesamtkonferenz.

14. Der ME. vom 23. 8. 1930 — U II 902 — (ZBlUV. S. 279) bestimmt über das Verhalten der Schule: „... bei allen Schülervereinen muß die Entscheidung über den Eintritt von Schülern .... dem Erziehungsberechtigten überlassen bleiben .... [es] muß die Schule und müssen die einzelnen Lehrer sich jeglicher mittelbaren und unmittelbaren Handlung

peinlich enthalten, die als ein Druck zum Eintritt ... gedeutet werden kann."

Durch den gleichen ME. wird übrigens noch klargestellt, daß die Schulgruppen des Vereins für das Deutschtum im Auslande Schülervereine sind.

15. Da ein Recht der Schüler auf unbeschränkte Vereinsfreiheit nicht besteht, kann die Erlaubniserteilung der Schule auch unter Bedingungen (im weitesten Sinne des Wortes) erfolgen. Rechtlich gesehen stellen Satz 2 und 3 dieses Absatzes nicht eigentlich Eingriffe in das Vereinsleben selbst dar, sondern Beschränkungen und Widerrufsvorbehalte der Erlaubnis für den einzelnen Schüler zur Beteiligung an einem Schülerverein.

16. Dieser ganze Absatz betrifft das Hinaustreten der Schüler in die Öffentlichkeit in den verschiedensten Formen, also den Gebrauch des Rechtes der freien Meinungsäußerung, der bei Schülern Beschränkungen unterworfen werden kann (s. oben S. 119) und hier durch das Erfordernis der Genehmigung auch tatsächlich ist. Ausnahmsweise wird hier übrigens einmal in der SchO. selbst das Organ der Schule bezeichnet, das für diesen Akt zuständig ist.

F. Zusammenarbeit mit dem Elternhaus.[1])

§ 20.

(1) Die Erziehungsberechtigten, die ihre Kinder einer Schule anvertrauen, können einen Erfolg der Schularbeit nur erwarten, wenn sie es sich auch ihrerseits angelegen sein lassen, die Beziehungen zwischen Elternhaus und Schule über den Bezirk des nur Pflichtmäßigen hinaus zu pflegen. In allgemeinen Angelegenheiten werden die Interessen der Elternschaft durch den Elternbeirat wahrgenommen.[2])

(2) Die Erziehungsberechtigten werden sich insbesondere über Leistungen und Gesamtverhalten der Schüler ständig zu unterrichten suchen.[3]) Es wird von den Erziehungsberechtigten erwartet, daß sie Beobachtungen und Erscheinungen, die Rückschlüsse auf die körperliche und geistige Haltung der Schüler gestatten oder die für die Arbeit an den Schülern dienlich sind, auch ohne besondere Aufforderung zum Anlaß einer Rücksprache mit den Lehrern oder dem Leiter der Schule nehmen und daß sie einer Bitte um eine persönliche Unterredung baldigst folgen.

(3) Leiter und Lehrer der Schule, besonders der Klassenleiter, stehen während der bekanntgegebenen Sprechstunden den Erziehungsberechtigten zur Verfügung.[4]) In den Pausen kann Auskunft nur in Notfällen erteilt werden.

(4) Wünschen Erziehungsberechtigte einem Schüler nichtlehrplanmäßigen Unterricht geben oder ihm in einem lehrplanmäßigen Fache Nachhilfeunterricht erteilen zu lassen, so tun sie gut, sich vorher mit der Schule ins Benehmen zu setzen.[5])

(5) Die Wahl einer Pension für auswärtige Schüler erfolgt zweckmäßigerweise im Benehmen mit dem Schulleiter.[6]) Durch Beschluß der Gesamtkonferenz[7]) kann auf Grund ungünstiger Tatsachen eine Pension als ungeeignet bezeichnet und das Verbleiben in ihr verboten werden.[8])

(6) Mitteilungen der Erziehungsberechtigten geschehen zweckmäßig in geschlossenem Umschlage. Schriftliche Mitteilungen der Schule an die Erziehungsberechtigten ergehen als gebührenpflichtige Dienstsache.[9])[10])

(7) Der Erziehungsberechtigte oder sein Stellvertreter hat die Kenntnisnahme der von der Schule ausgestellten Zeugnisse durch Namensunterschrift zu bescheinigen.

(8) Wenn Erziehungsberechtigte mit Vorgängen in der Schule oder mit deren Anordnungen nicht einverstanden sind, empfiehlt es sich, zunächst den Klassenleiter aufzusuchen. Vermag dieser nicht abzuhelfen oder richtet sich die Beschwerde[11]) gegen ihn selbst, so wäre der Schulleiter anzurufen. Es ist zweckmäßig, erst wenn diese Stellen entschieden haben, die Schulaufsichtsbehörden und erst in letzter Linie den Minister für Wissenschaft, Kunst und Volksbildung anzugehen.[12])

Anmerkungen.

1. Über das Verhältnis zwischen Schule und Erziehungsberechtigten im allgemeinen s. oben S. 45. Die überaus vorsichtige Formulierung gerade des § 20 beweist im übrigen deutlich die hier vertretene Auffassung, daß es nicht die Zweckbestimmung der SchO. sein kann, das Verhältnis zwischen Schule und Erziehungsberechtigten normativ zu regeln.

2. Über den Elternbeirat bestimmen die durch den ME. vom 5. 11. 1919 — U II 1769 — bekannt gegebenen „Satzungen für die Elternbeiräte an Schulen“:

„Unter Aufhebung aller entgegenstehenden früheren Bestimmungen wird folgendes verfügt:

1. Allgemeines.

In jeder Schule wird ein Elternbeirat gebildet. Er soll der Förderung und Vertiefung der Beziehungen zwischen Schule und Haus dienen und den Eltern wie der Schule die Arbeit miteinander und den Einfluß aufeinander gewährleisten.

2. Zusammenstellung und Wahl.

Der Elternbeirat setzt sich nur aus Vertretern der Elternschaft zusammen.

Der Leiter der Schule und die Mitglieder des Lehrerkollegiums nehmen in der Regel an den Sitzungen des Elternbeirates mit beratender Stimme teil, doch kann der Elternbeirat auch ohne ihre Zuziehung tagen.

Der Elternbeirat wird in geheimer Verhältnislistenwahl nach Maßgabe der beiliegenden Wahlordnung [hier nicht mit abgedruckt] gewählt.

Auf je 50 Kinder einer Schule entfällt ein Beiratsmitglied, die Mindestzahl der Mitglieder beträgt fünf.

Die Wahl erfolgt auf zwei Jahre.

Ein Elternbeiratsmitglied scheidet aus, wenn sein Kind die Schule verläßt. Es wird durch den nächsten Kandidaten seiner Liste ersetzt.

3. Erste Einberufung.

Der Schulleiter beruft acht Tage nach erfolgter Wahl die Gewählten, die aus sich heraus den Vorsitzenden und andere Geschäftsführende bestimmen.

4. Tagungen.

Der Vorsitzende beruft den Elternbeirat nach Bedarf, mindestens aber einmal im Halbjahr. Außerordentliche Sitzungen müssen auf Antrag der Lehrerkonferenz der Schule oder eines Drittels der Beiratsmitglieder stattfinden.

Bei Behandlung von Einzelfällen können andere Persönlichkeiten, deren Teilnahme dienlich erscheint, zugezogen werden, Stimmrecht steht ihnen nicht zu.

Wichtige persönliche Angelegenheiten sind als vertraulich zu bezeichnen und zu behandeln.

In die Niederschriften der Beratungen des Elternbeirats, soweit die Beratungen nicht vertraulicher Art waren, können alle Eltern und Lehrer der Schule Einsicht nehmen.

5. Zuständigkeiten.

Die Tätigkeit des Elternbeirats ist beratender Natur. Sie erstreckt sich auf Wünsche und Anregungen des Elternkreises, die sich auf den Schulbetrieb, die Schulzucht und die körperliche, geistige und sittliche Ausbildung der Kinder beziehen und über den Einzelfall hinaus von allgemeiner Bedeutung sind.

Soll bei schwerwiegenden Verfehlungen gegen einen Schüler (Schülerin) die Verweisung von der Schule ausgesprochen oder ihm im Abgangszeugnis eine Sittennote gegeben werden, die ihm das Fortkommen erheblich erschweren oder ihn in den Augen der Allgemeinheit herabsetzen würde, so ist mit Zustimmung der Eltern des Schülers der Elternbeirat vorher zu hören.

Alle Beschlüsse des Elternbeirats sind dem Lehrkörper der Schule mitzuteilen.

Der Elternbeirat beruft in Verbindung mit dem Lehrkörper Gesamtelternversammlungen ein, um wichtige Fragen durch Vorträge und Aussprache klarzustellen."

Näher kann hier auf diese Einrichtung nicht eingegangen werden; vgl. hierzu Holstein im A.f.ö.R. N.F. Bd. 12 S. 229ff. und für die Erläuterung der einzelnen Bestimmungen und die Wahlordnung Varrentrapp a.a.O.

3. Nachdem durch den ME. vom 22. 12. 1930 — U II 1930 — (ZBlUV. 1931 S. 9) die allgemeinen Urteile über Aufmerksamkeit, Fleiß und Betragen fortgefallen sind, ist die Befolgung dieses Rates für die Erziehungsberechtigten besonders wichtig.

4. Hierüber bestimmt die Dienstanweisung für die männlichen höheren Schulen unter A 4: „Um den Verkehr zwischen der Schule und den Eltern zu fördern, hat der Direktor selbst regelmäßige Sprechstunden anzusetzen und auch die Lehrer dazu anzuhalten. Er wird dafür sorgen, daß diese Sprechstunden immer genügend bekannt werden." Die Dienstanweisung für die weiblichen Schulen bestimmt unter A 5: „Um den Verkehr zwischen der Schule und den Eltern zu fördern, müssen die Direktoren an allen Schultagen, alle Ordinarien mindestens einmal wöchentlich in einer den Schülerinnen am Vierteljahrsanfang mitzuteilenden Stunde für die Angehörigen ihrer Zöglinge im Schulgebäude zu sprechen sein." Beide Dienstanweisungen bestimmen noch folgendes: „Der Direktor ist verpflichtet, den Eltern, den Vormündern oder Pflegern der Schüler Auskunft über das Verhalten der Zöglinge zu erteilen, auch unaufgefordert, wo er es für nötig hält, zu raten und zu warnen; in der Regel jedoch wird er sie mit ihren Wünschen zunächst an den Klassenleiter verweisen. . . ."

5. Diese allein richtige Formulierung gab schon der ME. vom 29. 11. 1876 — U II 5804 — (Beier S. 390).

6. Damit ist die Bestimmung der Dienstanweisung abgeändert, daß der Anstaltsleiter über die Zulässigkeit einzelner Pensionen zu entscheiden hat.

7. Nach der Konferenzordnung hatte die Gesamtkonferenz dieses Recht bisher nicht, sie ist hierdurch also materiell abgeändert.

8. Das Sorgerecht für ein Kind umfaßt nach § 1631 BGB. auch das Recht, den Aufenthalt des Kindes zu bestimmen. Es läßt sich nicht verkennen, daß mit dieser Bestimmung der SchO. in dieses Recht erheblich eingegriffen wird. Formal könnte man das damit begründen, daß das Recht der Aufenthaltsbestimmung, das schon das BGB. gesondert von dem Recht der Erziehung aufführt, nicht Teil des durch Art. 120 RV. geschützten Erziehungsrechts und daher durch Schulbestimmungen beschränkbar sei (a. M. Mohs S. 141). Sachlich wird die Berechtigung zu einem solchen Verbot weniger aus einem gegenüber auswärtigen Schülern gesteigerten Aufsichtsrecht, das in dieser Allgemeinheit nicht zu rechtfertigen wäre, als vielmehr aus der Pflicht der Schule herzuleiten sein, von ihren sonstigen Schülern schädliche Einflüsse fernzuhalten, die als von einer bestimmten Pension ausgehend festgestellt sind (so auch Mohs. S. 162).

9. Die Berechtigung für die Schule hierzu ergibt sich aus der Bekanntmachung des Generalpostamts vom 28. 11. 1871 in Verbindung mit dem Erl. des Reichspostministers vom 10. 10. 1924 (ZBlUV. 1925 S. 17).

Durch den ME. vom 4. 5. 1922 — U II 211 — (ZBlUV. S. 227) ist unter Abänderung der Bestimmungen der Dienstanweisung angeordnet, daß Mitteilungen an die Eltern zunächst versuchsweise als gebührenpflichtige Dienstsache zu versenden sind. Durch die SchO. ist diese Anordnung nunmehr als endgültig erklärt.

Der ME. vom 4. 6. 1923 — U II 557 pp. — (ZBlUV. S. 247) stellt klar, daß auch die Leiter der städtischen höheren Schulen berechtigt sind, Mitteilungen an die Eltern als gebührenpflichtige Dienstsache zu bezeichnen.

Nach dem ME. vom 5. 9. 1922 — U II 10 632 — (ZBlUV. S. 228) ist zugelassen, daß in ganz unbedenklichen Fällen, wo kein Anlaß zur Verheimlichung vorliegt, Mitteilungen der Schule durch die Schüler bestellt werden dürfen.

10. Aus dem ME. vom 24. 6. 1923 — U II 557 pp. — (ZBlUV. S. 247):

„...

(2) Die Empfänger solcher Dienstbriefe können zur Annahme nicht gezwungen werden. Verweigern sie die Annahme, so muß das Porto auf die Anstaltskasse übernom-

men werden, da die betreffende Anstalt nach den bestehenden Bestimmungen als Absender für die entstandenen Postgebühren haftbar ist. Diese Regelung gilt für alle öffentlichen höheren Lehranstalten...

(4) Im übrigen vermag ich nicht anzuerkennen, daß in den Fällen, in denen die Erziehungsberechtigten die Annahme von Mitteilungen verweigern, die ihnen von der Schule als gebührenpflichtige Dienstsache übersandt werden, Anlaß zu disziplinarem Einschreiten gegen die betreffenden Schüler... gegeben ist, auch wenn einzelne Schulordnungen Bestimmungen in dieser Hinsicht enthalten sollten. Es ist vielmehr Aufgabe der Anstaltsleiter ..., gegebenenfalls unter Beteiligung des Elternbeirats die Erziehungsberechtigten ernstlich darauf hinzuweisen, daß die Annahme dieser Briefe in der Regel den Eltern und ihren Kindern zugute kommt und daß die Schule die Verantwortung für alle Folgen ablehnen muß, die sich aus einer Verweigerung der Annahme für Eltern und Schüler ergeben."

11. Es bedarf keiner besonderen Begründung, daß das Beschwerderecht der Erziehungsberechtigten als solcher im Gegensatz zu dem der Schüler keinerlei Beschränkungen unterworfen ist.

12. Die Einhaltung des Instanzenweges kann für die Erziehungsberechtigten natürlich nicht vorgeschrieben werden, empfiehlt sich aber in ihrem eigenen Interesse, um eine schnellere Erledigung der Angelegenheit zu sichern.

G. Schulgeld.[1][2]

§ 21.

(1) Die Erziehungsberechtigten[3] sind zur Entrichtung des bestimmungsmäßigen Schulgeldes verpflichtet.[4][5][6][7] Das gleiche gilt für besondere Auflagen im Rahmen des § 5 Abs. 1 des Schulgeldgesetzes.[8]

(2) An staatlichen höheren Schulen ist das Schulgeld monatlich im voraus an die Schulkasse zu zahlen.[9] Abmeldung befreit von der Schulgeldzahlung nur, wenn sie bis zum letzten Schultage des Vormonats dem Anstaltsleiter zugegangen ist. Nach vorausgegangener Mahnung kann das Schulgeld im Verwaltungszwangsverfahren beigetrieben und der Schüler vom Unterricht einstweilen ausgeschlossen werden.[10] Geht der Schüler innerhalb eines Kalendermonats auf eine andere öffentliche Schule über, so ist das Schulgeld für diesen Monat nur einmal zu ent-

richten.[11]) An den nichtstaatlichen öffentlichen höheren und an den mittleren Schulen gelten für die Schulgeldzahlung die Bestimmungen des Unterhaltsträgers.

(3) Begabte und würdige minderbemittelte Schüler können von der Entrichtung des Schulgeldes ganz oder teilweise befreit werden.[12])[13]) Die Befreiung kann ganz oder teilweise zurückgenommen werden, wenn in den Verhältnissen, die für die Bewilligung maßgebend waren, eine wesentliche Veränderung eingetreten ist.[14])[15])

(4) An den höheren Schulen werden auf Antrag des Erziehungsberechtigten Geschwisterermäßigungen gewährt, sofern die wirtschaftlichen Verhältnisse des Erziehungsberechtigten dies rechtfertigen und nicht mangelnde Begabung des Kindes eine Ausbildung auf anderen als höheren Schulen angezeigt erscheinen läßt; dabei werden nur solche Kinder gezählt, die eine öffentliche oder private mittlere, höhere, Fach- oder Hochschule besuchen. Wird Geschwisterermäßigung bewilligt, so beträgt das Schulgeld für das zweite Kind höchstens drei Viertel, für ein drittes Kind die Hälfte des regelmäßigen Schulgeldsatzes; für weitere Kinder wird ein Schulgeld nicht erhoben.[16]) An den öffentlichen mittleren Schulen gelten für die Gewährung von Geschwisterermäßigungen die vom Unterhaltsträger mit Genehmigung der Schulaufsichtsbehörde erlassenen Bestimmungen.[17])

Anmerkungen.

1. Für die öffentlichen höheren Schulen ist das Schulgeld durch Gesetz vom 18. 7. 1930 (GS. S. 202) — SchGG. — geregelt; es ist abgeändert worden durch Gesetz vom 21. 4. 1931 (GS. S. 59), durch § 1 in Teil 2 Kap. XV der V. vom 12. 9. 1931 (GS. S. 199) und § 19 der V. vom 23. 12. 1931 (GS. S. 296). Zu dem Gesetz ist unter dem 19. 7. 1930 — U II 1074 — (ZBlUV. S. 222) eine vorläufige Ausführungsanweisung ergangen, die durch eine endgültige vom 26. 6. 1931 — U II 76 III pp. — (ZBlUV. S. 196) ersetzt worden ist. Zu beachten sind ferner noch die Bestimmungen der Kassenordnung für die staatlichen höheren Schulen von 1910.

2. Eine gesetzliche Regelung des Schulgeldes für die mittleren Schulen fehlt. Es bewendet hier also bei den bestehenden Bestimmungen, d. h. das Schulgeld wird von dem Unterhaltsträger der Schule festgesetzt, der dazu der Ge-

nehmigung der Schulaufsichtsbehörde gemäß § 18 f. der Instruktion zur Geschäftsführung der Regierungen vom 23. 10. 1817 (GS. S. 248) bedarf. Im übrigen ist bei den mittleren Schulen von weiterer Einflußnahme auf die Schulgeldregelung durch zentrale Bestimmungen abgesehen worden.

3. Über die Frage, wer zur Zahlung des Schulgeldes verpflichtet ist, hat das OVG. in einem Urteil vom 2. 6. 1905 (Bd. 47 S. 200), das zwar nur für das Fremdenschulgeld ergangen ist, aber auch für das sonstige Schulgeld Geltung beanspruchen kann, folgendes ausgeführt: „Das Fremdenschulgeld ist eine Gebühr, d. i. eine Gegenleistung für die in der Beschulung der Gastkinder liegende Leistung der Gemeinde. Zu ihrer Zahlung ist also verpflichtet, wer die Leistung empfängt oder in Anspruch nimmt. Nun besuchen zwar die Kinder die Schule, nicht deren Eltern; rechtlich aber nehmen den Schulunterricht — die Leistung der Gemeinde — diejenigen in Anspruch, welche gesetzlich für einen ordnungsmäßigen Schulunterricht der Kinder zu sorgen haben. Das sind im allgemeinen wie auch hier die Eltern (vgl. Urteil vom 2. April 1892, Entscheidung des Oberverwaltungsgerichts Bd. 23 S. 114). Denn die Eltern haben ihren Kindern — falls diese nicht ausreichendes eigenes Vermögen besitzen — standesgemäßen Unterhalt zu gewähren, wozu auch die Kosten der Erziehung gehören, und ihnen steht nach gesetzlichen Bestimmungen die Sorge für die Person der Kinder und damit das Recht und die Pflicht der Erziehung zu (§§ 1601 ff., insbesondere 1602 Abs. 2, 1610, 1626 ff. BGB.). Ein Ausfluß des Erziehungsrechts ist das Recht, die Schule zu bestimmen, welche das Kind besuchen soll. Mit dem Erziehungsrecht steht das Recht der Bestimmung hierüber bei Lebzeiten beider Eltern dem Vater allein zu (§§ 1626, 1627, 1684 a.a.O.). Insoweit führt die Revisionsvorschrift mit Recht aus, daß der Klägerin als Mutter irgend ein Einfluß auf die Auswahl der Schule nicht zugestanden habe, daß somit der Besuch der Schule in L. rechtlich allein eine Rechtshandlung ihres Mannes sei. Verfehlt ist indes der von der Klägerin daraus gezogene Schluß, daß sie für das Schulgeld überhaupt nicht aufzukommen habe; denn das Recht, die Schule auszuwählen, und die Pflicht, die Kosten des Schulunterrichts zu zahlen, fallen nicht zusammen. Klar wird dies ohne weiteres für den Fall, daß das Kind eigenes freies Vermögen besitzt. Gleiches gilt bei Beachtung der gesetzlich geregelten Möglichkeit, daß die elterliche Gewalt eines zahlungsfähigen Vaters ruht oder verwirkt ist (vgl. z. B. §§ 1635, 1666, 1676 ff. BGB.). Die Kosten des Unterrichts haben nicht die Erziehungsberechtigten zu tragen, sondern, wie schon dargelegt, die Unter-

haltspflichtigen, falls das Kind nicht eigenes freies Vermögen besitzt. Unterhaltspflichtig aber ist an sich nach § 1603 Abs. 2 a.a.O. jeder Elternteil aufs Ganze mit der durch § 1606 Abs. 2 gegebenen Maßgabe, daß der Vater vor der Mutter haftet. Ist somit der Vater zahlungsunfähig, so haftet allerdings, ... die Mutter mit allen verfügbaren Mitteln für den ganzen Betrag des Schulgeldes. Da aber der Vater vor der Mutter haftet, so tritt deren Zahlungspflicht erst ein, wenn die Zahlungsunfähigkeit des Vaters nachgewiesen ist ..."

4. Das „bestimmungsgemäße" Schulgeld an den höheren Schulen regeln das SchGG. und die Ausführungsanweisung wie folgt:

§ 1.

Zulässigkeit der Schulgelderhebung.

Für den Besuch der öffentlichen höheren Schulen muß ein Schulgeld erhoben werden.

Ausf.Anw.

Die Vorschriften über die Festsetzung des Schulgeldes an den öffentlichen höheren Schulen, die bisher — für die kommunalen höheren Schulen auf Grund der Vorschriften des Kommunalabgabengesetzes — im Verwaltungswege erlassen waren, sind nunmehr mit Wirkung vom 1. Juli d. J. (§ 10 Abs. 1) in einem besonderen Gesetz, dem Schulgeldgesetz vom 18. Juli 1930 (GS. S. 202) — SchGG. —, zusammengefaßt. Durch dieses Gesetz sind die auf die Schulgelderhebung sich beziehenden Vorschriften des gemeindlichen Gebührenrechts, nämlich §§ 4 Abs. 4 Satz 2 und 8 Abs. 2 des Kommunalabgabengesetzes vom 14. Juli 1893 (GS. S. 152) — KAG. —, aufgehoben (vgl. § 9 Abs. 1 SchGG.) und die bisher geltenden Verwaltungsvorschriften, insbesondere Ziff. I und II des RdErl. vom 25. Februar 1926 — U II 444. 1. — (Zbl. S. 114) und die daran sich anschließenden Erlasse, gegenstandslos geworden.

Zur Ausführung des Schulgeldgesetzes wird das Folgende bestimmt:

1. Das Gesetz regelt das Schulgeld an höheren Schulen. Höhere Schulen im Sinne des Gesetzes sind diejenigen allgemeinbildenden Schulen, die von dem Minister für Wissenschaft, Kunst und Volksbildung als höhere Schulen förmlich anerkannt worden sind....

2. Die gesetzliche Regelung beschränkt sich auf das Schulgeld an den öffentlichen höheren Schulen. Als öffentlich in diesem Sinne gelten diejenigen höheren Schulen, die als solche von dem Minister für Wissenschaft, Kunst und Volksbildung förmlich anerkannt worden sind.

§ 2.

Höhe des Schulgeldes.

(1) Das Schulgeld darf den dritten Teil der Kosten nicht übersteigen, die ein Schüler einer öffentlichen höheren Schule jeweils durchschnittlich verursacht.

(2) Als durchschnittlicher Kostensatz (Abs. 1) gilt der Betrag, den der Minister für Wissenschaft, Kunst und Volksbildung im Einvernehmen mit dem Minister des Innern und dem Finanzminister alljährlich festsetzt.

(3) Der durchschnittliche Kostensatz (Abs. 2) ist in der Weise festzustellen, daß die gesamten persönlichen und sächlichen Aufwendungen einer öffentlich-höheren Schule durchschnittlicher Größe nach Erfahrungssätzen errechnet und durch eine durchschnittliche Besuchszahl der Schule geteilt werden.

AusfAnw.

3. Das Gesetz enthält keine Vorschrift darüber, von welcher Stelle das Schulgeld festgesetzt wird. Danach ist die Festsetzung des Schulgeldes an der einzelnen öffentlichen höheren Schule grundsätzlich Sache des Unterhaltsträgers. Einer Genehmigung durch die Schulaufsichtsbehörde bedarf die Schulgeldfestsetzung durch Gemeinden und Gemeindeverbände künftig nicht mehr (vgl. § 9 Abs. 1). Eine solche Genehmigung ist nur noch notwendig für Zahlungen für besondere Zwecke (§ 5 Abs. 1 Satz 2) und für die Erhebung gestaffelten Schulgeldes (§ 6).

4. Die Befugnis des Unterhaltsträgers zur Festsetzung des Schulgeldes ist durch § 1 insofern beschränkt, als die Unterhaltsträger durch diese Bestimmung verpflichtet werden, ein Schulgeld zu erheben. Die Vorschrift des § 4 Abs. 4 Satz 2 des Kommunalabgabengesetzes, nach der dieses Schulgeld „angemessen" sein muß, ist durch § 9 Abs. 1 SchGG. aufgehoben worden. Die Festsetzung der Höhe des Schulgeldes ist also — mit der aus § 2 des Gesetzes sich ergebenden Einschränkung — allein Sache des Unterhaltsträgers.

5. In dem Gesetz ist eine untere Grenze für die Festsetzung des Schulgeldes nicht gezogen. § 2 setzt als obere Grenze des Schulgeldes den dritten Teil der Kosten fest, die ein Schüler einer öffentlichen höheren Schule jeweils durchschnittlich (§ 2 Abs. 2 und 3) verursacht. Die Schulgeldfestsetzung durch den Unterhaltsträger darf diese obere Grenze nicht übersteigen; Ausnahmen hiervon können nach dem Gesetz nicht zugelassen werden. An den vom Staat unterhaltenen und vom Staate verwalte-

ten höheren Schulen ist jeweils ein Schulgeld in Höhe des dritten Teiles des durchschnittlichen Kostensatzes (§ 2 Abs. 1) zu erheben.

6. Der durchschnittliche Kostensatz (§ 2) wird alljährlich am 1. Dezember bekanntgegeben. Vor seiner Festsetzung wird den beteiligten kommunalen Spitzenverbänden Gelegenheit zur Stellungnahme gegeben.

§ 5.

.....

(2) Für auswärtige Schüler darf an den nichtstaatlichen öffentlichen höheren Schulen ein Zuschlag zum Schulgeld bis zur Höhe von einem Viertel des Grundbetrages erhoben werden. Dieser Zuschlag darf nicht erhoben werden, soweit von einer Gemeinde oder einem Gemeindeverbande, dem der auswärtige Schüler entstammt, der Schule ein laufender Unterhaltszuschuß gezahlt wird, der mindestens den fünften Teil des durchschnittlichen Kostensatzes (§ 2) beträgt.....

AusfAnw.

13. Die Erhebung eines Zuschlages zum Schulgeld für auswärtige Schüler ist an staatlichen höheren Schulen wie bisher unzulässig. An nichtstaatlichen öffentlichen höheren Schulen ist die Erhebung eines solchen Zuschlages zulässig (§ 5 Abs. 2) mit folgenden Einschränkungen:

a) Der Zuschlag darf nicht höher als ein Viertel des Schulgeldgrundbetrages sein (§ 5 Abs. 2 Satz 1).

b) Der Zuschlag darf nicht erhoben werden, soweit ein Gastschulbeitrag in Höhe von mindestens einem Fünftel des durchschnittlichen Kostensatzes gezahlt wird (§ 5 Abs. 2 Satz 2). Solange ein Gastschulbeitragsgesetz nicht erlassen ist (§ 5 Abs. 3), wird durch diese Vorschrift gewährleistet, daß bei angemessener Beteiligung der Ursprungsgemeinde (Verbandes) für auswärtige Schüler der Auswärtigenzuschlag fortfällt. Das Gesetz schließt nicht aus, daß Fortfall des Auswärtigenzuschlages vertraglich auch bei niedrigerem Gastschulbeitrag ausbedungen wird. Erreicht der Gastschulbeitrag aber die im Gesetz angegebene Grenze, so darf ein Auswärtigenzuschlag nicht erhoben werden, und zwar auch dann nicht, wenn sein Fortfall nicht besonders ausbedungen ist.

§ 6.

Schulgeldstaffelung.

(1) Die Erhebung von nach den wirtschaftlichen und Familienverhältnissen der Erziehungsberechtigten gestaffelten Schulgeldsätzen bedarf der Genehmigung der Schulaufsichtsbehörde.

(2) Die Genehmigung ist zu erteilen, wenn die festgesetzten Schulgeldsätze im Durchschnitt den Höchstsatz (§ 2 Abs. 1) nicht übersteigen.

AusfAnw.

14. Die Erhebung gestaffelter Schulgeldsätze ist zulässig (§ 6 Abs. 1). Die Staffelung kann nur nach den wirtschaftlichen und Familienverhältnissen der Erziehungsberechtigten vorgenommen werden (§ 6 Abs. 1); andere Maßstäbe sind gesetzlich nicht zulässig. An den staatlichen höheren Schulen wird einstweilen, bis zum Vorliegen ausreichender Erfahrungen, von der Einführung einer Schulgeldstaffelung abgesehen. Die Erhebung gestaffelten Schulgeldes an den nichtstaatlichen öffentlichen höheren Schulen bedarf der Genehmigung des Provinzialschulkollegiums (§ 6 Abs. 1). Diese Genehmigung ist zu erteilen, wenn die festgesetzten Schulgeldsätze im Durchschnitt den sonst geltenden Höchstsatz nicht übersteigen (§ 6 Abs. 2). Zulässig bleibt auch künftig nur eine degressive Staffelung; die Einführung progressiv gestaffelter Sätze ist mit dem Reichsrecht nicht vereinbar (vgl. Erlaß des Reichsministers der Finanzen vom 12. November 1931 — III R 35 022 —).

§ 8.

Ausländer.

(1) Für die Schüler, die die Reichsangehörigkeit nicht besitzen, darf ein Zuschlag zum Schulgeld mit Genehmigung der Schulaufsichtsbehörde dann erhoben werden, wenn die Gegenseitigkeit nicht verbürgt ist.

(2) Ausländer haben auf die Gewährung der Geschwisterermäßigung (§ 3) einen Anspruch nur dann, wenn deutsche Schüler in dem betreffenden Staate den einheimischen vollkommen gleichgestellt sind. Diese Bestimmung bezieht sich nicht auf Auslandsdeutsche.

AusfAnw.

16. Ein Schulgeldzuschlag für Ausländer darf nur erhoben werden (§ 8 Abs. 1):

a) mit Genehmigung der Schulaufsichtsbehörde,

b) wenn die Gegenseitigkeit nicht verbürgt ist. Die Gegenseitigkeit ist zur Zeit verbürgt gegenüber folgenden Staaten: Ägypten, Argentinien, Belgien, Bolivien, Brasilien, Bulgarien, Chile, China, Dänemark, England, Estland, Ecuador, Finnland, Frankreich, Georgien, Griechenland, Guatemala, Haiti, Honduras, Italien, Japan, Jugoslawien, Kolumbien, Kuba, Lettland, Litauen, Luxemburg, Mexiko, Nicaragua, den Niederlanden, Norwegen, Österreich, Panama, Paraguay, Peru, Polen, Portugal, Persien,

Rußland, San Salvador, Schweden, Spanien, Südafrika, Tschechoslowakei, Türkei, Ungarn, Uruguay, Venezuela und den Vereinigten Staaten von Amerika.

Ein Ausländerzuschlag ist auch ohne allgemeine Verbürgung der Gegenseitigkeit von Kindern solcher Ausländer, welche als Botschafter, Gesandte, Sekretäre und Berufskonsuln von ihren Regierungen im Deutschen Reich beglaubigt sind, an staatlichen höheren Schulen nicht zu erheben. Den Unterhaltsträgern der nichtstaatlichen öffentlichen höheren Schulen wird das gleiche Verfahren empfohlen.

Zu den vorstehenden Bestimmungen ist zu bemerken, daß § 2 Abs. 1 zwar nicht formell aber materiell abgeändert ist durch folgenden § 1 in Teil 2 Kap. XV der V. vom 12. 9. 1931 (GS. S. 199): „Bei Berechnung des durchschnittlichen Kostensatzes gemäß § 2 des Schulgeldgesetzes vom 18. Juli 1930 (GS. S. 202) bleibt die Ausgabenverminderung, die sich durch die Maßnahmen zur Sicherung der öffentlichen Haushalte ergibt, außer Betracht." Praktisch ist damit eine Herabsetzung des für das Schuljahr 1931 festgesetzten Schulgeldsatzes von 240 RM. jährlich für absehbare Zeit ausgeschlossen.

Wichtig ist auch noch ein Urteil des RG. vom 27. 1. 1931 (PrVBl. 1932 S. 432), das feststellt, daß das (in § 5 Abs. 2 SchGG. ausgesprochene) Verbot höherer Zuschläge nicht dadurch umgangen werden kann, daß an die höhere Schule von der Ursprungsgemeinde auf Grund eines mit der unterhaltspflichtigen Stadt abgeschlossenenen Vertrages ein Beitrag zum Schulgeld gezahlt wird, den sich diese Gemeinde von den Eltern der Kinder wiedererstatten läßt.

5. Diese Verpflichtung besteht nicht, sofern kein Unterricht erteilt wird, nach folgendem Urteil des OVG. vom 26. 9. 1926 (PrVBl. Bd. 48 S. 197): „... Das Schulgeld ist als Gebühr begrifflich das von der Gemeinde einseitig auferlegte Entgelt dafür, daß die Gemeinde die von ihr unterhaltene höhere Lehranstalt ... für die Benutzung zur Verfügung stellt. Daraus folgt, daß das Schulgeld nur erhoben werden darf, wenn Unterricht erteilt ist. Dem Zeitraume der Erteilung des Unterrichts sind die behördlich festgesetzten Ferien gleichzuachten und deshalb zuzurechnen. Das Schulgeld ist für jeden als Benutzungseinheit festzustellenden Zeitraum zu entrichten, auch wenn die Benutzung nur während eines Teiles dieses Zeitabschnitts stattgefunden hat (vgl. Urteile vom 19. November 1907 und vom 4. Oktober 1921, Entscheidungen des Oberverwaltungsgerichts Bd. 51 S. 62, Bd. 77 S. 281)... In dieser Zeit war die Schule polizeilich geschlossen, es konnte also während dieser Zeit kein Schulunterricht stattfinden. Da

also während der ganzen Benutzungseinheit für den Kläger infolge der Schließung der Schule keine Möglichkeit bestand, seine Kinder am Unterrichte teilnehmen zu lassen, ist er für diese Zeit auch von der Entrichtung der Benutzungsgebühr, des Schulgeldes, befreit...."

6. Die Rechtsmittel der Erziehungsberechtigten gegen unberechtigte Heranziehung zur Schulgeldzahlung sind verschieden, je nachdem, wer Unterhaltsträger der Schule ist.

Bei den staatlichen und denjenigen nichtstaatlichen öffentlichen höheren Schulen, die nicht unter das Kommunalabgabengesetz vom 14. 7. 1893 (GS. S. 152) fallen, ist der ordentliche Rechtsweg eröffnet durch § 15 des Gesetzes betreffend die Erweiterung des Rechtsweges vom 24. 5. 1861 (GS. S. 242): „Das rechtliche Gehör ist in Beziehung auf die in Nr. 1 der Allerhöchsten Ordre vom 19. Juni 1836 (GS. S. 198) aufgeführten Abgaben und Leistungen, welche für Kirchen und öffentliche Schulen oder für deren Beamte auf Grund einer notorischen Orts- oder Bezirksverfassung erhoben werden, desgleichen in Beziehung auf Forderungen öffentlicher Schul- und Erziehungsanstalten an Schul- und Pensionsgeld fortan unbedingt gestattet."

Für die kommunalen höheren Schulen gelten folgende Bestimmungen des Kommunalabgabengesetzes vom 14. 7. 1893 (GS. S. 152) in der Fassung des Gesetzes vom 26. 8. 1921 (GS. S. 495):

„§ 69. Dem Abgabepflichtigen steht gegen die Heranziehung (Veranlagung) zu Gebühren ... der Einspruch zu.

Der Einspruch ist binnen einer Frist von vier Wochen bei derjenigen Stelle einzulegen, welche die Heranziehung (Veranlagung) vorgenommen hat. Ist die Heranziehung von einer anderen Stelle als dem Gemeindevorstand vorgenommen, so hat diese den Einspruch, falls sie ihm nicht stattgibt, dem Gemeindevorstand zur Entscheidung vorzulegen. Wird der Einspruch rechtzeitig unmittelbar beim Gemeindevorstand eingelegt, so gilt die Frist als gewahrt.

Der Lauf der Frist beginnt:

... 2. soweit eine besondere Mitteilung vorgeschrieben ist, mit dem ersten Tage nach erfolgter Mitteilung...

§ 70. Über den Einspruch beschließt der Gemeindevorstand, und wenn der Gemeindevorstand ein Kollegium ist, sein Vorsitzender oder ein von diesem bezeichnetes Mitglied. Gegen den Beschluß steht dem Pflichtigen binnen einer, mit dem ersten Tage nach erfolgter Zustellung beginnenden Frist von zwei Wochen die Klage im Verwaltungsstreitverfahren offen. Zuständig in erster Instanz ist für Landgemeinden.... der Kreisausschuß, für Stadtgemeinden der Bezirksausschuß. Der Gemeindevorstand kann zur Wahrnehmung der Rechte der Gemeinde einen besonderen Vertreter bestellen. Gegen die Entscheidung des Bezirksausschusses bei Stadtgemeinden ist nur das Rechtsmittel der Revision zulässig....

§ 75. Durch Einspruch und Klage wird die Verpflichtung zur Zahlung nicht aufgehoben.

§ 78. Bestehen bei dem Inkrafttreten des Gesetzes in einzelnen Gemeinden Ordnungen über die Aufbringung von Gebühren..., welche den Vorschriften dieses Gesetzes zuwiderlaufen, oder werden derartige Gemeindebeschlüsse gefaßt, so ist die Aufsichtsbehörde befugt, deren Abänderung oder Ergänzung unter Angabe der Gründe anzuordnen....

Gegen die Anordnung findet innerhalb vier Wochen nach Ablauf der in derselben gestellten Frist die Klage im Verwaltungsstreitverfahren, für Landgemeinden bei dem Bezirksausschusse, für Stadtgemeinden bei dem Oberverwaltungsgerichte statt.

Wird die Klage innerhalb dieser Frist nicht erhoben, so ist die Aufsichtsbehörde befugt, die in Ansehung der Aufbringung der Gebühren .... erforderliche Ordnung auf Grundlage der erlassenen Verfügung selbst festzustellen. Das gleiche gilt für den Fall der rechtskräftigen Abweisung der Klage. Wird die Klage endgültig für begründet erkannt, so tritt die Anordnung außer Kraft..."

Diese Bestimmungen sind jetzt jedoch teilweise abgeändert durch das SchGG.:

§ 9.
Kommunalabgabengesetz.

....

(2) Die Befugnisse der Aufsichtsbehörde aus § 78 Abs. 1 und 4 des genannten Gesetzes übt für das Schulgeld die Aufsichtsbehörde mit der Maßgabe aus, daß die Anordnung auch zulässig ist bei Verstößen gegen dieses Gesetz und daß durch Anordnung die Verpflichtung zur Zahlung des Schulgeldes einstweilen aufgehoben wird.

(3) Im übrigen bleiben die Bestimmungen des Kommunalabgabengesetzes unberührt.

AusfAnw.

17. Die Bestimmungen des Kommunalabgabengesetzes vom 14. Juli 1893 (GS. S. 152) bleiben grundsätzlich unberührt (§ 9 Abs. 3), insbesondere bleibt

das Schulgeld an nichtstaatlichen öffentlichen höheren Schulen eine Gemeindegebühr und bleiben gegen die Heranziehung zur Entrichtung des Schulgeldes die Rechtsbehelfe des KAG. Aufgehoben ist (§ 9 Abs. 1) die Vorschrift, nach der die Gemeinden ein angemessenes Schulgeld zu erheben haben (§ 4 Abs. 4 Satz 2 KAG.), und das allgemeine Erfordernis der Genehmigung des Schulgeldes durch die Schulaufsichtsbehörde (§ 8 Abs. 2 KAG.); beide Bestimmungen bleiben indes unberührt, soweit sie sich auf andere als öffentliche höhere Schulen (z. B. mittlere Schulen, Fachschulen) beziehen.

18. An die Stelle der Kommunalaufsichtsbehörde gemäß § 78 Abs. 1 und 4 KAG. tritt die Schulaufsichtsbehörde (§ 9 Abs. 2). Zu § 78 Abs. 1 KAG. bestimmt § 9 Abs. 2 SchGG. ergänzend, daß eine Anordnung der Schulaufsichtsbehörde außer aus den in § 78 Abs. 1 KAG. aufgeführten Gründen auch dann zulässig ist, wenn ein Verstoß gegen das Schulgeldgesetz vorliegt. Ferner gibt § 9 Abs. 2 SchGG. die Möglichkeit, durch Anordnung Gemeindebeschlüsse, die den gesetzlichen Bestimmungen zuwiderlaufen, in ihrer Vollstreckbarkeit den Abgabepflichtigen gegenüber zu hemmen; § 75 KAG. wird durch eine solche Anordnung außer Kraft gesetzt.

7. Über die Höhe des Schulgeldes an mittleren Schulen äußert der ME. vom 8. 10. 1923 — U III D 3371 U III E — (ZBlUV. S. 356): „... Im übrigen wird im allgemeinen darauf hinzuwirken sein, daß die Schulgeldsätze für den Besuch öffentlicher mittlerer Schulen, sofern nicht das Vorliegen besonderer Verhältnisse eine andere Regelung rechtfertigt, in der Regel niedriger zu halten sind, als für den Besuch anerkannter höherer Lehranstalten ...“ und der ME. vom 10. 5. 1927 — U III D 1531 —: „... Etwaigen unbilligen Festsetzungen der Schulunterhaltungsträger hinsichtlich der Höhe des Schulgeldes kann auf Grund der Bestimmungen des § 18 der Regierungsinstruktion entgegengetreten werden.“

Hinsichtlich der Rechtsmittel der Erziehungsberechtigten gegen die Heranziehung zu Schulgeld an mittleren Schulen gelten die in Anm. 6 wiedergegebenen Bestimmungen des Kommunalabgabengesetzes, und zwar ohne die Abweichungen und Abänderungen gemäß § 9 SchGG.

8. Das SchGG. bestimmt hierüber:

§ 5.

Zuschläge.

(1) Durch die Entrichtung des Schulgeldes sind die gesamten Leistungen der Schule als solcher abgegolten....

Weitere Zahlungen für besondere Zwecke dürfen nur mit Genehmigung der Schulaufsichtsbehörde gefordert werden.

AusfAnw.

12. Durch die Entrichtung des Schulgeldes sind die gesamten Leistungen der Schule als solcher abgegolten (§ 5 Abs. 1 Satz 1). Danach ist die Erhebung besonderer Gebühren für einzelne Leistungen der Schule, von Zuschlägen zum Schulgeld oder von Zahlungen in sonstiger Form als solche grundsätzlich unzulässig. Die Erhebung einer Gebühr für die Erteilung von wahlfreiem Unterricht ist nicht mehr zulässig; die für die Erteilung des wahlfreien Unterrichts notwendigen Stunden sind in die Pflichtstundenzahl einzurechnen. Dem wahlfreien Unterricht wird der Turn- und Nadelarbeitsunterricht für Mädchen an Knabenschulen gleichgestellt.

Zulässig bleibt:

a) die Erhebung einer Aufnahmegebühr...

b) die Festsetzung weiterer Zahlungen für besondere Zwecke mit Genehmigung der Schulaufsichtsbehörde (§ 5 Abs. 1 Satz 3). Diese Genehmigung ist zu erteilen für die Unfallversicherung der Schüler; die geltenden Vorschriften bleiben unberührt. Im übrigen bedarf es zur Erteilung der Genehmigung der vorherigen Ermächtigung des Ministers für Wissenschaft, Kunst und Volksbildung.

9. Das SchGG. regelt nicht die Art der Erhebung des Schulgeldes. Die bestehenden Vorschriften über Erhebungszeitraum und bargeldlose Erhebung bleiben unberührt (Ziff. 20 der AusfAnw.).

Als Erhebungszeitraum wird durch die SchO. nunmehr der Monat festgesetzt.

Über die Form der Erhebung bestimmt der ME. vom 31. 10. 1929 — U II 1344 — (ZBlUV. S. 334):

„Durch RdErl. vom 2. Dezember 1916 — U II 1617 U II W — (Zbl. S. 579) ist angeordnet, daß das Schulgeld an den vom Staat unterhaltenen höheren Schulen durch Überweisung auf das Postscheckkonto der Schule gezahlt werde. Mit RdErl. vom 6. März 1925 — U II 507 — (Zbl. S. 87) ist genehmigt worden, daß, wo die örtlichen Verhältnisse dies angezeigt erscheinen lassen, Gelegenheit zur baren Entrichtung des Schulgeldes an besonders festzusetzenden Hebetagen gegeben wird. Auf Grund der Erfahrungen, die mit der baren Entrichtung des Schulgeldes vielfach gemacht worden sind, sehe ich mich veranlaßt, den Erlaß vom 6. März 1925 hierdurch wieder aufzuheben. Ich verkenne nicht, daß die bargeldlose Entrichtung des

Schulgeldes für manche Erziehungsberechtigten Schwierigkeiten mit sich bringt, pünktlichen Eingang des Schulgeldes nicht so wie die Barzahlung gewährleistet und auch für die Kassenführer manche Unbequemlichkeit hat. Dem gegenüber stehen aber die bekannten Gefahren, die die Überbringung des Geldes durch die Schulkinder in sich schließt, die Störung des Unterrichts durch die Schulgeldeinsammlung und vor allem das Bedenken, daß durch die Barentrichtung von Schulgeld in der Klasse Freistelleninhaber oder überhaupt minderbemittelte Schüler vor ihren Mitschülern in eine peinliche Lage gebracht werden. Es muß danach, unter Zurückstellung der dagegen sprechenden Bedenken, nunmehr wiederum darauf gehalten werden, daß an den öffentlichen höheren Schulen das Schulgeld ausnahmslos durch Überweisung auf das Postscheckkonto der Schule gezahlt wird.

Den Unterhaltsträgern der nichtstaatlichen höheren Schulen wird ein gleiches Vorgehen empfohlen."

Zu seiner Erläuterung erklärt der ME. vom 19. 5. 1930 — U II 44 — (ZBlUV. S. 177):

„1. Es entspricht nicht der Absicht des Erlasses, die Einzahlung des Schulgeldes auf ein Postscheckkonto zu beschränken, es kann vielmehr dort, wo die Schule auf Grund des Runderlasses vom 3. Oktober 1921 — A 6636 — (Zentrbl. S. 398) ein Konto bei der örtlichen Sparkasse, Girokasse oder Girozentrale besitzt, die Einzahlung auch auf dieses Konto erfolgen.

2. Es ist nichts dagegen einzuwenden, wenn ausnahmsweise je nach den örtlichen Verhältnissen die Kasse den Erziehungsberechtigten selbst die Möglichkeit gibt, das Schulgeld während der üblichen Kassenstunden bei der Kasse einzuzahlen. Dies Verfahren darf jedoch nicht dazu führen, daß in der Regel von dem Erziehungsberechtigten die Schüler mit der Zahlung beauftragt werden.

3. Die Portokosten für die Überweisung des Schulgeldes sind von den Erziehungsberechtigten zu tragen.

4. Ist auf Grund besonderer Vereinbarung bei vom Staate unterhaltenen höheren Schulen die Kassenverwaltung auf die Gemeinden übertragen worden, so gelten für die Einziehung des Schulgeldes dieselben Vorschriften wie für die staatliche Kassenverwaltung."

10. Die Beitreibung des Schulgeldes im Verwaltungszwangsverfahren beruht auf Ziff. 1 der KO. vom 19. 6. 1836 (GS. S. 198) und erfolgt nach den Bestimmungen der V. vom 15. 11. 1899 (GS. S. 545) mit ihren vielfachen Abänderungen (näheres bei Friebe Heft 46 S. 127).

Im übrigen sind die bisherigen Bestimmungen in § 50 der Kassenordnung für die staatlichen höheren Schulen von 1910 hinsichtlich der einstweiligen Ausschließung der Schüler vom Unterricht bei Nichtzahlung des Schulgeldes abgeändert durch folgenden ME. vom 1. 2. 1928 — U II 1777/27 — (ZBlUV. S. 60): „Die veränderten Zeitverhältnisse lassen es geboten erscheinen, von der einstweiligen Ausschließung eines Schülers vom Unterricht der von ihm besuchten höheren Lehranstalt beim Verzuge in der Schulgeldzahlung abzusehen. Für die staatlichen höheren Lehranstalten und die vom Staate verwalteten höheren Lehranstalten bestimme ich, daß nach ergebnislosem Ablauf der für die Zahlung gestellten Nachfrist alsbald das Beitreibungsverfahren eingeleitet wird, wenn nicht Stundung gewährt werden kann. Es dürfte empfehlenswert sein, schon auf dem Mahnzettel auf die Folgen der Zahlungsversäumnis ausdrücklich hinzuweisen. Bis zur Erledigung des Zwangsbeitreibungsverfahrens nimmt der Schüler am Unterricht weiterhin teil. Erst wenn die Beitreibung nicht zum Ziele geführt hat, ist der Schüler aus der Anstalt zu entlassen. Den Unterhaltsträgern der nichtstaatlichen öffentlichen höheren Schulen wird das gleiche Verfahren empfohlen."

11. Hierzu bestimmt das SchGG.:

§ 7.

Schulwechsel.

(1) Bei Übergang eines reichsangehörigen Schülers von einer öffentlichen höheren Schule auf eine andere darf an der neuen Schule Schulgeld für die Zeit nicht erhoben werden, für die es an der alten Schule zu entrichten war.

(2) Abs. 1 gilt bei außerpreußischen Schülern dann nicht, wenn die Gegenseitigkeit nicht verbürgt ist.

AusfAnw.

15. Bei Schulwechsel darf an der neuen Schule Schulgeld für die Zeit nicht erhoben werden, für die es an der alten Schule zu entrichten war (§ 7 Abs. 1). Diese Vorschrift gilt:

a) nur für reichsangehörige Schüler (§ 7 Abs. 1). Ausländer haben auf diese Vergünstigung keinen Anspruch. Ob von ihnen erneut Schulgeld zu erheben ist, entscheidet im Einzelfall die Schule, bei nichtstaatlichen öffentlichen höheren Schulen der Unterhaltsträger;

b) für außerpreußische Schüler nur bei Verbürgung der Gegenseitigkeit (§ 7 Abs. 2). Dies ist erfolgt durch Vereinbarung der Länder über den Übertritt von Schülern aus einer höheren Schule eines Landes in eine höhere Schule eines anderen Landes vom 28. Dezember 1929 (Zbl. 1930 S. 39).

c) nur für den Übergang von einer öffentlichen höheren Schule (§ 7 Abs. 1). Kommt der Schüler von einer privaten höheren oder von einer mittleren Schule, so besteht kein Anspruch auf die Vergünstigung.

Die Vorschrift gilt für jeden Schulwechsel, gleichviel aus welchem Anlaß er erfolgt.

12. Die Bestimmungen des SchGG. über die Förderung begabter minderbemittelter Schüler im Sinne von Art. 146 Abs. 3 RV. gehen weiter:

§ 4.

Begabtenförderung.

(1) Von dem tatsächlichen Schulgeldaufkommen ist mindestens ein Fünftel zur Förderung begabter minderbemittelter Schüler bereitzustellen. Der für Geschwisterermäßigungen (§ 3) benötigte Gesamtbetrag darf in dieses Fünftel eingerechnet werden.

(2) Aus diesem Betrage (Abs. 1) können Schulgeldermäßigungen und Schulgeldbefreiung, ferner Erziehungsbeihilfen im Sinne des Art. 146 Abs. 3 der Reichsverfassung und ähnliche Unterstützungen gewährt und Lernmittel leihweise zur Verfügung gestellt werden.

......

(4) Die Mittel sind bei staatlichen höheren Schulen ohne Scheidung zwischen einheimischen und auswärtigen Schülern zu vergeben. Bei städtischen höheren Schulen sind einheimische Schüler vorab zu berücksichtigen.

AusfAnw.

8. Für Begabtenförderung muß der Unterhaltsträger mindestens ein Fünftel des tatsächlichen Schulgeldaufkommens bereitstellen (§ 4 Abs. 1 Satz 1). Dabei darf (Abs. 1 Satz 2) der für Geschwisterermäßigungen benötigte Gesamtbetrag in dieses Fünftel eingerechnet werden. In Ausführung dieser gesetzlichen Vorschrift wird bei staatlichen höheren Schulen ein Fünftel des tatsächlichen Schulgeldaufkommens für Begabtenförderung zur Verfügung gestellt, wobei der für Geschwisterermäßigungen benötigte Gesamtbetrag in dieses Fünftel einzurechnen ist. Der derart bereitgestellte Betrag dient ausschließlich der Begabtenförderung..... Es ist zulässig und wird sich vielfach empfehlen, die an den einzelnen Schulen des gleichen Unterhaltsträgers zur Verfügung stehenden Beträge zusammenzufassen, um bei verschiedenem Bedarf einen Ausgleich herbeizuführen.

9. Diese Mittel (Ziff. 8) sind bestimmt zur Förderung begabter minderbemittelter Schüler (§ 4 Abs. 1). Sie können ihren Bestimmungszweck nur er-

füllen, wenn sie in den Dienst planmäßiger Begabtenauslese gestellt werden. Sie dürfen nur solchen Schülern zugute kommen, deren Persönlichkeit und Leistungen die Aufwendung öffentlicher Mittel wirklich rechtfertigen. Dabei wird nicht einseitig die verstandesmäßige Begabung zu werten sein, auch nicht äußeres Wohlverhalten, sondern die ganze Persönlichkeit; nur vorsichtige, zielbewußte Begabtenauslese kann die Verwendung öffentlicher Mittel für diesen Zweck rechtfertigen und die wirkungslose Verzettelung der zur Verfügung stehenden Beträge hindern.

10. Die einzelnen Maßnahmen solcher Begabtenförderung sind (§ 4 Abs. 2):

a) Schulgeldermäßigung und Schulgeldbefreiung. Es bleibt den zur Gewährung berufenen Stellen überlassen, darüber zu befinden, ob, in welchem Umfange und in welchen Einzelfällen volle Schulgeldbefreiung oder bloß Schulgeldermäßigung bewilligt wird. Es ist indes zu vermeiden, daß durch Berücksichtigung von zu vielen Schülern wirksame Hilfe für eine beschränkte Zahl von Begabten verhindert wird. Zuständig für die Bewilligung von Schulgeldermäßigung und Schulgeldbefreiung ist bei staatlichen höheren Schulen die Gesamtkonferenz, bei kommunalen höheren Schulen auf Vorschlag der Gesamtkonferenz der Schulausschuß.

b) Erziehungsbeihilfen im Sinne des Art. 146 Abs. 3 der Reichsverfassung. Durch diese Erziehungsbeihilfen soll einzelnen ganz besonders begabten, minderbemittelten Schülern der Zugang zu der höheren Schule und das Verbleiben auf ihr ermöglicht werden. Es wird empfohlen, bei der Vergebung von Erziehungsbeihilfen die gleichen Grundsätze anzuwenden, die nach dem Runderlaß vom 21. Juni 1927 — U II 11600 usw. — (Zentrbl. Unterr.Verw. S. 209) für die Vergebung von Erziehungsbeihilfen aus Reichs- und Landesmitteln maßgebend sind. Zuständig für die Bewilligung ist bei staatlichen höheren Schulen der Schulleiter nach Anhörung der Gesamtkonferenz, bei nichtstaatlichen öffentlichen höheren Schulen auf Vorschlag des Schulleiters der Schulausschuß.

c) „Ähnliche Unterstützungen" (§ 4 Abs. 2). Es ist danach zulässig, die für Begabtenförderung bereitstehenden Mittel auch in anderer Form als der Erziehungsbeihilfe zu verwenden. Solche Unterstützungen müssen sich indes stets innerhalb des Zwecks (Förderung begabter minderbemittelter Schüler) halten, dem diese Mittel überhaupt dienen sollen. Mit dieser Maßgabe sind Reisebeihilfen, Erstattung von Fahrkosten und ähnliche Bewilligungen zulässig.

d) Leihweise Hergabe von Lernmitteln (§ 4 Abs. 2). Diese Maßnahme wird in der Regel in der Form der Begründung oder Fortführung einer Hilfsbücherei praktisch werden können. In solche Hilfsbüchereien können neben eigentlichen Lehrbüchern besonders auch Hilfsmittel für den Unterricht und die Arbeitsgemeinschaften eingestellt werden.

Die Entscheidung darüber, in welcher Höhe die bereitstehenden Mittel für jeden dieser einzelnen Zwecke verwendet werden sollen, hat bei staatlichen höheren Schulen der Schulleiter nach Anhörung der Gesamtkonferenz, bei kommunalen höheren Schulen der Schulausschuß auf Vorschlag des Schulleiters.

11. Die Mittel für Begabtenförderung sind bei staatlichen höheren Schulen ohne Scheidung zwischen einheimischen und auswärtigen Schülern zu verwenden. Bei städtischen höheren Schulen sind einheimische Schüler vorab zu berücksichtigen (§ 4 Abs. 4). Soweit durch diese letztere Bestimmung besonders begabte auswärtige Schüler ausgeschaltet werden, wird es möglich sein, bei Vergebung der Erziehungsbeihilfen aus Reichs- und Landesmitteln einen Ausgleich zu schaffen."

Abs. 3 von § 4, der die Übertragung nicht verwendeter Mittel in das nächste Rechnungsjahr anordnete, ist durch § 19 der V. vom 23. 12. 1931 (GS. S. 296) aufgehoben worden.

13. Neben der Förderung begabter minderbemittelter Schüler nach § 4 SchGG. stehen noch Erziehungsbeihilfen zur Verfügung, und zwar nur noch aus Reichsmitteln, nachdem die entsprechenden Beträge im Preußischen Haushaltsplan nicht mehr enthalten sind. Im einzelnen vgl. hierzu die ME. vom 21. 6. 1927 — U II 11 600 pp. — (ZBlUV. S. 209), 3. 8. 1928 — U II 11 364 —, 10. 6. 1931 — U II 11 333 — und 2. 2. 1932 — U II 10 231 — (bei Friebe, Heft 46a S. 43).

14. Es ist auch Stundung des Schulgeldes möglich. Nach Abs. 4 von § 5 der Kassenordnung für die höheren Lehranstalten ist der Anstaltsleiter zu Stundungen von Schulgeld nicht befugt. Etwa eingehende Anträge sind von ihm sofort dem PSK. zur Entscheidung vorzulegen; dem Schüler kann bis zum Eintreffen der Entscheidung der Besuch des Unterrichts weiter gestattet werden.

Von dieser Regelung ist durch den ME. vom 17. 1. 1931 — U II 100 — (ZBlUV. S. 40) folgende Ausnahme gemacht:

„Infolge des starken Anwachsens der Erwerbslosigkeit mehren sich die Fälle, daß erwerbslose Erziehungsberechtigte von Schülern höherer Schulen außerstande sind, das Schulgeld zu zahlen. Ich ordne daher für die staatlichen und vom Staate verwalteten höheren Schulen an, daß für die Zeit der Erwerbslosigkeit den Erziehungsberechtigten das Schulgeld durch den Schulleiter gestundet wird. Der Nachweis der Erwerbslosigkeit wird in der Regel durch Vorlegung der Stempelkarte oder einer Bescheinigung der Erwerbslosenfürsorge zu führen sein. Nach Beendigung der Erwerbslosigkeit, spätestens jedoch am Schlusse des Rechnungsjahres, entscheiden die Provinzialschulkollegien entsprechend den Runderlassen vom 15. April 1912 — U II 10341 — und vom 3. November 1922 — U II 873 — über die Niederschlagung der gestundeten Beträge.

In Ergänzung dieser Erlasse und des § 51 Ziff. 2 der Kassenordnung bestimme ich, daß niedergeschlagene Beträge in allen Fällen auf die nach § 4 Abs. 1 des Schulgeldgesetzes vom 18. Juli 1930 (Zentrbl. S. 220) zur Verfügung stehenden 25 v. H. des Schulgeldaufkommens in Anrechnung gebracht werden. Soweit dies ausnahmsweise wegen des Jahresabschlusses nicht mehr möglich sein sollte, sind diese Beträge auf die für die gleichen Zwecke im folgenden Jahre bestimmten Mittel im voraus anzurechnen."

15. Für die Mittelschulen sagt der ME. vom 1. 6. 1925 — U III D 2000 — (ZBlUV. 1925 Beilage zu Heft 12): „... Um die Bildung, welche die Mittelschule gewähren will, nicht lediglich von der wirtschaftlichen Lage der Eltern abhängig sein zu lassen, wird bei jeder Mittelschule eine angemessene Zahl von Freistellen für solche unterstützungsbedürftige Kinder festzusetzen sein, die sich durch Fleiß und Begabung auszeichnen...." Die ME. vom 14. 6. 1924 — U III D 1963 — und vom 5. 6. 1926 — U III D 8962 — stellen die Rechtslage dahin klar, daß über Befreiung oder Ermäßigung des Schulgeldsatzes lediglich der Unterhaltsträger der Schule die Entscheidung treffen kann.

16. Rechtsgrundlage dieser Bestimmungen ist das SchGG., das hierüber bestimmt:

§ 3.

Geschwisterermäßigungen.

(1) Das Schulgeld darf für ein zweites Kind des gleichen Erziehungsberechtigten drei Viertel, für ein drittes Kind die Hälfte des regelmäßigen Schulgeldsatzes nicht übersteigen, für das vierte Kind und weitere Kinder darf ein Schulgeld nicht erhoben werden, sofern die wirtschaftlichen Verhältnisse des Erziehungsberechtigten dies rechtfertigen und nicht mangelnde Begabung des Kindes eine Ausbildung auf anderen als höheren Schulen angezeigt erscheinen läßt; dabei werden nur solche Kinder gezählt, die

eine öffentliche oder private mittlere, höhere, Fach- oder Hochschule besuchen.

(2) Die Geschwisterermäßigungen dürfen nur auf Antrag der Erziehungsberechtigten gewährt werden.

AusfAnw.

7. § 3 verpflichtet die Unterhaltsträger, für ein zweites Kind des gleichen Erziehungsberechtigten nicht mehr als drei Viertel, für ein drittes Kind nicht mehr als die Hälfte des regelmäßigen Schulgeldsatzes und für das vierte und weitere Kinder ein Schulgeld überhaupt nicht zu erheben. Für die Entscheidung, ob ein Kind als erstes, zweites usw. zu gelten hat, ist allein das Lebensalter maßgebend. Voraussetzungen für die Gewährung dieser Geschwisterermäßigungen sind:

a) Ein Antrag des Erziehungsberechtigten (§ 3 Abs. 2). Ein solcher Antrag ist nach ausdrücklicher Vorschrift des Gesetzes künftig notwendiges Erfordernis jeder Bewilligung einer Geschwisterermäßigung. Es bleibt den Unterhaltsträgern der nichtstaatlichen öffentlichen höheren Schulen überlassen, für diesen Antrag eine Ausschlußfrist zu setzen; für die staatlichen höheren Schulen wird diese Befugnis dem Anstaltsleiter übertragen.

b) Besuch einer öffentlichen oder privaten mittleren, höheren, Fach- oder Hochschule durch andere Kinder des gleichen Erziehungsberechtigten (§ 3 Abs. 1, zweiter Halbsatz). Als höhere Schulen im Sinne dieser Vorschrift gelten alle von dem Minister für Wissenschaft, Kunst und Volksbildung als solche anerkannte Schulen. Als Fachschulen im Sinne dieser Vorschrift gelten solche nicht allgemeinbildenden Schulen, die regelmäßig lehrplanmäßigen Unterricht erteilen und die Schüler zeitlich ungefähr in demselben Umfang in Anspruch nehmen wie mittlere und höhere Schulen; nicht darunter fallen die gewerblichen, kaufmännischen und hauswirtschaftlichen Berufsschulen (Pflichtfortbildungsschulen), gewerblichen Fachschulen, soweit die Schüler nur am Abend- und Sonntagsunterricht teilnehmen, und ländliche Fortbildungsschulen. Ein Verzeichnis der unter diese Bestimmung fallenden Fachschulen ist als Anlage beigefügt. Zu den Schulen im Sinne dieses Erlasses gehören auch die Vorbereitungsanstalten für den kirchlichen Dienst, soweit sie den obigen Voraussetzungen entsprechen (z. B. die evangelischen Diakonschulen und die katholischen Missions- und Ordensschulen). Als Hochschulen im Sinne der Vorschrift gelten die Universitäten, Technischen Hochschulen, Landwirtschaftlichen Hochschulen, Tierärztlichen Hochschulen, Forstlichen Hochschulen, Handelshochschulen, Kunsthochschulen und Pädagogische Akademien, ferner solche wissenschaftlichen und künstlerischen Hochschulen, die auf Grund staatlicher Anerkennung ihnen gleichzuachten sind. Priester- und Predigerseminare sind den Hochschulen gleichzustellen.

Den vorgenannten Schulen und Hochschulen des Inlandes stehen die entsprechenden Schulen und Hochschulen des Auslandes gleich. Dem Besuch einer Hochschule ist gleichzuachten die nach den bestehenden Vorschriften für das betreffende Studium notwendige praktische Arbeit eines Abiturienten, der die Hochschule besuchen will.

Verzeichnis der Fachschulen zu Ziff. 7 b.

I. Im Bereich des Preußischen Ministers für Handel und Gewerbe.

1. Berufspädagogische Institute, Kurse zur Ausbildung von Gewerbelehrerinnen.
2. Gewerbliche Fachschulen (Baugewerk- und sonstige Fachschulen für das Baugewerbe, Maschinenbau und sonstige Fachschulen der Metallindustrie, Fachschulen für Optik und Phototechnik, Handwerker- und Kunstgewerbe- sowie kunstgewerbliche Fachschulen, Glasfachschulen, Fachschulen für das Holzgewerbe, Gewerbliche Tagesschulen, Textilfach- und Webeschulen, Seefahrtschulen, Schiffsingenieurschulen und Seemaschinistenschulen).
3. Fachschulen für Wirtschaft und Verwaltung.
4. Handels- und höhere Handelsschulen.
5. Handels-, Haushaltungs- und Gewerbeschulen für Mädchen, höhere Fachschulen für Frauenberufe.

Die gewerblichen, kaufmännischen und hauswirtschaftlichen Berufsschulen bleiben außer Betracht, da von den Schülern dieser Schulen ein Schulgeld nicht erhoben wird.

II. Im Bereich des Preußischen Ministers für Landwirtschaft, Domänen und Forsten.

1. Höhere Lehranstalten für praktische Landwirte.
2. Höhere Landwirtschaftsschulen.
3. Ackerbauschulen.
4. Landwirtschaftsschulen und Wirtschaftsberatungsstellen.
5. Fachschulen für Sondergebiete:
   a) Kulturbauschulen.
   b) Staatliche Lehr- und Forschungsanstalten für Wein-, Obst- und Gartenbau.
   c) Nichtstaatliche Gärtnerlehranstalten (das sind Garten-, Obst- und Weinbauschulen).
   d) Forstschulen.
   e) Staatlich anerkannte Versuchs- und Lehranstalten für Geflügelzucht.

f) 1. Staatlich anerkannte Versuchs- und Lehranstalten für Bienenzucht.
2. Staatlich anerkannte Versuchswirtschaften für Schweinehaltung.
g) Lehranstalten für landwirtschaftliches Rechnungswesen.

Zu e bis g: soweit es sich um Lehrgänge von mindestens einjähriger Dauer handelt.

6. Hauswirtschaftliche Unterrichtsanstalten:
a) Wirtschaftliche Frauenschulen auf dem Lande.
b) Landwirtschaftliche Haushaltungsschulen.

III. Im Bereich des Preußischen Ministers für Volkswohlfahrt.

1. Staatlich anerkannte Lehranstalten für die Ausbildung technischer Assistentinnen an medizinischen Instituten.
2. Als Wohlfahrtsschulen staatlich anerkannte soziale Frauenschulen.
3. Zur Ausbildung von Wohlfahrtspflegern (Fürsorgern, Sozialbeamten) versuchsweise zugelassene Anstalten.
4. Landpflegeschulen.

c) Vorliegen wirtschaftlicher Verhältnisse des Erziehungsberechtigten, die die Gewährung einer Geschwisterermäßigung rechtfertigen (§ 3 Abs. 1, erster Halbsatz). Die Bestimmung darüber, wann im Einzelfalle diese Voraussetzung als gegeben anzusehen ist, ist Sache des Unterhaltsträgers. An den staatlich höheren Schulen ist allgemein die Bewilligung von Geschwisterermäßigungen nur dann abzulehnen, wenn das Einkommen des Erziehungsberechtigten die letzte Stufe der Besoldungsgruppe A 1a der staatlichen Besoldungsordnung, bei freien Berufen einen um 20 v. H. höheren Satz übersteigt. Den Unterhaltsträgern der nichtstaatlichen öffentlichen höheren Schulen wird die Einführung der gleichen allgemeinen Grenze empfohlen. Bei jeder Entscheidung ist nach Möglichkeit entgegenkommend zu verfahren und peinliches Eindringen in die wirtschaftlichen Verhältnisse des einzelnen Erziehungsberechtigten zu vermeiden.

d) Eignung des Kindes für die Ausbildung auf einer höheren Schule (§ 3 Abs. 1, erster Halbsatz). Gefordert wird für die Gewährung einer Geschwisterermäßigung nicht eine besondere Begabung, wie sie Voraussetzung von Bewilligungen gemäß § 4 des Gesetzes ist. Eine Geschwisterermäßigung soll vielmehr nur dann nicht bewilligt werden, wenn die Schule feststellt, daß die Begabung des Schülers nicht hinreicht, sein Verbleiben auf einer höheren Schule innerlich zu rechtfertigen.

e) Reichsangehörigkeit. Ausländer haben Anspruch nur bei vollkommener Gleichstellung deutscher mit einheimischen Schülern in dem betreffenden Staate (§ 8 Abs. 2 Satz 1). Diese Gleichstellung ist anzunehmen bei den in Ziff. 16 b aufgeführten Staaten. Auslandsdeutsche stehen den Inländern auch ohne Verbürgung der Gegenseitigkeit gleich (§ 8 Abs. 2 Satz 2). Auslandsdeutsche im Sinne dieser Bestimmungen sind Reichsausländer deutscher Abstammung und deutscher Muttersprache. Die Gewährung einer Geschwisterermäßigung hindert nicht, für den gleichen Schüler außerdem Maßnahmen zur Begabtenförderung (§ 4) zu treffen, sofern die Voraussetzungen hierfür vorliegen.

17. Hierüber liegen folgende ME. vor:

vom 27. 6. 1928 — U III D 21510 —:

„... Über die Frage, ob und inwieweit die sogenannten Geschwisterermäßigungen den Schülern mittlerer Schulen gewährt werden sollen, haben zurzeit lediglich die Schulträger zu entscheiden.

Ist in dem dort vorliegenden Einzelfalle ein Bedürfnis zur Ermäßigung des Schulgeldes anzuerkennen, so wird es sich empfehlen, dem Schulträger die Berücksichtigung des Antrages nahezulegen. Ein Zwang kann jedoch nach den jetzt geltenden Bestimmungen nicht ausgeübt werden.

Ob es durchführbar ist, die Vorschriften über die Geschwisterermäßigungen allgemein auch auf die öffentlichen mittleren Schulen auszudehnen, bleibt weiterer Prüfung vorbehalten."

vom 5. 7. 1930 — U III D 6705 —:

„Der Preußische Landtag hat es abgelehnt, das neue Gesetz über das Schulgeld an höheren Schulen auch auf die öffentlichen mittleren Schulen auszudehnen. Dem Antrage der Regierung, die für Schulgeldermäßigungen an höheren Lehranstalten geltenden Bestimmungen auch bei den mittleren Schulen anzuwenden, kann daher nicht entsprochen werden."

vom 24. 7. 1931 — U III D 3 Ole. 1. —:

„Die Gewährung von Geschwisterermäßigungen ist für die öffentlichen höheren Lehranstalten durch das Schulgeldgesetz vom 18. Juli 1930 neugeregelt worden. Der Preußische Landtag hat bei der Beratung des Gesetzes die Einbeziehung der öffentlichen mittleren Schulen in dieses Gesetz abgelehnt.

Es besteht daher keine Möglichkeit, einen Unterhaltungsträger einer öffentlichen mittleren Schule zu zwingen, Schulgeldermäßigungen in der für öffentliche höhere Lehranstalten vorgeschriebenen Höhe zu bewilligen."

H. Haftung.

§ 22.

(1) Der Erziehungsberechtigte haftet für pflegliche Behandlung und pünktliche Rückgabe von Schuleigentum, das dem Schüler von der Schule zeitweilig anvertraut wird, sowie bei Beschädigung von Schuleigentum durch den Schüler, es sei denn, daß Verschulden nicht vorliegt.[1])

(2) Die Schule kann für das dem Erziehungsberechtigten oder dem Schüler gehörende Eigentum eine Gewähr nicht übernehmen.[2])[3])

Anmerkungen.

1. Um die rechtliche Tragweite dieser Bestimmung beurteilen zu können, ist es zunächst erforderlich festzustellen, was sich bezüglich der hier ausgesprochenen Haftpflicht bereits aus den gesetzlichen Bestimmungen ergibt.

In erster Linie ist die Haftbarkeit des Schülers selbst zu prüfen. Grundsätzlich und ausnahmslos ist die Haftung des Schülers gegenüber der Schule keine vertragliche, sondern eine deliktische (so schon immer Fleiner S. 338). Diese Streitfrage dürfte als endgültig entschieden anzusehen sein durch folgendes Urteil in RGZ. Bd. 135 S. 12 ff.: „... Neben dem Anspruch aus unerlaubter Handlung ist ein weiterer nicht gegeben. Das Verhältnis zwischen dem Schüler und der öffentlichen Schule (Staat, Gemeinde) ist öffentlich-rechtlicher Art. Das Reichsgericht hat zwar auf verschiedenen Gebieten des öffentlichen Rechts neben einem Anspruch aus unerlaubter Handlung eine besondere schuldrechtliche Verbindlichkeit anerkannt, insbesondere ist es dabei zu entsprechender Anwendung des § 278 BGB. gelangt ... Voraussetzung ist aber, daß auf dem betreffenden Gebiete des öffentlichen Rechts, unter Umständen in Ausfüllung einer Lücke, das Vorhandensein und die Notwendigkeit eines allgemeinen Rechtsgedankens anzunehmen ist, der dem besonderen, nicht-deliktischen Anspruch zur Grundlage dienen kann. Eine entsprechende Anwendung bürgerlichrechtlicher Grundsätze kann dabei nur dann in Frage kommen, wenn die besondere Gestaltung der Beziehungen des Einzelnen zum Träger der öffentlichen Gewalt in erheblichem Maße Übereinstimmung zeigt mit der Gestaltung eines entsprechenden bürgerlichrechtlichen Verhältnisses (RGZ. Bd. 97 S. 44, Bd. 102 S. 8, Bd. 115 S. 421). Eine neben dem Deliktanspruch bestehende Schuldverbindlichkeit ist aber im Verhältnis des Schülers zur öffentlichen Schule nicht festzustellen. Die ausdrücklichen Bestimmungen des öffentlichen Rechts geben hierfür keinen Anhalt. Insbesondere ist in den gesetzlichen Bestimmungen des Schulrechts eine Grundlage hierfür nicht zu erkennen. Die Aufnahme in die Schule ist ein einseitiger (Volksschule) oder zweiseitiger (höhere Schule) Verwaltungsakt, bei dem der Schüler dem Staate nur als der Obrigkeit gegenübersteht, gleichwertige Willenserklärungen in keinem Falle das Verhältnis begründen, ein vertragsähnlicher Zustand nicht besteht, wie im Verhältnis eines Schülers zu einer Privatschule.... Auch das weitere Gebiet des Rechts der öffentlichen Anstalt läßt keine Grundlage für eine außerhalb des Deliktsrechts bestehende Schuldverbindlichkeit erkennen...." Wenn der hier zur Entscheidung stehende Fall an sich auch nur die Haftung der Schule gegenüber dem Schüler betrifft, so ist doch zweifellos, daß das umgekehrte Verhältnis — Haftung des Schülers gegenüber der Schule — nicht anders zu beurteilen ist. Demnach kommt für den Schüler in Frage § 828 BGB.:

„Wer das siebente Lebensjahr nicht vollendet hat, ist für einen Schaden, den er einem anderen zufügt, nicht verantwortlich.

Wer das siebente, aber nicht das achtzehnte Lebensjahr vollendet hat, ist für einen Schaden, den er einem anderen zufügt, nicht verantwortlich, wenn er bei Begehung der schädigenden Handlung nicht die zur Erkenntnis der Verantwortlichkeit erforderliche Einsicht hat...."

Absatz 1 scheidet hier ohne weiteres aus, da Schüler mittlerer und höherer Schulen nach Aufhebung der Vorschulen nicht unter sieben Jahre alt sein können. Im übrigen ist es Tatfrage des Einzelfalles, ob der Minderjährige nach Absatz 2 die erforderliche Einsicht nicht besessen hat, was er bzw. sein gesetzlicher Vertreter zu beweisen haben (über die Frage der Einsicht vgl. RGZ. Bd. 51 S. 30, Bd. 53 S. 158, Bd. 61 S. 239, Bd. 74 S. 143, Bd. 76 S. 18; ferner in JW. 04 S. 202, 05 S. 48, 06 S. 688, 747). Die Schadensersatzpflicht des Minderjährigen nach § 829 BGB.: „Wer in einem der in den §§ 823 bis 826 bezeichneten Fälle für einen von ihm verursachten Schaden auf Grund der §§ 827, 828 nicht verantwortlich ist, hat gleichwohl, sofern der Ersatz des Schadens nicht von einem aufsichtspflichtigen Dritten erlangt werden kann, den Schaden insoweit zu ersetzen, als die Billigkeit nach den Umständen, insbesondere nach den Verhältnissen der Beteiligten, eine Schadloshaltung erfordert und ihm nicht die Mittel entzogen werden, deren er zum standesgemäßen Unterhalte sowie zur Erfüllung seiner gesetzlichen Unterhaltspflichten bedarf" dürfte schon aus dem Grunde nicht praktisch werden, weil im Verhältnis zwischen Staat oder sonstigem Schulträger auf der einen Seite und dem Schüler als Privatmann auf der anderen Seite ein Bedürfnis für einen billigen Ausgleich nicht wird bejaht werden können.

Die Rechtsbeziehungen des Erziehungsberechtigten zur Schule sind nicht anders zu beurteilen wie die oben wiedergegebenen des Schülers zur Schule. Die unmittelbare Haftung des Erziehungsberechtigten regelt § 832 BGB.: „Wer kraft Gesetzes zur Führung der Aufsicht über eine Person verpflichtet ist, die wegen Minderjährigkeit ... der Beaufsichtigung bedarf, ist zum Ersatze des Schadens verpflichtet, den diese Person einem Dritten widerrechtlich zufügt. Die Ersatzpflicht tritt nicht ein, wenn er seiner Aufsichtspflicht genügt oder wenn der Schaden auch bei gehöriger Aufsichtspflicht entstanden sein würde...." Hier wird — wie es die SchO. auch tut — zu unterscheiden sein zwischen dem Schuleigentum, das in das elterliche Haus mitgebracht wird, und demjenigen, das in der Schule selbst beschädigt wird. Im ersteren Falle haftet der Erziehungsberechtigte ohne weiteres, sofern die Voraussetzungen von Abs. 1 Satz 2 a. a. O. nicht gegeben sind, und zwar auch dann, wenn kein Verschulden (Vorsatz oder Fahrlässigkeit) des Minderjährigen vorliegt. Für den zweiten Fall ist zu beachten, daß aufsichtspflichtig kraft Gesetzes nicht nur die Eltern (§§ 1627, 1631, 1634, 1686 BGB.), die uneheliche Mutter (§§ 1707, 1631), der Vormund (§§ 1631, 1793, 1800) usw., sondern auch die Lehrer sind (RGZ. Bd. 52 S. 71, Bd. 65 S. 291), wenngleich ein ausdrücklicher gesetzlicher Ausspruch hierüber fehlt. Für die Dauer des Aufenthalts in der Schule besteht demnach die Aufsichtspflicht des Erziehungsberechtigten nicht bzw. sie wird ersetzt durch die des Lehrers, so daß insoweit eine Haftung des Erziehungsberechtigten wegen Verletzung der Aufsichtspflicht ausgeschlossen ist.

Es fragt sich nun, ob über diese gesetzliche Haftung des Erziehungsberechtigten hinaus eine Erweiterung durch die SchO. begründet worden ist und überhaupt begründet werden kann. Mag auch, wie gezeigt, das Verhältnis zwischen Schule und Schüler bzw. Erziehungsberechtigten auf öffentlich-rechtlicher Grundlage beruhen, so dürften an sich doch keine Bedenken dagegen bestehen, daß für die auf dieser Grundlage entstehenden zivilrechtlichen Schadensersatzansprüche durch Vertrag eine weitergehende Haftung übernommen werden kann. Hierfür reicht allerdings die einseitige Erklärung der SchO. keineswegs aus, sie ist insoweit ohne rechtliche Bedeutung. Ein Vertrag aber würde in der Übergabe der SchO. im allgemeinen auch dann nicht liegen, wenn die Kenntnisnahme durch Unterschrift bescheinigt wird, da die Aushändigung der SchO. üblicherweise erst nach Aufnahme des Schülers erfolgt, die Übernahme einer erweiterten Haftung also nicht zum „Geschäftsinhalt" des Aufnahmeantrags gemacht worden ist. Aber selbst wenn alle Voraussetzungen eines ordnungsmäßigen Vertragsabschlusses gegeben sein sollten, so würde doch Voraussetzung der Rechtswirksamkeit einer solchen Abmachung unter allen Umständen sein, daß die Zustimmung des Erziehungsberechtigten völlig frei, ohne inneren Zwang abgegeben wird (RGZ. Bd. 103 S. 82). Diese notwendige Freiwilligkeit wäre selbstverständlich nicht nur dadurch ausgeschlossen, daß die Unterschrift der SchO., von deren Inhalt vor Aufnahme des Schülers eingehend Kenntnis genommen werden konnte, als unerläßliche Vorbedingung für die Aufnahme des Kindes verlangt wird, sondern auch schon dann, wenn die Unterschrift gegeben wurde, weil die betreffende Schule die einzige war, die für den Erziehungsberechtigten in Frage kam, der Erziehungsberechtigte sich also wegen der tatsächlichen Monopolstellung der betreffenden Schule in einer gewissen Zwangslage befand, die ihn eine weitergehende Haftung als nach den gesetzlichen Bestimmungen notwendig übernehmen ließ. Eine solche Abmachung, die dem Schulträger durch Ausnützung der Sonderstellung der öffentlichen Schule unbillige Vorteile verschaffte, würde wegen Verstoßes gegen die guten Sitten nach § 138 BGB. nichtig sein (vgl. hierzu auch die Rechtsprechung in Anm. 2).

2. Für die hier in Frage stehenden Fälle des Verlustes oder der Beschädigung des Eigentums des Schülers oder der Erziehungsberechtigten gilt hinsichtlich der Haftungsgrundlage das gleiche, was in Anm. 1 ausgeführt ist. Die Schule oder, besser gesagt, der Schulträger haftet ex lege und nicht ex contractu. Der Schadensersatzanspruch des Erziehungsberechtigten kann sich einmal darauf gründen, daß ein Anstaltsorgan bei Ausübung der öffentlichen Gewalt ein Versehen oder ein Vergehen begangen hat; dann haftet gemäß § 839 BGB. in Verbindung mit Art. 77 EGBGB. und des Gesetzes über die Haftung des Staates und anderer Verbände für Amtspflichtsverletzungen von Beamten bei Ausübung öffentlicher Gewalt vom 1. 8. 1909 (GS. S. 691) nebst Ergänzungsgesetz vom 14. 5. 1914 (GS. S. 117) bzw. Art. 131 RV. (über dessen Verhältnis zu dem Gesetz vom 1. 8. 1909 vgl. RGZ. Bd. 102 S. 166, Bd. 105 S. 334) der Staat, die Stadtgemeinde oder der sonstige Schulträger. Darüber, daß bei kommunalen Lehrkräften die Stadtgemeinde und nicht der Staat haftet vgl. die grundsätzliche Entscheidung in RGZ. Bd. 84 S. 27. In Frage kommen hier die verhältnismäßig seltenen Fälle, daß z. B. ein Lehrer vorsätzlich ein dem Schüler gehörendes Buch oder Heft zerreißt, fahrlässig beim Experimentieren, bei Bestrafung u. dgl. die Kleidung des Schülers beschädigt usw. Der Sachschaden des Schülers oder Erziehungsberechtigten kann aber auch auf mangelhafte Unterhaltung oder Überwachung der Anstaltsräume zurückzuführen sein, wie z. B. bei Beschädigung der Kleidungsstücke des Schülers infolge schad-

haften Anstaltsinventars, in der Hauptsache aber bei Verlust der mitgebrachten Kleidungsstücke, Fahrräder u. dgl.; dann hat der Anstaltseigentümer für das außervertragliche Verschulden seiner Organe nach §§ 31, 89 BGB. einzustehen. Ein derartiges Verschulden wird insbesondere dann vorliegen, wenn die Anstaltsorgane bei der Instandhaltung und Bewachung der Anstaltsräume nicht das den Anstaltszwecken angepaßte Maß der Sorgfalt angewendet haben, das erforderlich ist, um die Benutzer vor Schaden zu bewahren (Fleiner S. 340, OLG. Breslau in ZBlUB. 1924 S. 298). Über die Rechtsprechung und das Schrifttum zu dieser Frage ausführlich Friebe, Heft 66 S. 78 ff.

Die SchO. bestimmt hier nun, daß die Schule für das Eigentum der Schüler bzw. Erziehungsberechtigten „eine Gewähr nicht übernimmt“, will also offensichtlich ihre gesetzlich begründete Haftpflicht wegen Sachschadens ausschließen. Hierzu macht das RG. in RGZ. Bd. 45 S. 164 Ausführungen, die ohne weiteres auch auf das Verhältnis zwischen Schule und Schüler bzw. Erziehungsberechtigten passen: Eine Verwaltung könne zwar durch eine Betriebsordnung Bestimmungen für den Betrieb erlassen, sie sei aber nicht in der Lage, durch eine solche Ordnung in Gebiete hinüberzugreifen, die der Gesetzgebung vorbehalten seien; die Rechtsordnung bestimme, unter welchen Voraussetzungen und in welchem Umfange wegen einer schadenbringenden Handlung Ersatz zu leisten sei; sie kenne aber keinen allgemeinen Grundsatz, der es ermögliche, die im Recht begründete Verantwortlichkeit für Schäden, die außerhalb eines bestehenden Vertragsverhältnisses zugefügt würden, durch einseitige Willenserklärung abzulehnen. Entsprechend diesen durchaus zutreffenden Feststellungen wird man diese Bestimmung der SchO. als rechtsunwirksam anzusehen haben, jedenfalls soweit sie sich als einseitige Erklärung darstellt.

Zu prüfen bleibt allerdings noch, ob nicht die gesetzlich begründete Haftpflicht des Schulträgers durch ausdrückliche Vereinbarung „wegkontrahiert“ werden kann. Zunächst einmal dürfte, wenn an sich auch eine vertragliche Beschränkung der Haftpflicht in gewissem Umfange zulässig ist (§ 276 BGB.), eine solche Vereinbarung nicht zulässig sein, wenn es sich um Schäden handelt, die durch eine Amtspflichtverletzung in Ausübung öffentlicher Gewalt entstanden sind (RGZ. Bd. 68 S. 358). Aber auch in den übrigen Fällen wird eine vertragliche Abmachung Rechtswirksamkeit nicht beanspruchen können, weil die öffentliche Schule grundsätzlich allen, die die Voraussetzungen erfüllen, offen steht und es dem Grundsatz der Öffentlichkeit widersprechen würde, wenn die Benutzung der Anstalt von der vertraglichen Übernahme zivilrechtlicher Beschränkungen, insbesondere von dem Verzicht auf Ansprüche, die im Recht begründet sind, abhängig gemacht würde (RGZ. Bd. 62 S. 266, Bd. 81 S. 367). Darüber hinaus wird man aber auch weiter allgemein sagen können, daß es überhaupt einen Verstoß gegen die guten Sitten bedeutet, wenn eine monopolartige Stellung dazu benutzt wird, um unbillige Bedingungen vorzuschreiben, insbesondere sich den Ausschluß der im Gesetz begründeten Haftung auszubedingen, wenn das Publikum genötigt ist, sich diesen Bedingungen zu unterwerfen (RGZ. Bd. 103 S. 82, Bd. 106, S. 386, Bd. 113 S. 425, Bd. 115 S. 122). Diese Voraussetzungen werden bei dem hier ganz allgemein ausgesprochenen Ausschluß der Haftung der Schule für Sachschäden immer zutreffen, so daß diese Bestimmung der SchO. nach keiner Richtung hin und in keiner Form Rechtsgültigkeit beanspruchen kann.

Über die Stellungnahme der Unterrichtsverwaltung zu dieser Frage und die von der Schule zu treffenden Maßnahmen vergl. die ME. vom 10. 6. 1912 — U II 1268 —, 31. 12. 1921 — U III 7571 —, 17. 2. 1922 — U III 256 U II — (bei Günther-Günther S. 142).

3. Für die Haftung der Anstalt für Personenschäden ihrer Benutzer gilt das gleiche, was in Anm. 2 über Sachschäden ausgeführt ist. Hierfür ist allerdings in der SchO. der Versuch eines Ausschlusses oder einer Beschränkung der Haftung der Anstalt erst nicht gemacht.

J. Zwangsmittel.

§ 23.

(1) Die Einhaltung der Schulordnung und aller daneben geltenden oder auf ihrer Grundlage erlassenen Vorschriften muß nötigenfalls durch Verhängen von Schulstrafen erzwungen werden, die besonders geregelt sind.[1])

(2) Ist das bestimmungswidrige Verhalten des Schülers auf den Willen des Erziehungsberechtigten zurückzuführen, so behält sich die Schule das Recht vor, wenn der Erziehungsberechtigte zur Einhaltung der Vorschriften auf andere Weise nicht veranlaßt werden kann, den Schüler im Verwaltungswege von der Schule zu entfernen.[2])

Anmerkungen.

1. Die Anstaltsgewalt kann sich auch als Disziplinargewalt äußern. Ist, wie bei öffentlichen Schulen, in der Anstaltsgewalt Disziplinargewalt notwendig mitenthalten, so sollte es zu einer vollständigen Anstaltsordnung gehören, daß die Mittel dieser Disziplinargewalt auch darin aufgeführt werden. Das ist in der neuen SchO. unterblieben (ebenso wie die Auf-

nahme der oben S. 121 bereits erwähnten Schülerselbstverwaltung).

Rechtsquelle für die Schulstrafen sind daher nach wie vor die Dienstanweisungen. Von ihnen bestimmt die für die männliche Jugend unter A 6 folgendes:

„(1) Die erste Aufgabe der Schulzucht ist, durch vorbeugende Maßregeln die Schüler vor Verfehlungen zu bewahren.

(2) Der Direktor sorgt für Einheitlichkeit in der Anwendung der Zuchtmittel und wird sich nach Möglichkeit bemühen, die Lehrer zu einem wohlabgestuften und maßvollen Gebrauche dieser Mittel zu bestimmen.

(3) Strafen, die ein Lehrer selbständig verhängen kann, sind: Verweis unter Eintragung in das Klassenbuch (Tadel) und Arrest bis zu einer Stunde. Zweistündiger Arrest darf nur mit Zustimmung des Direktors verhängt werden.

(4) Im allgemeinen führt der Lehrer, der einem Schüler eine Arreststrafe erteilt hat, die Aufsicht während der Dauer des Arrestes. Dies darf aber nicht in gewöhnlichen Unterrichtsstunden geschehen; auch gemeinsame Arreststunden einzurichten, ist nicht gestattet. Im übrigen regelt der Direktor die Beaufsichtigung der mit Arrest bestraften Schüler.

(5) Kein Lehrer ist befugt, einen Schüler zu sich in die Wohnung zu bestellen.

(6) Die Klassenkonferenz kann schriftlichen Verweis und Arrest über zwei Stunden beschließen; der Gesamtkonferenz ist vorbehalten, die Verweisung anzudrohen oder auszusprechen.

(7) Die Strafe der Verweisung ist erst dann statthaft, wenn die gewöhnlichen Zuchtmittel der Schule versagt haben oder ein solches Vergehen vorliegt, daß beim Verbleiben des Schuldigen üble Folgen für andere Schüler oder für die Schulzucht zu befürchten wären; sie wird deshalb bei den Schülern der unteren Klassen nur in seltenen Fällen anzuwenden sein. Über die Verweisung eines Schülers von der Anstalt hat der Direktor sofort an das Provinzialschulkollegium unter Beifügung des Konferenzprotokolls zu berichten; dasselbe gilt für die Androhung der Verweisung.

(8) Scheltworte, die das Ehrgefühl der Schüler verletzen müssen, sind zu vermeiden.

(9) Die körperliche Züchtigung ist nur in außerordentlichen Fällen zulässig und im wesentlichen auf die unteren

Klassen zu beschränken. Schläge an den Kopf sind zu vermeiden. Sollte sich ein Lehrer zu einer körperlichen Züchtigung veranlaßt sehen, so hat er vorher oder unmittelbar nachher dem Klassenleiter und dem Direktor Mitteilung zu machen."

Die Dienstanweisung für die weibliche Jugend weist folgende Abweichungen auf:

„(2) Der Direktor sorgt für Einheitlichkeit in der Anwendung der Zuchtmittel und wird sich um so mehr bemühen, die Lehrer zu einem wohlabgestuften und maßvollen Gebrauche dieser Mittel zu bestimmen, als mit Rücksicht auf die weibliche Eigenart von den Nachbleibestunden ganz abzusehen ist.

(3) Strafen, die ein Lehrer selbständig verhängen kann, sind: Verweis unter Eintragung in das Klassenbuch (Rüge) und Verweis mit schriftlicher Mitteilung an die Eltern (Tadel), der im Zeugnis zu vermerken ist.

(4) Die schwerste Strafe vor der Androhung der Entfernung ist ein von der Klassenkonferenz beschlossener schriftlicher Verweis, der in der von der Konferenz festzusetzenden Form vom Direktor den Eltern mitzuteilen ist.

(5) Der Gesamtkonferenz ist vorbehalten, die Verweisung anzudrohen oder auszusprechen....

(7) Körperliche Züchtigung und Scheltworte, die das Ehrgefühl der Schülerin verletzen müssen, sind verboten."

In Geltung ist ferner noch neben diesen Bestimmungen ALR. II 12 § 50: „Die Schulzucht darf niemals bis zu Mißhandlungen, welche der Gesundheit der Kinder auch nur auf entfernte Art schädlich werden könnten, ausgedehnt werden."

Die Aufzählung der möglichen Schulstrafen in den Dienstanweisungen ist erschöpfend; hieraus folgt, daß andere Strafen, z. B. Strafarbeiten irgend welcher Art, nicht zulässig sind. Im übrigen kann hier auf das Gebiet der Schulstrafen nicht näher eingegangen werden (verschiedene ME. sind wiedergegeben bei Günther-Günther S. 154 ff., im übrigen vergl. Hennig a. a. O.). Gegen ihre rechtliche Zulässigkeit sind aus Art. 116 RV. Bedenken nicht herzuleiten, da diese Verfassungsbestimmung sich nach unbestrittener Anschauung nur auf das Kriminalstrafrecht und nicht auf das Verwaltungsstrafrecht bezieht.

Bei den mittleren Schulen fehlt es an einer ähnlichen genaueren Regelung der Schulstrafen. Die Dienstanweisung für die Mittelschulen regelt in A 1 und B 7 nur die Zuständigkeit der Konferenzen für gewisse Schulstrafen und die Abstimmung.

2. Diese Bestimmung geht zurück auf den ME. vom 21. 12. 1922 — U II 6979 II U II W — (ZBlUB. 1923 S. 16): „Daß der Schüler mit Androhung der Verweisung bestraft worden ist, weil er auf Veranlassung seines Vaters der von der Schulaufsichtsbehörde angeordneten Schulfeier ferngeblieben ist, scheint mir nicht in der Ordnung zu sein. Gewiß sieht sich die Schule nicht selten in die Notwendigkeit versetzt, Schüler auch dann mit einer Schulstrafe zu belegen, wenn die Schuld an dem der Bestrafung zugrunde liegenden Vorfall letzten Endes nicht so sehr den Schüler selbst als vielmehr den Erziehungsberechtigten trifft (etwa wenn der Schüler eine ihm aufgetragene Arbeit deshalb nicht angefertigt, weil er von dem Vater zu Dienstleistungen usw. in Anspruch genommen wurde); hier wird die Entschuldigung des Schülers, nicht er sei schuld, von der Schule nach Lage der Sache oft nicht berücksichtigt werden können. Anders, wenn der Schüler nachweislich auf ausdrückliche, bewußte Anordnung des Erziehungsberechtigten gegen die Schulordnung hat verstoßen müssen. In solchen Fällen widerspricht es dem Rechtsempfinden, eine Schulstrafe zu verhängen, da Bestrafung Schuld voraussetzt. Anderseits kann die Schule nicht zulassen, daß der Erziehungsberechtigte vorsätzlich den Schüler gegen die Schulordnung verstoßen läßt. Der richtige Weg ist dann der, daß dem Erziehungsberechtigten eröffnet wird, daß der Schüler im Wiederholungsfalle die Schule verlassen müsse, oder bei schweren Fällen, daß er sofort von weiterem Schulbesuch ausgeschlossen sei, ohne daß diese Maßregel irgendwie der „Verweisung“ oder der „Androhung der Verweisung“ gleichstände. Es handelt sich vielmehr dann um reine Verwaltungsmaßnahmen, die neben den in den Dienstanweisungen vorgesehenen eigentlichen Schulstrafen stets zulässig sind.“

Gegen die rechtliche Zulässigkeit eines solchen Ausschlusses vom Schulbesuch dürften Bedenken nicht bestehen. Der Anstaltsherr ist — wie bei den Bedingungen für die Aufnahme — frei in der Regelung auch der Gründe, die für eine zwangsweise Beendigung der Anstaltsbenutzung in Frage kommen, jedenfalls soweit kein Benutzungszwang besteht. Aus dem Recht der öffentlichen Anstalt sind keine Gründe dafür zu entnehmen, daß ein zwangsweises Aufhören der Anstaltsnutzung nur bei Verschulden des Anstaltsbenutzers zulässig ist. Es ist vielmehr nur erforderlich, aber auch ausreichend, daß ein anstaltswidriges Verhalten vorliegt. Auf wen dieses, den Anstaltszweck gefährdende Verhalten letzten Endes zurückzuführen ist, ist hierfür ohne Belang. Allerdings wird man dann, wenn die Anstaltswidrigkeit weniger auf den Benutzer selbst als auf eine Person zurückgeht, die außerhalb der Anstaltsgewalt steht, den Akt des Ausschlusses im Verwaltungswege besser als Ausfluß der „Anstaltspolizei" bezeichnen, d. h. der den Anstaltsorganen ohne weiteres zustehenden Fähigkeit, die geeigneten Maßnahmen zur Abwehr von Störungen des Anstaltsbetriebes zu treffen (Fleiner S. 330, dagegen, allerdings von einem anderen Begriff der Anstaltspolizei aus, Jellinek S. 436, 516, Hatschek S. 503).

Durch die Feststellung, daß die Verweisung von der Anstalt nicht als Strafe gilt, ist zugleich klargestellt, daß in einem solchen Falle eine Anhörung des Elternbeirats nicht in Frage kommt.

Anhang.

Allgemeine Schulordnung für die höheren Lehranstalten der Provinz Brandenburg.

§ 1.

Die Schulordnung enthält die allgemeinen Bedingungen, unter denen die höheren Lehranstalten die Erziehung und den Unterricht der ihnen anvertrauten Schüler übernehmen.

Bei der Aufnahme eines Schülers ist den Eltern oder deren Stellvertreter (bei auswärtigen Schülern auch dem Pensionsgeber) ein Abzug der Schulordnung auszuhändigen.

1. Allgemeine Bestimmungen.

§ 2.

Die Anmeldung eines Schülers muß durch den Vater oder dessen berechtigten Vertreter persönlich oder schriftlich geschehen. Dabei sind einzureichen:

1. ein Geburtsschein oder Taufschein,
2. ein Impfschein bzw. Wiederimpfungsschein,
3. ein Abgangszeugnis der bisher besuchten Schule oder ein beglaubigtes Zeugnis über die private Vorbildung und das bisherige Betragen.

Über die Aufnahme entscheidet der Direktor. Sie erfolgt in der Regel zu Anfang des Jahreskursus. Die Aufnahme in die dritte Vorschulklasse geschieht in der Regel nicht vor dem vollendeten 6., in die Sexta nicht vor dem vollendeten 9. und nicht nach dem vollendeten 12. Lebensjahre. Wenn der Schüler auf Grund des Abgangszeugnisses einer höheren Lehranstalt einer bestimmten Klasse nicht zugewiesen werden kann, hat er sich einer Aufnahmeprüfung zu unterwerfen.

§ 3.

Die Schüler, welche noch nicht wiedergeimpft sind, müssen sich in dem Kalenderjahre, in welchem sie das 12. Lebensjahr vollenden, der Wiederimpfung unterziehen. Diese wird in der Schule von dem Impfarzt kostenlos vollzogen; doch steht es den Eltern frei, sie von einem anderen Arzt vornehmen zu lassen.

§ 4.

Dem Abgange eines Schülers muß vor Beginn des neuen Schulvierteljahres eine persönliche oder schriftliche Abmeldung durch den Vater oder dessen berechtigten Stellvertreter vorhergehen. Als letzte Abmeldetermine gelten:

1. der letzte Tag der Osterferien,
2. der letzte Tag der Sommerferien,
3. der letzte Tag der Herbstferien,
4. der letzte Tag der Weihnachtsferien.

Bei nicht rechtzeitiger Abmeldung ist das Schulgeld für das neue Schulvierteljahr weiter zu entrichten.

Ein Abgangszeugnis kann der Schüler erst erhalten, nachdem er seinen Verpflichtungen gegen die Anstalt (Zahlung des Schulgeldes, Rückgabe entliehener Bücher u. a.) nachgekommen ist.

Solange das Schulgeld nach eingetretener Fälligkeit und einmaliger Mahnung nicht gezahlt wird, kann der Schüler vom Schulbesuch ausgeschlossen werden.

§ 5.

Solche Schüler, denen auch nach zweijährigem Aufenthalt in derselben Klasse die Versetzung nicht hat zugestanden werden können, haben die Anstalt zu verlassen, wenn nach dem einmütigen Urteil ihrer Lehrer und des Direktors ein längeres Verweilen auf ihr nutzlos sein würde. Doch ist es für eine derartige, nicht als Strafe anzusehende, Maßnahme erforderlich, daß den Eltern oder deren Stellvertretern mindestens ein Vierteljahr zuvor eine darauf bezügliche Nachricht gegeben worden ist. (Ministerialerlaß betreffend die Versetzung der Schüler vom 26. Oktober 1901 § 8.)

§ 6.

Die Schule verlangt von ihren Schülern den regelmäßigen und pünktlichen Besuch aller vorgeschriebenen Unterrichtsstunden und Schulfeierlichkeiten.

Der Unterricht im Turnen und Singen ist für alle Schüler verbindlich. Befreiung von demselben erteilt nur der Direktor auf Grund vorschriftsmäßig ausgestellter ärztlicher Zeugnisse, in der Regel nur auf die Dauer eines Halbjahres. Die Befreiung vom Singen erstreckt sich nicht auf den die theoretischen Elementarkenntnisse behandelnden Teil des Unterrichts der beiden untersten Klassen.

Der Eintritt in den fakultativen Unterricht im Hebräischen, Englischen (bzw. Französischen) und im Zeichnen (von III bis I) verpflichtet den Schüler zur Teilnahme für die Dauer eines Halbjahres.

§ 7.

Wenn ein Schüler durch Krankheit oder sonstigen Notfall verhindert wird, die Schule zu besuchen, so ist davon möglichst im Laufe des ersten Tages dem Klassenlehrer mit Angabe des Grundes schriftlich oder in sonst glaubwürdiger Form Anzeige zu machen. Bei der Rückkehr hat der Schüler dem Klassenlehrer eine schriftliche Bescheinigung des Vaters oder dessen Stellvertreters unter Angabe der Dauer und des Grundes der Versäumnis vorzulegen und sich bei jedem Lehrer, dessen Stunden er versäumt hat, zu melden.

In jedem anderen Falle muß Urlaub, bis zu einem Tage bei dem Klassenlehrer, für längere Zeit beim Direktor im voraus nachgesucht werden.

Die Erlaubnis, schon vor Beginn der Ferien abzureisen oder erst nach dem Wiederanfang des Unterrichts zurückzukehren, wird nur in dringenden Fällen erteilt und ist immer beim Direktor nachzusuchen. Wenn Krankheit oder andere unvorhergesehene Fälle einen Schüler an der pünktlichen Rückkehr verhindern, ist dem Direktor hiervon sofort Anzeige zu machen.

§ 8.

Schüler, die an ansteckenden Krankheiten, insbesondere Cholera, Ruhr (Masern), Röteln, Scharlach, Diphtheritis, Pocken, Flecktyphus, Rückfallsfieber, Unterleibstyphus,

Kontagiöser Augenentzündung, Keuchhusten leiden, dürfen erst dann wieder zur Schule zurückkehren, wenn die Gefahr der Ansteckung nach ärztlicher Bescheinigung als beseitigt anzusehen ist. Auch gesunde Knaben sind vom Schulbesuch ausgeschlossen, wenn in dem Hausstande, dem sie angehören, ein Fall der obengenannten Krankheiten vorkommt, es müßte denn ärztlich bescheinigt sein, daß der Schüler durch ausreichende Absonderung von der Gefahr der Ansteckung geschützt ist.

§ 9.

Hinsichtlich der Schulbücher, Hefte usw. haben die Schüler den Anordnungen der Schule Folge zu leisten.

§ 10.

Wer Schuleigentum beschädigt, hat, abgesehen von einer den Umständen nach eintretenden Schulstrafe, vollen Ersatz zu leisten.

§ 11.

Die am Schlusse bestimmter Abschnitte des Schuljahres ausgestellten Zeugnisse haben die Schüler am ersten Tage des wiederbeginnenden Unterrichts mit der Namensunterschrift des Vaters oder dessen Stellvertreters versehen dem Klassenlehrer vorzulegen. Der Unterschrift weitere Mitteilungen hinzuzufügen ist nicht gestattet. Dasselbe gilt für die Benachrichtigungen, die den Eltern aus besonderen Anlässen etwa durch die Schule zugehen.

§ 12.

Privatunterricht oder Nachhilfestunden dürfen Schüler nur mit Erlaubnis des Direktors erteilen.

Wenn Eltern oder deren Stellvertreter ihren Söhnen oder Pflegebefohlenen in Lehrgegenständen der Schule Privatunterricht erteilen lassen wollen, wird ihnen dringend empfohlen, vorher mit dem Klassenlehrer derselben Rücksprache zu nehmen.

§ 13.

Wechselt ein Schüler seine Wohnung, so ist dem Direktor durch Vermittelung des Klassenlehrers sofort Mitteilung zu machen.

2. Schulzucht.

§ 14.

Jeder Schüler ist verpflichtet, innerhalb wie außerhalb der Schule die Gebote des Anstandes und der guten Sitte zu befolgen. Den Lehrern der Anstalt ist er Gehorsam und Ehrerbietung schuldig.

§ 15.

Alle Schüler unterstehen der Schulzucht der Anstalt auch außerhalb der Schulräume und der Unterrichtszeit, soweit der Zweck der Schulerziehung es erfordert.

Auswärtige Schüler insbesondere sind in ihrem gesamten Leben der Aufsicht der Schule unterworfen. Die Wahl bzw. Wechsel ihrer Pension und Wohnung bedarf der vorher einzuholenden Genehmigung des Direktors. Stellt sich heraus, daß die gewählte Pension oder Wohnung auf die Gesundheit, das sittliche Verhalten oder den Fleiß eines Schülers nachteilig einwirkt, so hat der Direktor das Recht und die Pflicht, von den Eltern oder ihren Stellvertretern eine Änderung der Pension oder Wohnung innerhalb einer nach den Umständen zu bemessenden Frist zu verlangen.

§ 16.

Die Schulordnung verbietet:

a) alle öffentlichen Kundgebungen, z. B. Ankündigungen und dergleichen in Zeitungen,

b) den Besuch öffentlicher Gerichtsverhandlungen und Volksversammlungen,

c) Geldsammlungen unter den Schülern ohne Genehmigung des Direktors,

d) jeder Verbindung oder Vereinigung der Schüler unter sich und mit anderen, deren Zweck dem Direktor nicht angezeigt und von ihm gebilligt ist. Die Teilnahme an unerlaubten Verbindungen wird auf Grund des Ministerialerlasses vom 29. Mai 1880 mindestens mit schwerer Karzerstrafe und der Androhung der Entfernung, in schweren Fällen mit Ausweisung bestraft,

e) den Besuch von Wirtshäusern, Konditoreien und ähnlichen öffentlichen Lokalen ohne Begleitung der Eltern oder ihrer Stellvertreter, insofern nicht von Anstaltswegen allgemein oder besondere Erlaubnis hierzu erteilt ist,

f) jede Zusammenkunft in und außerhalb der Wohnung zu Trinkgelagen und ähnlichen Zwecken,

g) das Tabakrauchen in der Öffentlichkeit,

h) die einheimischen, bei ihren Eltern wohnenden Schüler dürfen Theater, öffentliche Konzerte und Vorträge nur mit deren Erlaubnis, öffentliche Bälle nur in Begleitung ihrer Eltern oder deren Stellvertreter besuchen; die auswärtigen Schüler bedürfen in beiden Fällen der vorgängigen Erlaubnis des Klassenlehrers oder des Direktors.

Sachregister

(Die Zahlen bezeichnen die Seiten)

A

N

O

P

R

S

Verzeichnis rechtswissenschaftlicher Verlagswerke

Verlag von Georg Stilke in Berlin

Rechtsphilosophie und Rechtsgeschichte.

Philosophie des Rechts, von Professor Dr. Julius Binder. LIV und 1063 Seiten. Preis geh. 27,— RM., in Halbleder geb. 32,40 RM. 1925.

Rechtsphilosophie, von Professor D. Dr. Rudolf Stammler. 88 Seiten. Preis geh. 2,75 RM. 1931.
Aus Stammler, Das gesamte deutsche Recht, Band I, Teil I.

Von Brandenburg über Preußen zum Reich. Eine Geschichte der Verfassung und Verwaltung in Brandenburg-Preußen, von Prof. Dr. Ludwig Waldecker. 267 Seiten. Preis in Ganzleinen geb. 9,50 RM. 1935.

Deutsche Rechtsgeschichte mit Einschluß des deutschen Privatrechts, von Professor Dr. Paul Rehme. 132 Seiten. Preis geh. 5,50 RM. 1931.
Aus Stammler, Das gesamte deutsche Recht, Band I, Teil III.

Das Römische Recht, von Professor Dr. Theodor Kipp. 226 Seiten. Preis geh. 7,— RM. 1931.
Aus Stammler, Das gesamte deutsche Recht, Band I, Teil II.

Bürgerliches Recht.

Bürgerliches Recht, von Professor Dr. Erich Jung. 734 Seiten. Preis geh. 22,50 RM. 1931.
Aus Stammler, Das gesamte deutsche Recht, Band I, Teil IV.

Kleinwohnungs- und Siedlungsrecht. Eine systematische Zusammenstellung der reichsrechtlichen Bestimmungen zum Kleinwohnungs- (landwirtschaftlichen und vorstädtischen) Siedlungsrecht, Kleingartenrecht, den Bestimmungen über Reichsbürgschaften, Baukredite, Bausparkassen, Steuerbegünstigungen usw. Von Rechtsanwalt Dr. August Dahm. 160 Seiten. Preis in Ganzleinen gebunden 5,50 RM. 1935.
Stilkes Rechtsbibliothek Nr. 144.

Mieterschutzgesetz in der Fassung des Gesetzes vom 27. Oktober 1933 nebst der Verfahrensanordnung in der Fassung vom 27. März 1932. Erläuterte Ausgabe von Rechtsanwalt Dr. August Dahm. Mit Nachtrag. 163 und 4 Seiten. Preis in Ganzleinen geb. 5,— RM. 1936.
Stilkes Rechtsbibliothek Nr. 148.

Gesetzliche Miete. Reichsmietengesetz in der Fassung der Bekanntgabe vom 24. April 1936. Erläutert von Rechtsanwalt Dr. August Dahm. Etwa 100 Seiten. Preis kartoniert etwa 2,75 RM. 1936.
Stilkes Rechtsbibliothek Nr. 153.

Die Preußische Pachtschutzordnung in der Fassung vom 19. September 1927 auf Grund amtlichen Materials erläutert, von Ministerialrat Gustav Wagemann und Geh. Oberjustizrat Se-

natspräsident Dr. W. Marwitz. 4. Auflage VIII und 380 Seiten. Preis in Ganzleinen geb. 10,80 RM. 1928.
Stilkes Rechtsbibliothek Nr. 4.

Grundbuchordnung für das Deutsche Reich vom 8. August 1935. Mit Anmerkungen und einem Anhang. Von Senatspräsident Dr. Paul Thieme. 2. Auflage. 500 Seiten. Preis in Ganzleinen geb. 14,50 RM. 1936.
Stilkes Rechtsbibliothek Nr. 80.

Die Eheauflösung im neuen deutschen Recht unter Berücksichtigung der neuesten Bestimmungen (Nürnberger Gesetze) und Entscheidungen. Von Rechtsanwalt und Notar Dr. Hermann Auert. 159 Seiten. Preis in Ganzleinen geb. 4,50 RM. 1936.
Stilkes Rechtsbibliothek Nr. 145.

Scheidung und Auseinandersetzung. Eine gemeinverständliche Darstellung der Voraussetzungen und Folgen der Ehescheidung, von Rechtsanwalt Dr. Joachim Reschke. 61 Seiten. Preis kart. 1,75 RM. 1932.

Straßenverkehrsrecht (Reichsgesetz über den Verkehr mit Kraftfahrzeugen) mit den einschlägigen Nebenbestimmungen, insbesondere der **Reichsstraßen-Verkehrsordnung** und einem technischen Leitfaden mit Abbildungen, von Geh. Regierungsrat Ministerialrat Dr. Fritz Müller. XII und 932 Seiten. 10. Auflage des „Automobilgesetzes". Preis in Ganzleinen geb. 22,50 RM. 1935.
Stilkes Rechtsbibliothek Nr. 44.

Grundriß des Treuhandrechts. Eine systematische Darstellung mit Einleitung und ausführlichem Sachregister, von Syndikus Dr. Johannes Hein. 311 Seiten. Preis geh. 8,10 RM., in Ganzleinen geb. 9,— RM. 1929.

Internationalprivatrecht, von Professor Dr. Max Gutzwiller. 150 Seiten. Preis geh. 4,75 RM. 1931.
Aus Stammler, Das gesamte deutsche Recht, Band I, Teil VIII.

Handels- und Wirtschaftsrecht.

Handels-, Wechsel- und Seerecht, von Professor Dr. Eugen Locher. 221 Seiten. Preis geh. 6,50 RM. 1931.
Aus Stammler, Das gesamte deutsche Recht, Band I, Teil V.

Wechselgesetz und Scheckgesetz mit Anmerkungen und den Texten der Nebengesetze. Von Albert Esderts. 224 Seiten. Preis in Ganzleinen geb. 5,50 RM. 1935.

Umwandlungsgesetz, Steuererleichterungsgesetz, Anleihestockgesetz. Umwandlung von Kapitalgesellschaften in Personalgesellschaften und Einzelunternehmen. Erläutert von Rechtsanwalt Helmut Laß. 240 Seiten. Preis in Ganzleinen geb. 5,— RM. 1935.
Stilkes Rechtsbibliothek Nr. 139.

Das Recht der deutschen Kartelle. Eine einführende Gesamtdarstellung mit den Texten der einschlägigen Verordnungen, von Professor Dr. Otto Eger. VIII und 193 Seiten. Preis geh. 5,— RM., in Ganzleinen geb. 6,— RM. 1932.

Erbhofrecht.

Die Rechtsgeschäfte des Erbhofrechts. Eine übersichtliche Darstellung mit geschichtlicher Einleitung und Musterbuch von Rechtsanwalt und Notar Dr. Zimmer. 207 Seiten. Preis in Ganzleinen geb. 4,50 RM. 1935.
Stilkes Rechtsbibliothek Nr. 142.

Arbeits- und Sozialrecht.

Die Arbeitsgesetze in einem Band mit Erläuterungen aus der höchstrichterlichen Rechtsprechung des Reichsarbeitsgerichts und der Landesarbeitsgerichte, von Ministerialrat Gustav Wagemann. Mit einem Geleitwort von Reichsminister a. D. Dr. Brauns. Zweite Auflage. XV und 1176 Seiten. Preis in Ganzleinen geb. 10,— RM. 1933.
Sammlung arbeitsrechtlicher Gesetze, Bd. I.

Die arbeitsrechtlichen Vorschriften der allgemeinen Gesetze (Arbeitsvertragsrecht) mit Erläuterungen aus der höchstrichterlichen Rechtsprechung des Reichsarbeitsgerichts und der Landesarbeitsgerichte von Reichsgerichtsrat i. R. Dr. Czolbe, fr. stellvertr. Vorsitzender des Reichsarbeitsgerichts, und Staatsrat und Präsident des Preuß. Erbhofgerichts Wagemann. Preis in Ganzleinen geb. 15,— RM. 1934.
Sammlung arbeitsrechtlicher Gesetze, Bd. II.

Beide Bände zusammen bezogen 22,50 RM.

Soziale Ehrengerichtsbarkeit. Von Rechtsanwalt Dr. Carl Falck. 39 Seiten. Preis geheftet 1,20 RM. 1936.

Handwerkliche Ehrengerichtsbarkeit. Von Dr. Walter Kraegeloh. 64 Seiten. Preis kartoniert 1,50 RM. 1936.

Das Schwerbeschädigtengesetz. Kommentar zum Gesetz über die Beschäftigung Schwerbeschädigter, von Dr. Dr. Richard Knaak. XVI und 217 Seiten. Preis in Ganzleinen geb. 4,50 RM. 1928.
Stilkes Rechtsbibliothek Nr. 72.

Mutterschutz. Das Reichsgesetz über die Beschäftigung vor und nach der Niederkunft vom 16. Juli 1927 unter Beifügung der einschlägigen Nebengesetze, erläutert von Rechtsanwalt Dr. Hans von Kunitzki-Neu. 160 Seiten. Preis in Ganzleinen geb. 3,60 RM. 1929.
Stilkes Rechtsbibliothek Nr. 85.

Frauenschutz, Schutz der Jugendlichen und Kinder, Hausarbeitsgesetz. Eine Sammlung der hierauf bezüglichen Gesetze und Verordnungen des Reiches und Preußens mit Erläuterungen von Ministerialrat Gustav Wagemann und Geh. Oberjustizrat Senatspräsident i. R. Dr. Friedrich Preiser. 191 Seiten. Preis kart. 3,20 RM. 1933.

Geistig-gewerblicher Rechtsschutz.

Urheber- und Erfinderrecht, von Professor Dr. Hermann Nottarp. 62 Seiten. Preis geh. 2,50 RM. 1931.
Aus Stammler, Das gesamte deutsche Recht, Band I, Teil VI.

Patentgesetz vom 5. Mai 1936 nebst **Gebrauchsmustergesetz** vom 5. Mai 1936. Erläutert von Oberregierungsrat Dr. Rudolf Busse. Etwa 500 Seiten. Preis in Ganzleinen geb. etwa 13,50 RM. 1936.
Stilkes Rechtsbibliothek.

Warenzeichengesetz vom 5. Mai 1936 nebst Pariser Verbandsübereinkunft und Madrider Abkommen, erläutert von Oberregierungsrat Dr. Rudolf Busse. 2. Auflage, etwa 450 Seiten. Preis in Ganzleinen geb. etwa 12,— RM. 1936.
Stilkes Rechtsbibliothek Nr. 40.

Das Deutsche Geschmacksmusterrecht. Kommentar zum Reichsgesetz betr. das Urheberrecht an Mustern und Modellen (vom 11. Juni 1876) und den internationalen Verträgen betr. das Musterrecht, von Reichsgerichtsrat Professor Dr. Werner Pinzger. 225 Seiten. Preis in Ganzleinen geb. 7,— RM. 1932.
Stilkes Rechtsbibliothek Nr. 129.

Zivilprozeßrecht.

1. Zivilprozeßordnung.

Zivilprozeßordnung für das Deutsche Reich (Fassung der Bekanntmachung vom 8. November 1933), Textausgabe mit Inhaltsverzeichnis und Sachregister. 318 Seiten. Preis geb. 2,50 RM. 1934.
Stilkes Textausgaben Nr. 21.

2. Konkurs- und Vergleichsordnung.

Konkursrecht, von Professor Dr. Ludwig Laß. 69 Seiten. Preis geh. 2,75 RM. 1931.
Aus Stammler, Das gesamte deutsche Recht, Band II, Teil X.

Vergleichsordnung vom 26. Februar 1935. Erläutert von Dr. Heinrich Eisold. Etwa 320 Seiten. Preis in Ganzleinen geb. etwa 8,— bis 10,— RM. In Vorbereitung.
Stilkes Rechtsbibliothek Nr. 118.

Die Einzelgläubigeranfechtung auf der Grundlage des Reichsgesetzes betr. die Anfechtung von Rechtshandlungen eines Schuldners

außerhalb eines Konkursverfahrens vom 21. Juli 1879 in der Fassung der Bekanntmachung des Reichskanzlers vom 20. Mai 1898, unter Berücksichtigung der Abänderung durch die Vergleichsordnung vom 5. Juli 1927, erläutert von Amtsgerichtsrat Dr. Paul Schäfer. 263 Seiten. Preis in Ganzleinen geb. 6,75 RM. 1930.
Stilkes Rechtsbibliothek Nr. 105.

3. Kostengesetze.

Das deutsche Gerichtskostengesetz. Mit Erläuterungen und Kostentafeln sowie den Gebührenordnungen für Rechtsanwälte, für Zeugen und Sachverständige und für Gerichtsvollzieher, und sonstigen reichsrechtlichen Kostenvorschriften, herausgegeben von Ministerialrat Dr. Martin Jonas. Zweite neubearbeitete und erweiterte Auflage. 464 Seiten. Preis in Ganzleinen geb. 9,— RM. 1927.
Stilkes Rechtsbibliothek Nr. 16.

Kostenordnung. Von Kammergerichtsrat Gerhard Rusche. 300 Seiten. Preis in Ganzleinen geb. 10,— RM. 1936.
Stilkes Rechtsbibliothek Nr. 150.

Strafrecht und Strafprozeßrecht.

Strafrecht, von Professor Dr. August Finger. 275 Seiten. Preis geh. 6,50 RM. 1932.
Aus Stammler, Das gesamte deutsche Recht, Band II, Teil XII.

Militärstrafgesetzbuch in der Fassung der Bekanntmachung vom 16. Juli 1926, von Geh. Kriegsrat Ministerialrat Wilhelm Fuhse. Zweite Auflage. XV und 338 Seiten. Preis in Ganzleinen geb. 7,20 RM. 1926.
Stilkes Rechtsbibliothek Nr. 19.

Gesetz gegen Waffenmißbrauch, erläutert von den Ministerialräten Dr. Werner Hoche und Kurt Schönner. 55 Seiten. Preis kart. 1,45 RM. 1931.
Stilkes Rechtsbibliothek Nr. 116.

Das Feld- und Forstpolizeigesetz in der Neufassung vom 21. Januar 1926, **Das Forstdiebstahlsgesetz** und die übrigen preußischen Gesetze zum Schutz von Feld und Forst mit den ministeriellen Ausführungsanweisungen. Zusammengestellt und erläutert von Ministerialrat Gustav Wagemann, unter Mitwirkung von Oberforstmeister Kranold. VIII und 273 Seiten. Preis in Ganzleinen geb. 9,— RM. 1926.
Stilkes Rechtsbibliothek Nr. 48.

Die Preußischen Dienststrafordnungen für Beamte und Richter. Erläutert von Ministerialrat Dr. Hermann Wittland. VIII und 820 Seiten. Preis in Ganzleinen geb. 19,50 RM. 1935.

Stilkes Rechtsbibliothek Nr. 136.

Staatsrecht.

Grundzüge des Allgemeinen Staatsrechts, von Professor Dr. Gustav Seidler. VIII und 218 Seiten. Preis geh. 5,40 RM., in Ganzleinen geb. 6,75 RM. 1929.

Das Deutsche Volk als Gemeinschaft. Eine kritische Wertung der deutschen Staatslehre, von Dr. Helmut Allardt. 102 Seiten. Preis in Halbleinen geb. 3,75 RM. 1935.

Der Deutsche Arbeitsdienst. Eine staatsrechtliche Untersuchung über die Idee und Gestalt des Deutschen Arbeitsdienstes und seine Stellung in der Gesamtstaatsstruktur. Von Dr. jur. Peter Hußmann. VIII und 118 Seiten. Preis kartoniert 4,50 RM. 1935.

Staatsrecht, von Privatdozent Dr. Gustav Adolf Walz. 200 Seiten. Preis geh. 5,— RM. 1931.

Aus Stammler, Das gesamte deutsche Recht, Band II, Teil XI.

Von Brandenburg über Preußen zum Reich. Eine Geschichte der Verfassung und Verwaltung in Brandenburg-Preußen, von Professor Dr. Ludwig Waldecker. 267 Seiten. Preis in Ganzleinen geb. 9,50 RM. 1935.

Das Deutsche Staatsangehörigkeitsrecht. Das Reichs- und Staatsangehörigkeitsgesetz vom 22. Juli 1913 nebst Erläuterungen sowie sämtlichen späteren reichs- und landesrechtlichen Abänderungsbestimmungen, von Privatdozent Landgerichtsrat Dr. Walter Schätzel. 191 Seiten. Preis in Ganzleinen geb. 4,50 RM. 1928.

Stilkes Rechtsbibliothek Nr. 77.

Verwaltungsrecht.

Der Auswärtige Dienst des Deutschen Reiches (Diplomatie und Konsularwesen). Eine Sammlung von Gesetzen, Verträgen, Verordnungen, Runderlassen und Zusammenstellungen, die für den auswärtigen Dienst, insbesondere den konsularischen Dienst des Deutschen Reiches von besonderer Bedeutung sind. Texte mit Anmerkungen, Verweisungen und einem Sachregister. Auf Veranlassung des Auswärtigen Amts herausgegeben von Professor Dr. Herbert Kraus. L und 1216 Seiten. Preis in Ganzleinen geb. 55,— RM. 1932.

Das Deutsche Paß- und Fremdenrecht. Auf Grund amtlicher Quellen zusammengestellt und erläutert von Ministerialrat Johannes Krause und Oberverwaltungsgerichtsrat Bernhard Wolff. In Vorbereitung.
Stilkes Rechtsbibliothek Nr. 37.

Wehrrecht. Wehrgesetz vom 21. Mai 1935 nebst einschlägigen Nebenbestimmungen. Textausgabe von Geh. Kriegsrat, Ministerialdirigent Paul Semler und Oberregierungsrat Dr. Otto Senftleben. 112 Seiten. Preis kartoniert 1,50 RM. 1935.
Stilkes Rechtsbibliothek Nr. 141.

Wehrgesetz vom 21. Mai 1935 mit Erläuterungen von Geh. Kriegsrat, Ministerialdirigent Paul Semler und Oberregierungsrat Dr. jur. Otto Senftleben. 170 Seiten. Preis in Ganzleinen geb. 5,— RM. 1936.
Stilkes Rechtsbibliothek Nr. 147.

Arbeitsdienstrecht. Reichsarbeitsdienstgesetz nebst einschlägigen Gesetzen und Verordnungen. Zusammengestellt von Rechtsanwalt Dr. August Dahm. Etwa 130 Seiten. Preis broschiert etwa 3,20 RM. 1936.
Stilkes Rechtsbibliothek Nr. 152.

Fernmelderecht und Rundfunkrecht. Dritte Auflage des „Funkrechts", von Ministerialrat Dr. Eberhard Neugebauer. XII und 1016 Seiten. Preis in Ganzleinen geb. 21,60 RM. 1929.
Stilkes Rechtsbibliothek Nr. 33.

Reichshaushaltsordnung vom 31. Dezember 1922 / 8. März 1930 / 13. Dezember 1933 nebst den Wirtschaftbestimmungen für das Reich. Erläutert von Ministerialdirigent R. Schulze und Ministerialrat Dr. E. Wagner. Dritte Auflage. 958 Seiten. Preis in Ganzleinen geb. 18,— RM. 1934.
Stilkes Rechtsbibliothek Nr. 20.

Rechnungslegungsordnung für das Reich vom 3. Juni 1929 (RRO.), mit Erläuterungen von Geh. Oberregierungsrat Ministerialdirigenten i. R. R. Schulze und Ministerialrat Dr. E. Wagner. 644 Seiten. Preis in Ganzleinen geb. 16,20 RM. 1930.
Stilkes Rechtsbibliothek Nr. 100.

Reichskassenordnung vom 6. August 1927 (RKO.), mit Erläuterungen von Geh. Oberregierungsrat Ministerialdirigenten i. R. R. Schulze und Ministerialrat Dr. E. Wagner. 666 Seiten. Preis in Ganzleinen geb. 16,20 RM. 1930.
Stilkes Rechtsbibliothek Nr. 92.

Das Reichsversorgungsgesetz vom 12. Mai 1920, **Altrentnergesetz** vom 18. Juli 1921 und **Kriegspersonenschädengesetz** vom 15. Juli

1922, sämtlich in der Fassung der Bekanntmachung vom 22. Dezember 1927. Textausgabe mit Anmerkungen von Oberregierungsrat Dr. Dr. Carl Arendts. 593 Seiten. Preis in Ganzleinen geb. 13,50 RM. 1928.

Stilkes Rechtsbibliothek Nr. 78.

Die Versorgung der ehemaligen aktiven Offiziere (einschließlich ihrer Hinterbliebenen) der alten Wehrmacht (Heer und Marine) nach dem Stande vom 1. April 1932, von Senatspräsident Dr. Dr. Carl Arendts. Mit Nachtrag. XII, 500 und 114 Seiten. Preis in Ganzleinen geb. 14,30 RM. 1927.

Stilkes Rechtsbibliothek Nr. 62.

Die Gesetze über Schußwaffen und Munition sowie gegen Waffenmißbrauch vom 12. April 1928 und 28. März 1931 nebst waffenrechtlichen Nebengesetzen, bearbeitet von Ministerialrat Gustav Wagemann und Geh. Justizrat Kammergerichtsrat i. R. Dr. Delius. Wesentlich vermehrte zweite Auflage. 225 Seiten. Preis in Ganzleinen geb. 5,40 RM. 1931.

Stilkes Rechtsbibliothek Nr. 81.

Reichsjagdgesetz vom 3. Juli 1934. Erläutert von Rechtsanwalt Hans Joachim Poppe. 230 Seiten. Preis in Ganzleinen geb. 4,50 RM. 1935.

Stilkes Rechtsbibliothek Nr. 140.

Das Weingesetz vom 25. Juli 1930 nebst Ausführungsbestimmungen vom 16. Juli 1932 und Weinzollordnung. Erläutert von Geh. Regierungsrat Reichsfinanzrat Ernst Hepp. 234 Seiten. Preis in Ganzleinen geb. 4,80 RM. 1933.

Stilkes Rechtsbibliothek Nr. 134.

Reichs-Rechtsanwaltsordnung in der Fassung des Gesetzes vom 21. Februar 1936. Erläutert von Oberstaatsanwalt im Reichsjustizministerium Dr. jur. Günther Vollmer. 176 Seiten. Preis in Ganzleinen geb. 5,50 RM. 1936.

Stilkes Rechtsbibliothek Nr. 149.

Steuerrecht.

Lehrbuch des Steuerrechts, von Regierungsrat Dr. Julius Crisolli. I. Teil: Allgemeines Steuerrecht. XV und 424 Seiten. Preis geh. 11,— RM. 1933.

Einkommensteuergesetz vom 16. Oktober 1934 mit Anhang **(Bürgersteuergesetz** vom 16. Oktober 1934). Erläutert von Oberregierungsrat Dr. Schillinger, Oberregierungsrat Hasse † und Regierungsassessor Dr. Schick. 881 Seiten. Preis in Ganzleinen geb. 18,— RM. 1935.

Stilkes Rechtsbibliothek Nr. 138.

Veranlagungsrichtlinien zur Einkommensteuer und Körperschaftsteuer für 1935. Nachtrag zum „Einkommensteuergesetz". 75 Seiten. Preis geheftet 1,— RM. 1936.

Stilkes Rechtsbibliothek Nr. 138a.

Das Recht der Lohnsteuer, von Dr. Werner Spohr. Etwa 256 Seiten. Preis in Ganzleinen geb. etwa 7,50 RM. 1936.

Stilkes Rechtsbibliothek Nr. 151.

Das Bürgersteuergesetz vom 16. Oktober 1934 in der Fassung des Änderungsgesetzes vom 16. Oktober 1935 mit der Durchführungsverordnung und den Verwaltungsvorschriften nebst der Saarland-Bürgersteuerverordnung vom 28. Oktober 1935. Für die Praxis erläutert von Regierungsassessor Dr. Hugo Schick. 133 Seiten. Preis in Ganzleinen geb. 3,20 RM. 1936.

Stilkes Rechtsbibliothek Nr. 146.

Umsatzsteuergesetz (UStG) vom 16. Oktober 1934 nebst Durchführungsbestimmungen (UStDB) vom 17. Oktober 1934 und Ausgleichsteuerordnung (AStO) in der Fassung vom 17. Oktober 1934. Erläutert von Oberregierungsrat Ernst Beck, 400 Seiten. Preis in Ganzleinen geb. 7,— RM. 1935.

Stilkes Rechtsbibliothek Nr. 137.

Das Tabaksteuergesetz in der Fassung des Gesetzes vom 15. April 1930 mit Erläuterungen sowie die Tabaksteuer-Ausführungsbestimmungen mit Mustern und Anlagen, bearbeitet von Reichsfinanzrat Hans Arlt. Zweite neubearbeitete Auflage. Mit Nachtrag. XII, 663 und 80 Seiten. Preis in Ganzleinen geb. 18,90 RM. 1930.

Stilkes Rechtsbibliothek Nr. 42.

Urkundensteuergesetz (UrkStG) vom 5. Mai 1936. Bearbeitet von Kammergerichtsrat Gerhard Rusche und Amts- und Landrichter Dr. Rensch. Etwa 260 Seiten. Preis in Ganzleinen geb. 8,— RM. 1936.

Stilkes Rechtsbibliothek Nr. 154.

Wechselsteuergesetz vom 2. September 1935 mit Nebenbestimmungen. Zusammengestellt von Reg.-Oberinspektor Fritz Fricke. 59 Seiten. Preis kartoniert 1,20 RM. 1935.

Stilkes Rechtsbibliothek Nr. 143.

Steuerersparungen, Steuererleichterungen und Härteverfahren im Deutschen Steuerrecht, von Syndikus Dr. Johannes Hein. 148 Seiten. Preis in Ganzleinen geb. 3,50 RM. 1933.

Stilkes Rechtsbibliothek Nr. 132.

Völkerrecht.

Völkerrecht, von Professor Dr. Ernst Wolgast. 307 und XVIII Seiten. Preis geh. 12,— RM. 1934.
Aus Stammler, Das gesamte deutsche Recht, Bd. II, Teil XIII.

Die Satzung des Völkerbundes. Mit Erläuterungen von Professor Dr. Freiherr von Freytagh-Loringhoven. XXIV und 379 Seiten. Preis in Ganzleinen geb. 7,20 RM. 1926.
Stilkes Rechtsbibliothek Nr. 51.

Deutschlands Verträge gegen den Krieg. System des für Deutschland geltenden Kriegsverhütungsrechts, von Dr. Werner Gramsch. 162 Seiten. Preis geh. 3,— RM. 1932.

Das Recht der Minderheiten. Materialien zur Einführung in das Verständnis des modernen Minoritätenproblems, zusammengestellt und mit Anmerkungen versehen von Professor Dr. Herbert Kraus. 365 Seiten. Preis in Ganzleinen geb. 9,— RM. 1927.
Stilkes Rechtsbibliothek Nr. 57.

FSC
www.fsc.org
MIX
Papier | Fördert gute Waldnutzung
FSC® C083411

Kolibri 360 GmbH
Ferdinand-Jühlke-Straße 7
99095 Erfurt, Deutschland
produktsicherheit@kolibri360.de